UZBEQUE

VOCABULÁRIO

PALAVRAS MAIS ÚTEIS

PORTUGUÊS
UZBEQUE

Para alargar o seu léxico e apurar
as suas competências linguísticas

9000 palavras

Vocabulário Português-Uzbeque - 9000 palavras

Por Andrey Taranov

Os vocabulários da T&P Books destinam-se a ajudar a aprender, a memorizar, e a rever palavras estrangeiras. O dicionário é dividido em temas, cobrindo todas as principais esferas de atividades quotidianas, negócios, ciência, cultura, etc.

O processo de aprendizagem, utilizando os dicionários baseados em temáticas da T&P Books dá-lhe as seguintes vantagens:

- Informação de origem corretamente agrupada predetermina o sucesso em fases subsequentes da memorização de palavras
- Disponibilização de palavras derivadas da mesma raiz, o que permite a memorização de unidades de texto (em vez de palavras separadas)
- Pequenas unidades de palavras facilitam o processo de estabelecimento de vínculos associativos necessários para a consolidação do vocabulário
- O nível de conhecimento da língua pode ser estimado pelo número de palavras aprendidas

T&P Books Publishing
www.tpbooks.com

ISBN: 978-1-78400-865-9

Este livro também está disponível em formato E-book.
Por favor visite www.tpbooks.com ou as principais livrarias on-line.

VOCABULÁRIO UZBEQUE
palavras mais úteis

Os vocabulários da T&P Books destinam-se a ajudar a aprender, a memorizar, e a rever palavras estrangeiras. O vocabulário contém mais de 9000 palavras de uso comum organizadas tematicamente.

O vocabulário contém as palavras mais comummente usadas
Recomendado como adicional para qualquer curso de línguas
Satisfaz as necessidades dos iniciados e dos alunos avançados de línguas estrangeiras
Conveniente para o uso diário, sessões de revisão e atividades de auto-teste
Permite avaliar o seu vocabulário

Características especias do vocabulário

- As palavras estão organizadas de acordo com o seu significado, e não por ordem alfabética
- As palavras são apresentadas em três colunas para facilitar os processos de revisão e auto-teste
- As palavras compostas são divididas em pequenos blocos para facilitar o processo de aprendizagem
- O vocabulário oferece uma transcrição simples e adequada de cada palavra estrangeira

O vocabulário contém 256 tópicos incluindo:

Conceitos básicos, Números, Cores, Meses, Estações do ano, Unidades de medida, Roupas & Acessórios, Alimentos & Nutrição, Restaurante, Membros da Família, Parentes, Caráter, Sentimentos, Emoções, Doenças, Cidade, Passeios, Compras, Dinheiro, Casa, Lar, Escritório, Trabalho no Escritório, Importação & Exportação, Marketing, Pesquisa de Emprego, Desportos, Educação, Computador, Internet, Ferramentas, Natureza, Países, Nacionalidades e muito mais ...

TABELA DE CONTEÚDOS

GUIA DE PRONUNCIAÇÃO

Letra	Exemplo Uzbeque	Alfabeto fonético T&P	Exemplo Português
A a	satr	[a]	chamar
B b	kutubxona	[b]	barril
D d	marvarid	[d]	dentista
E e	erkin	[e]	metal
F f	mukofot	[f]	safári
G g	girdob	[g]	gosto
G' g'	g'ildirak	[ɣ]	agora
H h	hasharot	[h]	[h] aspirada
I i	kirish	[i], [iː]	sinónimo
J j	natija	[dʒ]	adjetivo
K k	namlik	[k]	kiwi
L l	talaffuz	[l]	libra
M m	tarjima	[m]	magnólia
N n	nusxa	[n]	natureza
O o	bosim	[ɒ], [o]	de volta
O' o'	o'simlik	[ø]	orgulhoso
P p	polapon	[p]	presente
Q q	qor	[q]	teckel
R r	rozilik	[r]	riscar
S s	siz	[s]	sanita
T t	tashkilot	[t]	tulipa
U u	uchuvchi	[u]	bonita
V v	vergul	[w]	página web
X x	xonadon	[ɦ]	[h] suave
Y y	yigit	[j]	géiser
Z z	zirak	[z]	sésamo
ch	chang	[tʃ]	Tchau!
sh	shikoyat	[ʃ]	mês
' [1]	san'at	[ː], [--]	mudo

Comentários

[1] [ː] - Prolonga a vogal anterior; após consoantes é usado como um 'sinal forte'

ABREVIATURAS
usadas no vocabulário

Abreviaturas do Português

adj	-	adjetivo
adv	-	advérbio
anim.	-	animado
conj.	-	conjunção
desp.	-	desporto
etc.	-	etecetra
ex.	-	por exemplo
f	-	nome feminino
f pl	-	feminino plural
fem.	-	feminino
inanim.	-	inanimado
m	-	nome masculino
m pl	-	masculino plural
m, f	-	masculino, feminino
masc.	-	masculino
mat.	-	matemática
mil.	-	militar
pl	-	plural
prep.	-	preposição
pron.	-	pronome
sb.	-	sobre
sing.	-	singular
v aux	-	verbo auxiliar
vi	-	verbo intransitivo
vi, vt	-	verbo intransitivo, transitivo
vr	-	verbo reflexivo
vt	-	verbo transitivo

CONCEITOS BÁSICOS

Conceitos básicos. Parte 1

1. Pronomes

eu	мен	men
tu	сен	sen
ele, ela	у	u
nós	биз	biz
vocês	сиз	siz
eles, elas	улар	ular

2. Cumprimentos. Saudações. Despedidas

Olá!	Салом!	Salom!
Bom dia! (formal)	Ассалому алайкум!	Assalomu alaykum!
Bom dia! (de manhã)	Хайрли тонг!	Xayrli tong!
Boa tarde!	Хайрли кун!	Xayrli kun!
Boa noite!	Хайрли окшом!	Xayrli oqshom!
cumprimentar (vt)	саломлашмоқ	salomlashmoq
Olá!	Салом бердик!	Salom berdik!
saudação (f)	салом	salom
saudar (vt)	салом бермоқ	salom bermoq
Como vai?	Ишларингиз қалай?	Ishlaringiz qalay?
Como vais?	Ишларинг қалай?	Ishlaring qalay?
O que há de novo?	Янгилик борми?	Yangilik bormi?
Até à vista!	Хайр!	Xayr!
Até breve!	Кўришқунча хайр!	Ko'rishquncha xayr!
Adeus!	Соғ бўлинг!	Sog' bo'ling!
despedir-se (vr)	хайрлашмоқ	xayrlashmoq
Até logo!	Ҳозирча хайр!	Hozircha xayr!
Obrigado! -a!	Раҳмат!	Rahmat!
Muito obrigado! -a!	Катта раҳмат!	Katta rahmat!
De nada	Марҳамат	Marhamat
Não tem de quê	Ташаккур билдиришга арзимайди.	Tashakkur bildirishga arzimaydi.
De nada	Арзимайди	Arzimaydi
Desculpa!	Кечир!	Kechir!
Desculpe!	Кечиринг!	Kechiring!
desculpar (vt)	кечирмоқ	kechirmoq
desculpar-se (vr)	кечирим сўрамоқ	kechirim so'ramoq

As minhas desculpas	Мени кечиргайсиз.	Meni kechirgaysiz.
Desculpe!	Афв етасиз!	Afv etasiz!
perdoar (vt)	афв етмоқ	afv etmoq
Não faz mal	Ҳечқиси йўқ!	Hechqisi yo'q!
por favor	марҳамат қилиб	marhamat qilib

Não se esqueça!	Унутманг!	Unutmang!
Certamente! Claro!	Албатта!	Albatta!
Claro que não!	Албатта, йўқ!	Albatta, yo'q!
Está bem! De acordo!	Розиман!	Roziman!
Basta!	Бас!	Bas!

3. Como se dirigir a alguém

Desculpe (para chamar a atenção)	Маъзур тутасиз!	Ma'zur tutasiz!
senhor	Жаноб	Janob
senhora	Хоним	Xonim
rapariga	Яхши қиз	Yaxshi qiz
rapaz	Яхши йигит	Yaxshi yigit
menino	Болакай	Bolakay
menina	Қизалоқ	Qizaloq

4. Números cardinais. Parte 1

zero	нол	nol
um	бир	bir
dois	икки	ikki
três	уч	uch
quatro	тўрт	to'rt

cinco	беш	besh
seis	олти	olti
sete	етти	etti
oito	саккиз	sakkiz
nove	тўққиз	to'qqiz

dez	ўн	o'n
onze	ўн бир	o'n bir
doze	ўн икки	o'n ikki
treze	ўн уч	o'n uch
catorze	ўн тўрт	o'n to'rt

quinze	ўн беш	o'n besh
dezasseis	ўн олти	o'n olti
dezassete	ўн етти	o'n etti
dezoito	ўн саккиз	o'n sakkiz
dezanove	ўн тўққиз	o'n to'qqiz

vinte	йигирма	yigirma
vinte e um	йигирма бир	yigirma bir
vinte e dois	йигирма икки	yigirma ikki

vinte e três	йигирма уч	yigirma uch
trinta	ўттиз	o'ttiz
trinta e um	ўттиз бир	o'ttiz bir
trinta e dois	ўттиз икки	o'ttiz ikki
trinta e três	ўттиз уч	o'ttiz uch
quarenta	қирқ	qirq
quarenta e um	қирқ бир	qirq bir
quarenta e dois	қирқ икки	qirq ikki
quarenta e três	қирқ уч	qirq uch
cinquenta	еллик	ellik
cinquenta e um	еллик бир	ellik bir
cinquenta e dois	еллик икки	ellik ikki
cinquenta e três	еллик уч	ellik uch
sessenta	олтмиш	oltmish
sessenta e um	олтмиш бир	oltmish bir
sessenta e dois	олтмиш икки	oltmish ikki
sessenta e três	олтмиш уч	oltmish uch
setenta	етмиш	etmish
setenta e um	етмиш бир	etmish bir
setenta e dois	етмиш икки	etmish ikki
setenta e três	етмиш уч	etmish uch
oitenta	саксон	sakson
oitenta e um	саксон бир	sakson bir
oitenta e dois	саксон икки	sakson ikki
oitenta e três	саксон уч	sakson uch
noventa	тўқсон	to'qson
noventa e um	тўқсон бир	to'qson bir
noventa e dois	тўқсон икки	to'qson ikki
noventa e três	тўқсон уч	to'qson uch

5. Números cardinais. Parte 2

cem	юз	yuz
duzentos	икки юз	ikki yuz
trezentos	уч юз	uch yuz
quatrocentos	тўрт юз	to'rt yuz
quinhentos	беш юз	besh yuz
seiscentos	олти юз	olti yuz
setecentos	етти юз	etti yuz
oitocentos	саккиз юз	sakkiz yuz
novecentos	тўққиз юз	to'qqiz yuz
mil	минг	ming
dois mil	икки минг	ikki ming
De quem são ...?	уч минг	uch ming
dez mil	ўн минг	o'n ming
cem mil	юз минг	yuz ming

| um milhão | миллион | million |
| mil milhões | миллиард | milliard |

6. Números ordinais

primeiro	биринчи	birinchi
segundo	иккинчи	ikkinchi
terceiro	учинчи	uchinchi
quarto	тўртинчи	to'rtinchi
quinto	бешинчи	beshinchi

sexto	олтинчи	oltinchi
sétimo	еттинчи	ettinchi
oitavo	саккизинчи	sakkizinchi
nono	тўққизинчи	to'qqizinchi
décimo	ўнинчи	o'ninchi

7. Números. Frações

fração (f)	каср	kasr
um meio	иккидан бир	ikkidan bir
um terço	учдан бир	uchdan bir
um quarto	тўртдан бир	to'rtdan bir

um oitavo	саккиздан бир	sakkizdan bir
um décimo	ўндан бир	o'ndan bir
dois terços	учдан икки	uchdan ikki
três quartos	тўртдан уч	to'rtdan uch

8. Números. Operações básicas

subtração (f)	айириш	ayirish
subtrair (vi, vt)	айирмоқ	ayirmoq
divisão (f)	бўлиш	bo'lish
dividir (vt)	бўлмоқ	bo'lmoq

adição (f)	қўшиш	qo'shish
somar (vt)	қўшмоқ	qo'shmoq
adicionar (vt)	яна қўшмоқ	yana qo'shmoq
multiplicação (f)	кўпайтириш	ko'paytirish
multiplicar (vt)	кўпайтирмоқ	ko'paytirmoq

9. Números. Diversos

algarismo, dígito (m)	рақам	raqam
número (m)	сон	son
numeral (m)	саноқ сон	sanoq son
menos (m)	минус	minus

| mais (m) | плюс | plyus |
| fórmula (f) | формула | formula |

cálculo (m)	ҳисоблаш	hisoblash
contar (vt)	санамоқ	sanamoq
calcular (vt)	ҳисобламоқ	hisoblamoq
comparar (vt)	солиштирмоқ	solishtirmoq

| Quanto? | Қанча? | Qancha? |
| Quantos? -as? | Нечта? | Nechta? |

soma (f)	сумма	summa
resultado (m)	натижа	natija
resto (m)	қолдиқ	qoldiq

alguns, algumas ...	бир нечта	bir nechta
um pouco de ...	бир оз	biroz
resto (m)	қолгани	qolgani
um e meio	бир ярим	bir yarim
dúzia (f)	ўн иккита	o'n ikkita

ao meio	иккига бўлиб	ikkiga bo'lib
em partes iguais	тенг-баравар	teng-baravar
metade (f)	ярим	yarim
vez (f)	марта	marta

10. Os verbos mais importantes. Parte 1

abrir (vt)	очмоқ	ochmoq
acabar, terminar (vt)	тугатмоқ	tugatmoq
aconselhar (vt)	маслаҳат бермоқ	maslahat bermoq
adivinhar (vt)	топмоқ	topmoq
advertir (vt)	огоҳлантирмоқ	ogohlantirmoq

ajudar (vt)	ёрдамлашмоқ	yordamlashmoq
almoçar (vi)	тушлик қилмоқ	tushlik qilmoq
alugar (~ um apartamento)	ижарага олмоқ	ijaraga olmoq
amar (vt)	севмоқ	sevmoq
ameaçar (vt)	пўписа қилмоқ	po'pisa qilmoq

anotar (escrever)	ёзиб олмоқ	yozib olmoq
apanhar (vt)	тутмоқ	tutmoq
apressar-se (vr)	шошилмоқ	shoshilmoq
arrepender-se (vr)	афсусланмоқ	afsuslanmoq
assinar (vt)	имзоламоқ	imzolamoq

atirar, disparar (vi)	отмоқ	otmoq
brincar (vi)	ҳазиллашмоқ	hazillashmoq
brincar, jogar (crianças)	ўйнамоқ	o'ynamoq
buscar (vt)	... изламоқ	... izlamoq
caçar (vi)	ов қилмоқ	ov qilmoq

| cair (vi) | йиқилмоқ | yiqilmoq |
| cavar (vt) | қазимоқ | qazimoq |

cessar (vt)	тўхтатмоқ	to'xtatmoq
chamar (~ por socorro)	чақирмоқ	chaqirmoq
chegar (vi)	етиб келмоқ	etib kelmoq
chorar (vi)	йиғламоқ	yig'lamoq
começar (vt)	бошламоқ	boshlamoq
comparar (vt)	солиштирмоқ	solishtirmoq
compreender (vt)	тушунмоқ	tushunmoq
concordar (vi)	рози бўлмоқ	rozi bo'lmoq
confiar (vt)	ишонмоқ	ishonmoq
confundir (equivocar-se)	адаштирмоқ	adashtirmoq
conhecer (vt)	танимоқ	tanimoq
contar (fazer contas)	ҳисобламоқ	hisoblamoq
contar com (esperar)	... га умид қилмоқ	... ga umid qilmoq
continuar (vt)	давом еттирмоқ	davom ettirmoq
controlar (vt)	назорат қилмоқ	nazorat qilmoq
convidar (vt)	таклиф қилмоқ	taklif qilmoq
correr (vi)	югурмоқ	yugurmoq
criar (vt)	яратмоқ	yaratmoq
custar (vt)	арзимоқ	arzimoq

11. Os verbos mais importantes. Parte 2

dar (vt)	бермоқ	bermoq
dar uma dica	ишора қилмоқ	ishora qilmoq
decorar (enfeitar)	безамоқ	bezamoq
defender (vt)	ҳимоя қилмоқ	himoya qilmoq
deixar cair (vt)	туширмоқ	tushirmoq
descer (para baixo)	тушмоқ	tushmoq
desculpar (vt)	кечирмоқ	kechirmoq
desculpar-se (vr)	кечирим сўрамоқ	kechirim so'ramoq
dirigir (~ uma empresa)	бошқармоқ	boshqarmoq
discutir (notícias, etc.)	муҳокама қилмоқ	muhokama qilmoq
dizer (vt)	айтмоқ	aytmoq
duvidar (vt)	иккиланмоқ	ikkilanmoq
encontrar (achar)	топмоқ	topmoq
enganar (vt)	алдамоқ	aldamoq
entrar (na sala, etc.)	кирмоқ	kirmoq
enviar (uma carta)	жўнатмоқ	jo'natmoq
errar (equivocar-se)	адашмоқ	adashmoq
escolher (vt)	танламоқ	tanlamoq
esconder (vt)	беркитмоқ	berkitmoq
escrever (vt)	ёзмоқ	yozmoq
esperar (o autocarro, etc.)	кутмоқ	kutmoq
esquecer (vt)	унутмоқ	unutmoq
estudar (vt)	ўрганмоқ	o'rganmoq
exigir (vt)	талаб қилмоқ	talab qilmoq
existir (vi)	мавжуд бўлмоқ	mavjud bo'lmoq
explicar (vt)	тушунтирмоқ	tushuntirmoq

falar (vi)	гапирмоқ	gapirmoq
faltar (clases, etc.)	қолдирмоқ	qoldirmoq
fazer (vt)	қилмоқ	qilmoq
ficar em silêncio	индамай турмоқ	indamay turmoq
gabar-se, jactar-se (vr)	мақтанмоқ	maqtanmoq
gostar (apreciar)	ёқмоқ	yoqmoq
gritar (vi)	бақирмоқ	baqirmoq
guardar (cartas, etc.)	сақламоқ	saqlamoq
informar (vt)	хабардор қилмоқ	xabardor qilmoq
insistir (vi)	талаб қилмоқ	talab qilmoq
insultar (vt)	ҳақоратламоқ	haqoratlamoq
interessar-se (vr)	қизиқмоқ	qiziqmoq
ir (a pé)	юрмоқ	yurmoq
ir nadar	чўмилмоқ	cho'milmoq
jantar (vi)	кечки овқатни емоқ	kechki ovqatni emoq

12. Os verbos mais importantes. Parte 3

ler (vt)	ўқимоқ	o'qimoq
libertar (cidade, etc.)	халос қилмоқ	xalos qilmoq
matar (vt)	ўлдирмоқ	o'ldirmoq
mencionar (vt)	еслатиб ўтмоқ	eslatib o'tmoq
mostrar (vt)	кўрсатмоқ	ko'rsatmoq
mudar (modificar)	ўзгартирмоқ	o'zgartirmoq
nadar (vi)	сузмоқ	suzmoq
negar-se a ...	рад қилмоқ	rad qilmoq
objetar (vt)	еътироз билдирмоқ	e'tiroz bildirmoq
observar (vt)	кузатмоқ	kuzatmoq
ordenar (mil.)	буюрмоқ	buyurmoq
ouvir (vt)	ешитмоқ	eshitmoq
pagar (vt)	тўламоқ	to'lamoq
parar (vi)	тўхтамоқ	to'xtamoq
participar (vi)	иштирок етмоқ	ishtirok etmoq
pedir (comida)	буюртма бермоқ	buyurtma bermoq
pedir (um favor, etc.)	сўрамоқ	so'ramoq
pegar (tomar)	олмоқ	olmoq
pensar (vt)	ўйламоқ	o'ylamoq
perceber (ver)	кўриб қолмоқ	ko'rib qolmoq
perdoar (vt)	кечирмоқ	kechirmoq
perguntar (vt)	сўрамоқ	so'ramoq
permitir (vt)	рухсат бермоқ	ruxsat bermoq
pertencer a ...	тегишли бўлмоқ	tegishli bo'lmoq
planear (vt)	режаламоқ	rejalamoq
poder (vi)	уддаламоқ	uddalamoq
possuir (vt)	ега бўлмоқ	ega bo'lmoq
preferir (vt)	афзал кўрмоқ	afzal ko'rmoq
preparar (vt)	тайёрламоқ	tayyorlamoq

prever (vt)	олдиндан кўрмоқ	oldindan ko'rmoq
prometer (vt)	ваъда бермоқ	va'da bermoq
pronunciar (vt)	айтмоқ	aytmoq
propor (vt)	таклиф қилмоқ	taklif qilmoq
punir (castigar)	жазоламоқ	jazolamoq

13. Os verbos mais importantes. Parte 4

quebrar (vt)	синдирмоқ	sindirmoq
queixar-se (vr)	шикоят қилмоқ	shikoyat qilmoq
querer (desejar)	истамоқ	istamoq
recomendar (vt)	тавсия қилмоқ	tavsiya qilmoq
repetir (dizer outra vez)	қайтармоқ	qaytarmoq
repreender (vt)	койимоқ	koyimoq
reservar (~ um quarto)	захира қилиб қўймоқ	zaxira qilib qo'ymoq
responder (vt)	жавоб бермоқ	javob bermoq
rezar, orar (vi)	ибодат қилмоқ	ibodat qilmoq
rir (vi)	кулмоқ	kulmoq
roubar (vt)	ўғирламоқ	o'g'irlamoq
saber (vt)	билмоқ	bilmoq
sair (~ de casa)	чиқмоқ	chiqmoq
salvar (vt)	қутқармоқ	qutqarmoq
seguir ...	... орқасидан бормоқ	... orqasidan bormoq
sentar-se (vr)	ўтирмоқ	o'tirmoq
ser necessário	керак бўлмоқ	kerak bo'lmoq
ser, estar	бўлмоқ	bo'lmoq
significar (vt)	билдирмоқ	bildirmoq
sorrir (vi)	жилмаймоқ	jilmaymoq
subestimar (vt)	кам баҳо бермоқ	kam baho bermoq
surpreender-se (vr)	ҳайрон қолмоқ	hayron qolmoq
tentar (vt)	уриниб кўрмоқ	urinib ko'rmoq
ter (vt)	ега бўлмоқ	ega bo'lmoq
ter fome	ейишни истамоқ	eyishni istamoq
ter medo	қўрқмоқ	qo'rqmoq
ter sede	чанқамоқ	chanqamoq
tocar (com as mãos)	тегмоқ	tegmoq
tomar o pequeno-almoço	нонушта қилмоқ	nonushta qilmoq
trabalhar (vi)	ишламоқ	ishlamoq
traduzir (vt)	таржима қилмоқ	tarjima qilmoq
unir (vt)	бирлаштирмоқ	birlashtirmoq
vender (vt)	сотмоқ	sotmoq
ver (vt)	кўрмоқ	ko'rmoq
virar (ex. ~ à direita)	бурмоқ	burmoq
voar (vi)	учмоқ	uchmoq

14. Cores

cor (f)	ранг	rang
matiz (m)	рангдаги нозик фарқ	rangdagi nozik farq
tom (m)	тус	tus
arco-íris (m)	камалак	kamalak
branco	оқ	oq
preto	қора	qora
cinzento	кул ранг	kul rang
verde	яшил	yashil
amarelo	сариқ	sariq
vermelho	қизил	qizil
azul	кўк	ko'k
azul claro	ҳаво ранг	havo rang
rosa	пушти	pushti
laranja	тўқ сариқ	to'q sariq
violeta	бинафша ранг	binafsha rang
castanho	жигар ранг	jigar rang
dourado	олтин ранг	oltin rang
prateado	кумуш ранг	kumush rang
bege	оч жигар ранг	och jigar rang
creme	оч сариқ ранг	och sariq rang
turquesa	феруза ранг	feruza rang
vermelho cereja	олча ранг	olcha rang
lilás	нафармон	nafarmon
carmesim	тўқ қизил ранг	to'q qizil rang
claro	оч	och
escuro	тўқ	to'q
vivo	ёрқин	yorqin
de cor	рангли	rangli
a cores	рангли	rangli
preto e branco	оқ-қора	oq-qora
unicolor	бир рангдаги	bir rangdagi
multicor	ранг-баранг	rang-barang

15. Questões

Quem?	Ким?	Kim?
Que?	Нима?	Nima?
Onde?	Қаерда?	Qaerda?
Para onde?	Қаерга?	Qaerga?
De onde?	Қаердан?	Qaerdan?
Quando?	Қачон?	Qachon?
Para quê?	Нега?	Nega?
Porquê?	Нима сабабдан?	Nima sababdan?
Para quê?	Нима учун?	Nima uchun?

Como?	Қандай?	Qanday?
Qual?	Қанақа?	Qanaqa?
Qual? (entre dois ou mais)	Қайси?	Qaysi?

A quem?	Кимга?	Kimga?
Sobre quem?	Ким ҳақида?	Kim haqida?
Do quê?	Нима ҳақида?	Nima haqida?
Com quem?	Ким билан?	Kim bilan?

Quantos? -as?	Нечта?	Nechta?
Quanto?	Қанча?	Qancha?
De quem? (masc.)	Кимники?	Kimniki?

16. Preposições

com (prep.)	... билан	... bilan
sem (prep.)	... сиз	... siz
a, para (exprime lugar)	... га	... ga
sobre (ex. falar ~)	ҳақида	haqida
antes de ...	аввал	avval
diante de ...	олдин	oldin

sob (debaixo de)	тагида	tagida
sobre (em cima de)	устида	ustida
sobre (~ a mesa)	... да	... da
de (vir ~ Lisboa)	... дан	... dan
de (feito ~ pedra)	... дан	... dan

| dentro de (~ dez minutos) | ... дан кейин | ... dan keyin |
| por cima de ... | устидан | ustidan |

17. Palavras funcionais. Advérbios. Parte 1

Onde?	Қаерда?	Qaerda?
aqui	шу ерда	shu erda
lá, ali	у ерда	u erda

| em algum lugar | қаердадир | qaerdadir |
| em lugar nenhum | ҳеч қаерда | hech qaerda |

| ao pé de ... | ... ёнида | ... yonida |
| ao pé da janela | дераза ёнида | deraza yonida |

Para onde?	Қаерга?	Qaerga?
para cá	бу ерга	bu erga
para lá	у ерга	u erga
daqui	бу ердан	bu erdan
de lá, dali	у ердан	u erdan

perto	яқин	yaqin
longe	узоқ	uzoq
perto de ...	ёнида, яқинида	yonida, yaqinida

ao lado de	ёнма-ён	yonma-yon
perto, não fica longe	узоқ емас	uzoq emas
esquerdo	чап	chap
à esquerda	чапдан	chapdan
para esquerda	чапга	chapga
direito	ўнг	o'ng
à direita	ўнгда	o'ngda
para direita	ўнгга	o'ngga
à frente	олдида	oldida
da frente	олдинги	oldingi
em frente (para a frente)	олдинга	oldinga
atrás de …	орқада	orqada
por detrás (vir ~)	орқадан	orqadan
para trás	орқага	orqaga
meio (m), metade (f)	ўрта	o'rta
no meio	ўртада	o'rtada
de lado	ёнида	yonida
em todo lugar	ҳар ерда	har erda
ao redor (olhar ~)	атрофда	atrofda
de dentro	ичида	ichida
para algum lugar	қаергадир	qaergadir
diretamente	тўғри йўлдан	to'g'ri yo'ldan
de volta	қарама-қарши томонга	qarama-qarshi tomonga
de algum lugar	бирор жойдан	biror joydan
de um lugar	қаердандир	qaerdandir
em primeiro lugar	биринчидан	birinchidan
em segundo lugar	иккинчидан	ikkinchidan
em terceiro lugar	учинчидан	uchinchidan
de repente	тўсатдан	to'satdan
no início	дастлаб	dastlab
pela primeira vez	илк бор	ilk bor
muito antes de …	анча олдин	ancha oldin
de novo, novamente	янгидан	yangidan
para sempre	бутунлай	butunlay
nunca	ҳеч қачон	hech qachon
de novo	яна	yana
agora	ҳозир	hozir
frequentemente	тез-тез	tez-tez
então	ўшанда	o'shanda
urgentemente	тезда	tezda
usualmente	одатда	odatda
a propósito, …	айтганча, …	aytgancha, …
é possível	бўлиши мумкин	bo'lishi mumkin
provavelmente	эҳтимол	ehtimol

talvez	бўлиши мумкин	bo'lishi mumkin
além disso, ...	ундан ташқари, ...	undan tashqari, ...
por isso ...	шунинг учун	shuning uchun
apesar de ...	... га қарамай	... ga qaramay
graças a ...	... туфайли	... tufayli
que (pron.)	нима	nima
que (conj.)	... ки	... ki
algo	қандайдир	qandaydir
alguma coisa	бирор нарса	biror narsa
nada	ҳеч нарса	hech narsa
quem	ким	kim
alguém (~ teve uma ideia ...)	кимдир	kimdir
alguém	бирортаси	birortasi
ninguém	ҳеч ким	hech kim
para lugar nenhum	ҳеч қаерга	hech qaerga
de ninguém	егасиз	egasiz
de alguém	бирор кимсаники	biror kimsaniki
tão	шундай	shunday
também (gostaria ~ de ...)	ҳамда	hamda
também (~ eu)	ҳам	ham

18. Palavras funcionais. Advérbios. Parte 2

Porquê?	Нимага?	Nimaga?
por alguma razão	нимагадир	nimagadir
porque ...	чунки ...	chunki ...
por qualquer razão	негадир	negadir
e (tu ~ eu)	ва	va
ou (ser ~ não ser)	ёки	yoki
mas (porém)	лекин	lekin
para (~ a minha mãe)	учун	uchun
demasiado, muito	жуда ҳам	juda ham
só, somente	фақат	faqat
exatamente	аниқ	aniq
cerca de (~ 10 kg)	тақрибан	taqriban
aproximadamente	тахминан	taxminan
aproximado	тахминий	taxminiy
quase	деярли	deyarli
resto (m)	қолгани	qolgani
o outro (segundo)	нариги	narigi
outro	бошқа	boshqa
cada	ҳар бир	har bir
qualquer	ҳар қандай	har qanday
muito	кўп	ko'p
muitas pessoas	кўпчилик	ko'pchilik
todos	барча	barcha

em troca de …	… ўрнига	… o'rniga
em troca	евазига	evaziga
à mão	қўл билан	qo'l bilan
pouco provável	еҳтимолдан узоқ	ehtimoldan uzoq
provavelmente	еҳтимол	ehtimol
de propósito	атайин	atayin
por acidente	тасодифан	tasodifan
muito	жуда	juda
por exemplo	масалан	masalan
entre	ўртасида	o'rtasida
entre (no meio de)	ичида	ichida
tanto	шунча	shuncha
especialmente	айниқса	ayniqsa

Conceitos básicos. Parte 2

19. Opostos

rico	бой	boy
pobre	камбағал	kambag'al
doente	касал	kasal
são	соғлом	sog'lom
grande	катта	katta
pequeno	кичкина	kichkina
rapidamente	тез	tez
lentamente	секин	sekin
rápido	тез	tez
lento	секин	sekin
alegre	қувноқ	quvnoq
triste	маъюс	ma'yus
juntos	бирга	birga
separadamente	алоҳида	alohida
em voz alta (ler ~)	овоз чиқариб	ovoz chiqarib
para si (em silêncio)	ичида	ichida
alto	баланд	baland
baixo	паст	past
profundo	чуқур	chuqur
pouco fundo	саёз	sayoz
sim	ҳа	ha
não	йўқ	yo'q
distante (no espaço)	узоқ	uzoq
próximo	яқин	yaqin
longe	узоқ	uzoq
perto	яқинда	yaqinda
longo	узун	uzun
curto	қисқа	qisqa
bom, bondoso	меҳрибон	mehribon
mau	ёвуз	yovuz
casado	уйланган	uylangan

solteiro	бўйдоқ	bo'ydoq
proibir (vt)	тақиқламоқ	taqiqlamoq
permitir (vt)	рухсат бермоқ	ruxsat bermoq
fim (m)	тамом	tamom
começo (m)	бошланиши	boshlanishi
esquerdo	чап	chap
direito	ўнг	o'ng
primeiro	биринчи	birinchi
último	охирги	oxirgi
crime (m)	жиноят	jinoyat
castigo (m)	жазо	jazo
ordenar (vt)	буюрмоқ	buyurmoq
obedecer (vt)	бўйсинмоқ	bo'ysinmoq
reto	тўғри	to'g'ri
curvo	егри	egri
paraíso (m)	жаннат	jannat
inferno (m)	дўзах	do'zax
nascer (vi)	туғилмоқ	tug'ilmoq
morrer (vi)	ўлмоқ	o'lmoq
forte	кучли	kuchli
fraco, débil	заиф	zaif
idoso	кекса	keksa
jovem	ёш	yosh
velho	ески	eski
novo	янги	yangi
duro	қаттиқ	qattiq
mole	юмшоқ	yumshoq
tépido	илиқ	iliq
frio	совуқ	sovuq
gordo	семиз	semiz
magro	ориқ	oriq
estreito	тор	tor
largo	кенг	keng
bom	яхши	yaxshi
mau	ёмон	yomon
valente	ботир	botir
cobarde	қўрқоқ	qo'rqoq

20. Dias da semana

segunda-feira (f)	душанба	dushanba
terça-feira (f)	сешанба	seshanba
quarta-feira (f)	чоршанба	chorshanba
quinta-feira (f)	пайшанба	payshanba
sexta-feira (f)	жума	juma
sábado (m)	шанба	shanba
domingo (m)	якшанба	yakshanba
hoje	бугун	bugun
amanhã	ертага	ertaga
depois de amanhã	индинга	indinga
ontem	кеча	kecha
anteontem	ўтган куни	o'tgan kuni
dia (m)	кун	kun
dia (m) de trabalho	иш куни	ish kuni
feriado (m)	байрам куни	bayram kuni
dia (m) de folga	дам олиш куни	dam olish kuni
fim (m) de semana	дам олиш кунлари	dam olish kunlari
o dia todo	кун бўйи	kun bo'yi
no dia seguinte	ертаси куни	ertasi kuni
há dois dias	икки кун аввал	ikki kun avval
na véspera	арафасида	arafasida
diário	ҳар кунги	har kungi
todos os dias	ҳар куни	har kuni
semana (f)	ҳафта	hafta
na semana passada	ўтган ҳафта	o'tgan hafta
na próxima semana	келгуси ҳафтада	kelgusi haftada
semanal	ҳафталик	haftalik
cada semana	ҳар ҳафта	har hafta
duas vezes por semana	ҳафтасига икки марта	haftasiga ikki marta
cada terça-feira	ҳар сешанба	har seshanba

21. Horas. Dia e noite

manhã (f)	тонг	tong
de manhã	ерталаб	ertalab
meio-dia (m)	чошгоҳ	choshgoh
à tarde	тушликдан сўнг	tushlikdan so'ng
noite (f)	оқшом	oqshom
à noite (noitinha)	кечқурун	kechqurun
noite (f)	тун	tun
à noite	тунда	tunda
meia-noite (f)	ярим тун	yarim tun
segundo (m)	сония	soniya
minuto (m)	дақиқа	daqiqa
hora (f)	соат	soat

meia hora (f)	ярим соат	yarim soat
quarto (m) de hora	чорак соат	chorak soat
quinze minutos	ўн беш дақиқа	o'n besh daqiqa
vinte e quatro horas	сутка	sutka

nascer (m) do sol	қуёш чиқиши	quyosh chiqishi
amanhecer (m)	тонг отиши	tong otishi
madrugada (f)	ерта тонг	erta tong
pôr do sol (m)	кун ботиши	kun botishi

de madrugada	ерталаб	ertalab
hoje de manhã	бугун ерталаб	bugun ertalab
amanhã de manhã	ертага тонгда	ertaga tongda

hoje à tarde	бугун кундузи	bugun kunduzi
à tarde	тушликдан сўнг	tushlikdan so'ng
amanhã à tarde	ертага тушликдан сўнг	ertaga tushlikdan so'ng

| hoje à noite | бугун кечқурун | bugun kechqurun |
| amanhã à noite | ертага кечқурун | ertaga kechqurun |

às três horas em ponto	роппа-роса соат учда	roppa-rosa soat uchda
por volta das quatro	соат тўртлар атрофида	soat to'rtlar atrofida
às doze	соат ўн иккиларга	soat o'n ikkilarga

dentro de vinte minutos	йигирма дақиқадан кейин	yigirma daqiqadan keyin
dentro duma hora	бир соатдан кейин	bir soatdan keyin
a tempo	вақтида	vaqtida

menos um quarto	чоракам	chorakam
durante uma hora	бир соат давомида	bir soat davomida
a cada quinze minutos	ҳар ў беш дақиқада	har o' besh daqiqada
as vinte e quatro horas	кечаю-кундуз	kechayu-kunduz

22. Meses. Estações

janeiro (m)	январ	yanvar
fevereiro (m)	феврал	fevral
março (m)	март	mart
abril (m)	апрел	aprel
maio (m)	май	may
junho (m)	июн	iyun

julho (m)	июл	iyul
agosto (m)	август	avgust
setembro (m)	сентябр	sentyabr
outubro (m)	октябр	oktyabr
novembro (m)	ноябр	noyabr
dezembro (m)	декабр	dekabr

primavera (f)	баҳор	bahor
na primavera	баҳорда	bahorda
primaveril	баҳорги	bahorgi
verão (m)	ёз	yoz

| no verão | ёзда | yozda |
| de verão | ёзги | yozgi |

outono (m)	куз	kuz
no outono	кузгда	kuzgda
outonal	кузги	kuzgi

inverno (m)	қиш	qish
no inverno	қишда	qishda
de inverno	қишки	qishki
mês (m)	ой	oy
este mês	бу ой	bu oy
no próximo mês	янаги ойда	yanagi oyda
no mês passado	ўтган ойда	o'tgan oyda

há um mês	бир ой аввал	bir oy avval
dentro de um mês	бир ойдан кейин	bir oydan keyin
dentro de dois meses	икки ойдан кейин	ikki oydan keyin
todo o mês	ой бўйи	oy bo'yi
um mês inteiro	бутун ой давомида	butun oy davomida

mensal	ойлик	oylik
mensalmente	ҳар ойда	har oyda
cada mês	ҳар ойда	har oyda
duas vezes por mês	ойига икки марта	oyiga ikki marta

ano (m)	йил	yil
este ano	шу йили	shu yili
no próximo ano	кейинги йили	keyingi yili
no ano passado	ўтган йили	o'tgan yili
há um ano	бир йил аввал	bir yil avval
dentro dum ano	бир йилдан кейин	bir yildan keyin
dentro de 2 anos	икки йилдан кейин	ikki yildan keyin
todo o ano	йил бўйи	yil bo'yi
um ano inteiro	бутун йил давомида	butun yil davomida

cada ano	ҳар йили	har yili
anual	ҳар йилги	har yilgi
anualmente	ҳар йилда	har yilda
quatro vezes por ano	йилига тўрт марта	yiliga to'rt marta

data (~ de hoje)	ойнинг куни	oyning kuni
data (ex. ~ de nascimento)	сана	sana
calendário (m)	календар	kalendar

meio ano	ярим йил	yarim yil
seis meses	ярим йиллик	yarim yillik
estação (f)	мавсум	mavsum
século (m)	аср	asr

23. Tempo. Diversos

| tempo (m) | вақт | vaqt |
| momento (m) | лаҳза | lahza |

instante (m)	он	on
instantâneo	бир лаҳзали	bir lahzali
lapso (m) de tempo	вақтнинг бир қисми	vaqtning bir qismi
vida (f)	ҳаёт	hayot
eternidade (f)	мангулик	mangulik

época (f)	давр	davr
era (f)	катта тарихий давр	katta tarixiy davr
ciclo (m)	сикл	sikl
período (m)	давр	davr
prazo (m)	муддат	muddat

futuro (m)	келажак	kelajak
futuro	келгуси	kelgusi
da próxima vez	кейинги сафар	keyingi safar
passado (m)	ўтмиш	o'tmish
passado	ўтган	o'tgan
na vez passada	ўтган сафар	o'tgan safar
mais tarde	кейинроқ	keyinroq
depois	сўнг	so'ng
atualmente	ҳозир	hozir
agora	ҳозиргина	hozirgina
imediatamente	дарҳол	darhol
em breve, brevemente	тезда	tezda
de antemão	олdiндан	oldindan

há muito tempo	анча илгари	ancha ilgari
há pouco tempo	яқиндагина	yaqindagina
destino (m)	тақdир	taqdir
recordações (f pl)	хотира	xotira
arquivo (m)	архив	arxiv
durante ...	... вақтида	... vaqtida
durante muito tempo	узоқ	uzoq
pouco tempo	узоқ емас	uzoq emas
cedo (levantar-se ~)	барвақт	barvaqt
tarde (deitar-se ~)	кеч	kech

para sempre	абадий	abadiy
começar (vt)	бошламоқ	boshlamoq
adiar (vt)	кўчирмоқ	ko'chirmoq

simultaneamente	бир вақtда	bir vaqtda
permanentemente	доимо	doimo
constante (ruído, etc.)	доимий	doimiy
temporário	вақtинча	vaqtincha

às vezes	баъзида	ba'zida
raramente	гоҳида	gohida
frequentemente	тез-тез	tez-tez

24. Linhas e formas

| quadrado (m) | квадрат | kvadrat |
| quadrado | квадрат | kvadrat |

círculo (m)	доира	doira
redondo	думалоқ	dumaloq
triângulo (m)	учбурчак	uchburchak
triangular	учбурчакли	uchburchakli

oval (f)	овал	oval
oval	овал	oval
retângulo (m)	тўғри тўртбурчак	to'g'ri to'rtburchak
retangular	тўғри тўртбурчакли	to'g'ri to'rtburchakli

pirâmide (f)	пирамида	piramida
rombo, losango (m)	ромб	romb
trapézio (m)	трапеция	trapetsiya
cubo (m)	куб	kub
prisma (m)	призма	prizma

circunferência (f)	айлана	aylana
esfera (f)	сфера	sfera
globo (m)	шар	shar
diâmetro (m)	диаметр	diametr
raio (m)	радиус	radius
perímetro (m)	периметр	perimetr
centro (m)	марказ	markaz

horizontal	горизонтал	gorizontal
vertical	вертикал	vertikal
paralela (f)	параллел	parallel
paralelo	параллел	parallel

linha (f)	чизиқ	chiziq
traço (m)	чизиқ	chiziq
reta (f)	тўғри чизиқ	to'g'ri chiziq
curva (f)	егри чизиқ	egri chiziq
fino (linha ~a)	ингичка	ingichka
contorno (m)	шакл	shakl

interseção (f)	кесишиш	kesishish
ângulo (m) reto	тўғри бурчак	to'g'ri burchak
segmento (m)	сегмент	segment
setor (m)	сектор	sektor
lado (de um triângulo, etc.)	томон	tomon
ângulo (m)	бурчак	burchak

25. Unidades de medida

peso (m)	вазн	vazn
comprimento (m)	узунлик	uzunlik
largura (f)	кенглик	kenglik
altura (f)	баландлик	balandlik
profundidade (f)	чуқурлик	chuqurlik
volume (m)	ҳажм	hajm
área (f)	майдон	maydon
grama (m)	грамм	gramm
miligrama (m)	миллиграмм	milligramm

quilograma (m)	килограмм	kilogramm
tonelada (f)	тонна	tonna
libra (453,6 gramas)	фунт	funt
onça (f)	унция	untsiya
metro (m)	метр	metr
milímetro (m)	миллиметр	millimetr
centímetro (m)	сантиметр	santimetr
quilómetro (m)	километр	kilometr
milha (f)	миля	milya
polegada (f)	дюйм	dyuym
pé (304,74 mm)	фут	fut
jarda (914,383 mm)	ярд	yard
metro (m) quadrado	квадрат метр	kvadrat metr
hectare (m)	гектар	gektar
litro (m)	литр	litr
grau (m)	градус	gradus
volt (m)	вольт	volt
ampere (m)	ампер	amper
cavalo-vapor (m)	от кучи	ot kuchi
quantidade (f)	миқдор	miqdor
um pouco de ...	бироз ...	biroz ...
metade (f)	ярим	yarim
dúzia (f)	ўн иккита	o'n ikkita
peça (f)	дона	dona
dimensão (f)	ўлчам	o'lcham
escala (f)	масштаб	masshtab
mínimo	минимал	minimal
menor, mais pequeno	енг кичик	eng kichik
médio	ўрта	o'rta
máximo	максимал	maksimal
maior, mais grande	енг катта	eng katta

26. Recipientes

boião (m) de vidro	банка	banka
lata (~ de cerveja)	банка	banka
balde (m)	челак	chelak
barril (m)	бочка	bochka
bacia (~ de plástico)	жом	jom
tanque (m)	бак	bak
cantil (m) de bolso	фляжка	flyajka
bidão (m) de gasolina	канистра	kanistra
cisterna (f)	систерна	sisterna
caneca (f)	кружка	krujka
chávena (f)	косача	kosacha

pires (m)	ликопча	likopcha
copo (m)	стакан	stakan
taça (f) de vinho	қадаҳ	qadah
panela, caçarola (f)	кастрюл	kastryul

| garrafa (f) | бутилка | butilka |
| gargalo (m) | бўғзи | bo'g'zi |

jarro, garrafa (f)	графин	grafin
jarro (m) de barro	кўза	ko'za
recipiente (m)	идиш	idish
pote (m)	хумча	xumcha
vaso (m)	ваза	vaza

frasco (~ de perfume)	флакон	flakon
frasquinho (ex. ~ de iodo)	шишача	shishacha
tubo (~ de pasta dentífrica)	тюбик	tyubik

saca (ex. ~ de açúcar)	қоп	qop
saco (~ de plástico)	қоғоз халта	qog'oz xalta
maço (m)	қути	quti

caixa (~ de sapatos, etc.)	қути	quti
caixa (~ de madeira)	яшик	yashik
cesta (f)	сават	savat

27. Materiais

material (m)	материал	material
madeira (f)	ёғоч	yog'och
de madeira	тахта	taxta

| vidro (m) | шиша | shisha |
| de vidro | шиша | shisha |

| pedra (f) | тош | tosh |
| de pedra | тош | tosh |

| plástico (m) | пластмасса | plastmassa |
| de plástico | пластмасса | plastmassa |

| borracha (f) | резина | rezina |
| de borracha | резина | rezina |

| tecido, pano (m) | мато | mato |
| de tecido | матодан | matodan |

| papel (m) | қоғоз | qog'oz |
| de papel | қоғоз | qog'oz |

cartão (m)	картон	karton
de cartão	картон	karton
polietileno (m)	полиетилен	polietilen
celofane (m)	селлофан	sellofan

| linóleo (m) | линолеум | linoleum |
| contraplacado (m) | фанера | fanera |

porcelana (f)	чинни	chinni
de porcelana	чинни	chinni
barro (f)	лой	loy
de barro	лой	loy
cerâmica (f)	сопол	sopol
de cerâmica	сопол	sopol

28. Metais

metal (m)	металл	metall
metálico	металл	metall
liga (f)	қотишма	qotishma

ouro (m)	олтин	oltin
de ouro	олтин	oltin
prata (f)	кумуш	kumush
de prata	кумуш	kumush

ferro (m)	темр	temr
de ferro	темир	temir
aço (m)	пўлат	po'lat
de aço	пўлат	po'lat
cobre (m)	мис	mis
de cobre	мис	mis

alumínio (m)	алюминий	alyuminiy
de alumínio	алюминий	alyuminiy
bronze (m)	бронза	bronza
de bronze	бронза	bronza

latão (m)	жез	jez
níquel (m)	никел	nikel
platina (f)	платина	platina
mercúrio (m)	симоб	simob
estanho (m)	қалайи	qalayi
chumbo (m)	қўрғошин	qo'rg'oshin
zinco (m)	рух	rux

O SER HUMANO

O ser humano. O corpo

29. Humanos. Conceitos básicos

ser (m) humano	одам	odam
homem (m)	еркак	erkak
mulher (f)	аёл	ayol
criança (f)	бола	bola
menina (f)	қиз бола	qiz bola
menino (m)	ўғил бола	o'g'il bola
adolescente (m)	ўспирин	o'spirin
velho (m)	чол	chol
velha, anciã (f)	кампир	kampir

30. Anatomia humana

organismo (m)	организм	organizm
coração (m)	юрак	yurak
sangue (m)	қон	qon
artéria (f)	артерия	arteriya
veia (f)	вена	vena
cérebro (m)	мия	miya
nervo (m)	нерв	nerv
nervos (m pl)	нервлар	nervlar
vértebra (f)	умуртқа суяги	umurtqa suyagi
coluna (f) vertebral	умуртқа	umurtqa
estômago (m)	ошқозон	oshqozon
intestinos (m pl)	ичак-чавоқ	ichak-chavoq
intestino (m)	ичак	ichak
fígado (m)	жигар	jigar
rim (m)	буйрак	buyrak
osso (m)	суяк	suyak
esqueleto (m)	скелет	skelet
costela (f)	қовурға	qovurg'a
crânio (m)	бош суяги	bosh suyagi
músculo (m)	мушак	mushak
bíceps (m)	бицепс	bitseps
tríceps (m)	трицепс	tritseps
tendão (m)	пай	pay
articulação (f)	бўғим	bo'g'im

pulmões (m pl)	ўпка	o'pka
órgãos (m pl) genitais	жинсий аъзолар	jinsiy a'zolar
pele (f)	тери	teri

31. Cabeça

cabeça (f)	бош	bosh
cara (f)	юз	yuz
nariz (m)	бурун	burun
boca (f)	оғиз	og'iz
olho (m)	кўз	ko'z
olhos (m pl)	кўзлар	ko'zlar
pupila (f)	қорачиқ	qorachiq
sobrancelha (f)	қош	qosh
pestana (f)	киприк	kiprik
pálpebra (f)	кўз қовоғи	ko'z qovog'i
língua (f)	тил	til
dente (m)	тиш	tish
lábios (m pl)	лаблар	lablar
maçãs (f pl) do rosto	ёноқлар	yonoqlar
gengiva (f)	милк	milk
palato (m)	танглай	tanglay
narinas (f pl)	бурун тешиги	burun teshigi
queixo (m)	енгак	engak
mandíbula (f)	жағ	jag'
bochecha (f)	юз	yuz
testa (f)	пешона	peshona
têmpora (f)	чакка	chakka
orelha (f)	қулоқ	quloq
nuca (f)	гардан	gardan
pescoço (m)	бўйин	bo'yin
garganta (f)	томоқ	tomoq
cabelos (m pl)	сочлар	sochlar
penteado (m)	турмак	turmak
corte (m) de cabelo	кесиш	kesish
peruca (f)	ясама соч	yasama soch
bigode (m)	мўйлов	mo'ylov
barba (f)	соқол	soqol
usar, ter (~ barba, etc.)	қўйиш	qo'yish
trança (f)	соч ўрими	soch o'rimi
suíças (f pl)	чекка соқол	chekka soqol
ruivo	малла	malla
grisalho	оқарган	oqargan
calvo	кал	kal
calva (f)	сочи йўқ жой	sochi yo'q joy
rabo-de-cavalo (m)	дум	dum
franja (f)	пешонагажак	peshonagajak

32. Corpo humano

mão (f)	панжа	panja
braço (m)	қўл	qo'l
dedo (m)	**бармоқ**	barmoq
polegar (m)	**катта бармоқ**	katta barmoq
dedo (m) mindinho	**жимжилоқ**	jimjiloq
unha (f)	**тирноқ**	tirnoq
punho (m)	**мушт**	musht
palma (f) da mão	**кафт**	kaft
pulso (m)	**билак**	bilak
antebraço (m)	**билак**	bilak
cotovelo (m)	**тирсак**	tirsak
ombro (m)	**елка**	elka
perna (f)	**оёқ**	oyoq
pé (m)	**товон таги**	tovon tagi
joelho (m)	**тизза**	tizza
barriga (f) da perna	**болдир**	boldir
anca (f)	**сон**	son
calcanhar (m)	**товон**	tovon
corpo (m)	**тана**	tana
barriga (f)	**қорин**	qorin
peito (m)	**кўкрак**	ko'krak
seio (m)	**сийна, емчак**	siyna, emchak
lado (m)	**ёнбош**	yonbosh
costas (f pl)	**орқа**	orqa
região (f) lombar	**бел**	bel
cintura (f)	**бел**	bel
umbigo (m)	**киндик**	kindik
nádegas (f pl)	**думбалар**	dumbalar
traseiro (m)	**орқа**	orqa
sinal (m)	**хол**	xol
sinal (m) de nascença	**қашқа хол**	qashqa xol
tatuagem (f)	**татуировка**	tatuirovka
cicatriz (f)	**чандиқ**	chandiq

Vestuário & Acessórios

33. Roupa exterior. Casacos

roupa (f)	кийим	kiyim
roupa (f) exterior	устки кийим	ustki kiyim
roupa (f) de inverno	қишки кийим	qishki kiyim
sobretudo (m)	палто	palto
casaco (m) de peles	пўстин	po'stin
casaco curto (m) de peles	калта пўстин	kalta po'stin
casaco (m) acolchoado	пуховик	puxovik
casaco, blusão (m)	куртка	kurtka
impermeável (m)	плашч	plashch
impermeável	сув ўтказмайдиган	suv o'tkazmaydigan

34. Vestuário de homem & mulher

camisa (f)	кўйлак	ko'ylak
calças (f pl)	шим	shim
calças (f pl) de ganga	жинси	jinsi
casaco (m) de fato	пиджак	pidjak
fato (m)	костюм	kostyum
vestido (ex. ~ vermelho)	аёллар кўйлаги	ayollar ko'ylagi
saia (f)	юбка	yubka
blusa (f)	блузка	bluzka
casaco (m) de malha	жун кофта	jun kofta
casaco, blazer (m)	жакет	jaket
T-shirt, camiseta (f)	футболка	futbolka
calções (Bermudas, etc.)	шорти	shorti
fato (m) de treino	спорт костюми	sport kostyumi
roupão (m) de banho	халат	xalat
pijama (m)	пижама	pijama
suéter (m)	свитер	sviter
pulôver (m)	пуловер	pulover
colete (m)	жилет	jilet
fraque (m)	фрак	frak
smoking (m)	смокинг	smoking
uniforme (m)	форма	forma
roupa (f) de trabalho	жомакор	jomakor
fato-macaco (m)	комбинезон	kombinezon
bata (~ branca, etc.)	халат	xalat

35. Vestuário. Roupa interior

roupa (f) interior	ич кийим	ich kiyim
cuecas boxer (f pl)	трусик	trusik
cuecas (f pl)	трусик	trusik
camisola (f) interior	майка	mayka
peúgas (f pl)	пайпоқ	paypoq
camisa (f) de noite	тунги кўйлак	tungi ko'ylak
sutiã (m)	бюстгалтер	byustgalter
meias longas (f pl)	голфи	golfi
meia-calça (f)	колготки	kolgotki
meias (f pl)	пайпоқ	paypoq
fato (m) de banho	купалник	kupalnik

36. Adereços de cabeça

chapéu (m)	қалпоқ	qalpoq
chapéu (m) de feltro	шляпа	shlyapa
boné (m) de beisebol	бейсболка	beysbolka
boné (m)	кепка	kepka
boina (f)	берет	beret
capuz (m)	капюшон	kapyushon
panamá (m)	панамка	panamka
gorro (m) de malha	тўқилган шапка	to'qilgan shapka
lenço (m)	рўмол	ro'mol
chapéu (m) de mulher	қалпоқча	qalpoqcha
capacete (m) de proteção	каска	kaska
bibico (m)	пилотка	pilotka
capacete (m)	шлем	shlem
chapéu-coco (m)	котелок	kotelok
chapéu (m) alto	силиндр	silindr

37. Calçado

calçado (m)	пояфзал	poyafzal
botinas (f pl)	ботинка	botinka
sapatos (de salto alto, etc.)	туфли	tufli
botas (f pl)	етик	etik
pantufas (f pl)	шиппак	shippak
ténis (m pl)	кроссовка	krossovka
sapatilhas (f pl)	кеда	keda
sandálias (f pl)	сандал шиппак	sandal shippak
sapateiro (m)	етикдўз	etikdo'z
salto (m)	пошна	poshna

par (m)	жуфт	juft
atacador (m)	чизимча	chizimcha
apertar os atacadores	боғлаш	bog'lash
calçadeira (f)	қошиқ	qoshiq
graxa (f) para calçado	пояфзал мойи	poyafzal moyi

38. Têxtil. Tecidos

algodão (m)	пахта	paxta
de algodão	пахтадан	paxtadan
linho (m)	зиғир	zig'ir
de linho	зиғирдан	zig'irdan
seda (f)	ипак	ipak
de seda	ипак	ipak
lã (f)	жун	jun
de lã	жун	jun
veludo (m)	бахмал	baxmal
camurça (f)	замш	zamsh
bombazina (f)	чийдухоба	chiyduxoba
náilon (m)	нейлон	neylon
de náilon	нейлондан	neylondan
poliéster (m)	полиестер	poliester
de poliéster	полиестердан	poliesterdan
couro (m)	чарм	charm
de couro	чармдан	charmdan
pele (f)	мўйна	mo'yna
de peles, de pele	мўйнадан	mo'ynadan

39. Acessórios pessoais

luvas (f pl)	қўлқоплар	qo'lqoplar
mitenes (f pl)	бошмалдоқли қўлқоплар	boshmaldoqli qo'lqoplar
cachecol (m)	бўйинбоғ	bo'yinbog'
óculos (m pl)	кўзойнак	ko'zoynak
armação (f) de óculos	гардиш	gardish
guarda-chuva (m)	соябон	soyabon
bengala (f)	хасса	xassa
escova (f) para o cabelo	тароқ	taroq
leque (m)	елпиғич	elpig'ich
gravata (f)	галстук	galstuk
gravata-borboleta (f)	галстук-бабочка	galstuk-babochka
suspensórios (m pl)	подтяжки	podtyajki
lenço (m)	дастрўмол	dastro'mol
pente (m)	тароқ	taroq
travessão (m)	соч тўғнағичи	soch to'g'nag'ichi

gancho (m) de cabelo	шпилка	shpilka
fivela (f)	камар тўқаси	kamar to'qasi
cinto (m)	камар	kamar
correia (f)	тасма	tasma
mala (f)	сумка	sumka
mala (f) de senhora	сумкача	sumkacha
mochila (f)	рюкзак	ryukzak

40. Vestuário. Diversos

moda (f)	мода	moda
na moda	модали	modali
estilista (m)	моделер	modeler
colarinho (m), gola (f)	ёқа	yoqa
bolso (m)	чўнтак	cho'ntak
de bolso	чўнтак	cho'ntak
manga (f)	енг	eng
alcinha (f)	илгак	ilgak
braguilha (f)	йирмоч	yirmoch
fecho (m) de correr	молния	molniya
fecho (m), colchete (m)	кийим илгаги	kiyim ilgagi
botão (m)	тугма	tugma
casa (f) de botão	илгак	ilgak
soltar-se (vr)	узилмоқ	uzilmoq
coser, costurar (vi)	тикиш	tikish
bordar (vt)	кашта тикиш	kashta tikish
bordado (m)	кашта	kashta
agulha (f)	игна	igna
fio (m)	ип	ip
costura (f)	чок	chok
sujar-se (vr)	ифлосланмоқ	ifloslanmoq
mancha (f)	доғ	dog'
engelhar-se (vr)	ғижимланиш	g'ijimlanish
rasgar (vt)	йиртмоқ	yirtmoq
traça (f)	куя	kuya

41. Cuidados pessoais. Cosméticos

pasta (f) de dentes	тиш пастаси	tish pastasi
escova (f) de dentes	тиш чўткаси	tish cho'tkasi
escovar os dentes	тиш тозаламоқ	tish tozalamoq
máquina (f) de barbear	устара	ustara
creme (m) de barbear	соқол олиш креми	soqol olish kremi
barbear-se (vr)	соқол олмоқ	soqol olmoq
sabonete (m)	совун	sovun

champô (m)	шампун	shampun
tesoura (f)	қайчи	qaychi
lima (f) de unhas	тирноқ егови	tirnoq egovi
corta-unhas (m)	тирноқ омбири	tirnoq ombiri
pinça (f)	пинцет	pintset
cosméticos (m pl)	косметика	kosmetika
máscara (f) facial	ниқоб	niqob
manicura (f)	маникюр	manikyur
fazer a manicura	маникюрлаш	manikyurlash
pedicure (f)	педикюр	pedikyur
mala (f) de maquilhagem	косметичка	kosmetichka
pó (m)	упа	upa
caixa (f) de pó	упадон	upadon
blush (m)	қизил ёғупа	qizil yog'upa
perfume (m)	атир	atir
água (f) de toilette	атир	atir
loção (f)	лосон	loson
água-de-colónia (f)	атир	atir
sombra (f) de olhos	кўз бўёғи	ko'z bo'yog'i
lápis (m) delineador	кўз қалами	ko'z qalami
máscara (f), rímel (m)	киприк бўёғи	kiprik bo'yog'i
batom (m)	лаб помадаси	lab pomadasi
verniz (m) de unhas	тирноқ учун лок	tirnoq uchun lok
laca (f) para cabelos	соч учун лок	soch uchun lok
desodorizante (m)	дезодорант	dezodorant
creme (m)	крем	krem
creme (m) de rosto	юз учун крем	yuz uchun krem
creme (m) de mãos	қўл учун крем	qo'l uchun krem
creme (m) antirrugas	ажинга қарши крем	ajinga qarshi krem
creme (m) de dia	кундузги крем	kunduzgi krem
creme (m) de noite	тунги крем	tungi krem
de dia	кундузги	kunduzgi
da noite	тунги	tungi
tampão (m)	тампон	tampon
papel (m) higiénico	туалет қоғози	tualet qog'ozi
secador (m) elétrico	фен	fen

42. Joalheria

joias (f pl)	зеб-зийнат	zeb-ziynat
precioso	қимматбаҳо	qimmatbaho
marca (f) de contraste	проба	proba
anel (m)	узук	uzuk
aliança (f)	никоҳ узуги	nikoh uzugi
pulseira (f)	билакузук	bilakuzuk
brincos (m pl)	зирак	zirak

colar (m)	маржон	marjon
coroa (f)	тож	toj
colar (m) de contas	мунчоқ	munchoq

diamante (m)	бриллиант	brilliant
esmeralda (f)	зумрад	zumrad
rubi (m)	ёқут	yoqut
safira (f)	зангори ёқут	zangori yoqut
pérola (f)	марварид	marvarid
âmbar (m)	қаҳрабо	qahrabo

43. Relógios de pulso. Relógios

relógio (m) de pulso	соат	soat
mostrador (m)	сиферблат	siferblat
ponteiro (m)	мил, стрелка	mil, strelka
bracelete (f) em aço	браслет	braslet
bracelete (f) em couro	тасмача	tasmacha

pilha (f)	батарейка	batareyka
descarregar-se	ўтириб қолмоқ	o'tirib qolmoq
trocar a pilha	батарейка алмаштирмоқ	batareyka almashtirmoq
estar adiantado	шошмоқ	shoshmoq
estar atrasado	кечикмоқ	kechikmoq

relógio (m) de parede	девор соати	devor soati
ampulheta (f)	қум соати	qum soati
relógio (m) de sol	қуёш соати	quyosh soati
despertador (m)	будилник	budilnik
relojoeiro (m)	соацоз	soatsoz
reparar (vt)	таъмирламоқ	ta'mirlamoq

Alimentação. Nutrição

44. Comida

carne (f)	гўшт	go'sht
galinha (f)	товуқ	tovuq
frango (m)	жўжа	jo'ja
pato (m)	ўрдак	o'rdak
ganso (m)	ғоз	g'oz
caça (f)	илвасин	ilvasin
peru (m)	курка	kurka
carne (f) de porco	чўчқа гўшти	cho'chqa go'shti
carne (f) de vitela	бузоқ гўшти	buzoq go'shti
carne (f) de carneiro	қўй гўшти	qo'y go'shti
carne (f) de vaca	мол гўшти	mol go'shti
carne (f) de coelho	қуён	quyon
chouriço, salsichão (m)	колбаса	kolbasa
salsicha (f)	сосиска	sosiska
bacon (m)	бекон	bekon
fiambre (f)	ветчина	vetchina
presunto (m)	сон гўшти	son go'shti
patê (m)	паштет	pashtet
fígado (m)	жигар	jigar
carne (f) moída	қийма	qiyma
língua (f)	тил	til
ovo (m)	тухум	tuxum
ovos (m pl)	тухумлар	tuxumlar
clara (f) do ovo	тухумни оқи	tuxumni oqi
gema (f) do ovo	тухумни сариғи	tuxumni sarig'i
peixe (m)	балиқ	baliq
mariscos (m pl)	денгиз маҳсулоти	dengiz mahsuloti
crustáceos (m pl)	қисқичбақасимонлар	qisqichbaqasimonlar
caviar (m)	увилдириқ	uvildiriq
caranguejo (m)	қисқичбақа	qisqichbaqa
camarão (m)	креветка	krevetka
ostra (f)	устрица	ustritsa
lagosta (f)	лангуст	langust
polvo (m)	саккизоёқ	sakkizoyoq
lula (f)	калмар	kalmar
esturjão (m)	осётр гўшти	osyotr go'shti
salmão (m)	лосос	losos
halibute (m)	палтус	paltus
bacalhau (m)	треска	treska

cavala, sarda (f)	скумбрия	skumbriya
atum (m)	тунец	tunets
enguia (f)	илонбалиқ	ilonbaliq
truta (f)	форел	forel
sardinha (f)	сардина	sardina
lúcio (m)	чўртанбалиқ	cho'rtanbaliq
arenque (m)	селд	seld
pão (m)	нон	non
queijo (m)	пишлоқ	pishloq
açúcar (m)	қанд	qand
sal (m)	туз	tuz
arroz (m)	гуруч	guruch
massas (f pl)	макарон	makaron
talharim (m)	угра	ugra
manteiga (f)	сариёғ	sariyog'
óleo (m) vegetal	ўсимлик ёғи	o'simlik yog'i
óleo (m) de girassol	кунгабоқар ёғи	kungaboqar yog'i
margarina (f)	маргарин	margarin
azeitonas (f pl)	зайтун	zaytun
azeite (m)	зайтун ёғи	zaytun yog'i
leite (m)	сут	sut
leite (m) condensado	қуйилтирилган сут	quyiltirilgan sut
iogurte (m)	ёғурт	yogurt
nata (f) azeda	сметана	smetana
nata (f) do leite	қаймоқ	qaymoq
maionese (f)	маёнез	mayonez
creme (m)	крем	krem
grãos (m pl) de cereais	ёрма	yorma
farinha (f)	ун	un
enlatados (m pl)	консерва	konserva
flocos (m pl) de milho	маккажўхори бодроқ	makkajo'xori bodroq
mel (m)	асал	asal
doce (m)	жем	jem
pastilha (f) elástica	чайналадиган резинка	chaynaladigan rezinka

45. Bebidas

água (f)	сув	suv
água (f) potável	ичимлик сув	ichimlik suv
água (f) mineral	минерал сув	mineral suv
sem gás	газсиз	gazsiz
gaseificada	газланган	gazlangan
com gás	газли	gazli
gelo (m)	муз	muz

com gelo	музли	muzli
sem álcool	алкоголсиз	alkogolsiz
bebida (f) sem álcool	алкоголсиз ичимлик	alkogolsiz ichimlik
refresco (m)	салқин ичимлик	salqin ichimlik
limonada (f)	лимонад	limonad

bebidas (f pl) alcoólicas	спиртли ичимликлар	spirtli ichimliklar
vinho (m)	вино	vino
vinho (m) branco	оқ вино	oq vino
vinho (m) tinto	қизил вино	qizil vino

licor (m)	ликёр	likyor
champanhe (m)	шампан виноси	shampan vinosi
vermute (m)	вермут	vermut

uísque (m)	виски	viski
vodka (f)	ароқ	aroq
gim (m)	джин	djin
conhaque (m)	коняк	konyak
rum (m)	ром	rom

café (m)	кофе	kofe
café (m) puro	қора кофе	qora kofe
café (m) com leite	сутли кофе	sutli kofe
cappuccino (m)	қаймоқли кофе	qaymoqli kofe
café (m) solúvel	ерийдиган кофе	eriydigan kofe

leite (m)	сут	sut
coquetel (m)	коктейл	kokteyl
batido (m) de leite	сутли коктейл	sutli kokteyl

sumo (m)	шарбат	sharbat
sumo (m) de tomate	томат шарбати	tomat sharbati
sumo (m) de laranja	апелсин шарбати	apelsin sharbati
sumo (m) fresco	янги сиқилган шарбат	yangi siqilgan sharbat

cerveja (f)	пиво	pivo
cerveja (f) clara	оч ранг пиво	och rang pivo
cerveja (f) preta	тўқ ранг пиво	to'q rang pivo

chá (m)	чой	choy
chá (m) preto	қора чой	qora choy
chá (m) verde	кўк чой	ko'k choy

46. Vegetais

| legumes (m pl) | сабзавотлар | sabzavotlar |
| verduras (f pl) | кўкат | ko'kat |

tomate (m)	помидор	pomidor
pepino (m)	бодринг	bodring
cenoura (f)	сабзи	sabzi
batata (f)	картошка	kartoshka
cebola (f)	пиёз	piyoz

alho (m)	саримсоқ	sarimsoq
couve (f)	карам	karam
couve-flor (f)	гулкарам	gulkaram
couve-de-bruxelas (f)	брюссел карами	bryussel karami
brócolos (m pl)	брокколи карами	brokkoli karami

beterraba (f)	лавлаги	lavlagi
beringela (f)	бақлажон	baqlajon
curgete (f)	қовоқча	qovoqcha
abóbora (f)	ошқовоқ	oshqovoq
nabo (m)	шолғом	sholg'om

salsa (f)	петрушка	petrushka
funcho, endro (m)	укроп	ukrop
alface (f)	салат	salat
aipo (m)	селдерей	selderey
espargo (m)	сарсабил	sarsabil
espinafre (m)	исмалоқ	ismaloq

ervilha (f)	нўхат	no'xat
fava (f)	дуккакли ўсимликлар	dukkakli o'simliklar
milho (m)	маккажўхори	makkajo'xori
feijão (m)	ловия	loviya

pimentão (m)	қалампир	qalampir
rabanete (m)	редиска	rediska
alcachofra (f)	артишок	artishok

47. Frutos. Nozes

fruta (f)	мева	meva
maçã (f)	олма	olma
pera (f)	нок	nok
limão (m)	лимон	limon
laranja (f)	апелсин	apelsin
morango (m)	қулупнай	qulupnay

tangerina (f)	мандарин	mandarin
ameixa (f)	олхўри	olxo'ri
pêssego (m)	шафтоли	shaftoli
damasco (m)	ўрик	o'rik
framboesa (f)	малина	malina
ananás (m)	ананас	ananas

banana (f)	банан	banan
melancia (f)	тарвуз	tarvuz
uva (f)	узум	uzum
ginja (f)	олча	olcha
cereja (f)	гилос	gilos
meloa (f)	қовун	qovun

toranja (f)	грейпфрут	greypfrut
abacate (m)	авокадо	avokado
papaia (f)	папайя	papayya

| manga (f) | манго | mango |
| romã (f) | анор | anor |

groselha (f) vermelha	қизил смородина	qizil smorodina
groselha (f) preta	қора смородина	qora smorodina
groselha (f) espinhosa	крижовник	krijovnik
mirtilo (m)	черника	chernika
amora silvestre (f)	маймунжон	maymunjon

uvas (f pl) passas	майиз	mayiz
figo (m)	анжир	anjir
tâmara (f)	хурмо	xurmo

amendoim (m)	ерёнғоқ	eryong'oq
amêndoa (f)	бодом	bodom
noz (f)	ёнғоқ	yong'oq
avelã (f)	ўрмон ёнғоғи	o'rmon yong'og'i
coco (m)	кокос ёнғоғи	kokos yong'og'i
pistáchios (m pl)	писта	pista

48. Pão. Bolaria

pastelaria (f)	қандолат маҳсулотлари	qandolat mahsulotlari
pão (m)	нон	non
bolacha (f)	печене	pechene

chocolate (m)	шоколад	shokolad
de chocolate	шоколадли	shokoladli
rebuçado (m)	конфет	konfet
bolo (cupcake, etc.)	пирожное	pirojnoe
bolo (m) de aniversário	торт	tort

| tarte (~ de maçã) | пирог | pirog |
| recheio (m) | начинка | nachinka |

doce (m)	мураббо	murabbo
geleia (f) de frutas	мармелад	marmelad
waffle (m)	вафли	vafli
gelado (m)	музқаймоқ	muzqaymoq
pudim (m)	пудинг	puding

49. Pratos cozinhados

prato (m)	таом	taom
cozinha (~ portuguesa)	ошхона	oshxona
receita (f)	рецепт	retsept
porção (f)	порция	portsiya

salada (f)	салат	salat
sopa (f)	шўрва	sho'rva
caldo (m)	қуруқ қайнатма шўрва	quruq qaynatma sho'rva
sandes (f)	бутерброд	buterbrod

ovos (m pl) estrelados	тухум куймок	tuxum quymoq
hambúrguer (m)	гамбургер	gamburger
bife (m)	бифштекс	bifshteks

conduto (m)	гарнир	garnir
espaguete (m)	спагетти	spagetti
puré (m) de batata	картошка пюреси	kartoshka pyuresi
pizza (f)	пицца	pitstsa
papa (f)	бўтқа	bo'tqa
omelete (f)	куймок	quymoq

cozido em água	пиширилган	pishirilgan
fumado	дудланган	dudlangan
frito	қовурилган	qovurilgan
seco	куритилган	quritilgan
congelado	музлатилган	muzlatilgan
em conserva	маринадланган	marinadlangan

doce (açucarado)	ширин	shirin
salgado	тузланган	tuzlangan
frio	совук	sovuq
quente	иссик	issiq
amargo	аччик	achchiq
gostoso	мазали	mazali

cozinhar (em água a ferver)	пиширмок	pishirmoq
fazer, preparar (vt)	тайёрламок	tayyorlamoq
fritar (vt)	қовурмок	qovurmoq
aquecer (vt)	иситмок	isitmoq

salgar (vt)	тузламок	tuzlamoq
apimentar (vt)	мурч сепмок	murch sepmoq
ralar (vt)	қирғичда қирмок	qirg'ichda qirmoq
casca (f)	пўст	po'st
descascar (vt)	тозаламок	tozalamoq

50. Especiarias

sal (m)	туз	tuz
salgado	тузли	tuzli
salgar (vt)	тузламок	tuzlamoq

pimenta (f) preta	кора мурч	qora murch
pimenta (f) vermelha	кизил калампир	qizil qalampir
mostarda (f)	горчица	gorchitsa
raiz-forte (f)	хрен	xren

condimento (m)	зиравор	ziravor
especiaria (f)	доривор	dorivor
molho (m)	қайла	qayla
vinagre (m)	сирка	sirka

| anis (m) | анис | anis |
| manjericão (m) | райхон | rayhon |

cravo (m)	қалампирмунчоқ	qalampirmunchoq
gengibre (m)	занжабил	zanjabil
coentro (m)	кашнич	kashnich
canela (f)	долчин	dolchin

sésamo (m)	кунжут	kunjut
folhas (f pl) de louro	лавр япроғи	lavr yaprog'i
páprica (f)	гармдори	garmdori
cominho (m)	зира	zira
açafrão (m)	заъфарон	za'faron

51. Refeições

comida (f)	таом	taom
comer (vt)	йемоқ	yemoq

pequeno-almoço (m)	нонушта	nonushta
tomar o pequeno-almoço	нонушта қилмоқ	nonushta qilmoq
almoço (m)	тушлик	tushlik
almoçar (vi)	тушлик қилмоқ	tushlik qilmoq
jantar (m)	кечки овқат	kechki ovqat
jantar (vi)	кечки овқатни емоқ	kechki ovqatni emoq

apetite (m)	иштаҳа	ishtaha
Bom apetite!	Ёқимли иштаҳа!	Yoqimli ishtaha!

abrir (~ uma lata, etc.)	очмоқ	ochmoq
derramar (vt)	тўкмоқ	to'kmoq
derramar-se (vr)	тўкилмоқ	to'kilmoq

ferver (vi)	қайнамоқ	qaynamoq
ferver (vt)	қайнатмоқ	qaynatmoq
fervido	қайнатилган	qaynatilgan

arrefecer (vt)	совутмоқ	sovutmoq
arrefecer-se (vr)	совутилмоқ	sovutilmoq

sabor, gosto (m)	таъм	ta'm
gostinho (m)	қўшимча таъм	qo'shimcha ta'm

fazer dieta	озмоқ	ozmoq
dieta (f)	парҳез	parhez
vitamina (f)	витамин	vitamin
caloria (f)	калория	kaloriya

vegetariano (m)	вегетариан	vegetarian
vegetariano	вегетарианча	vegetariancha

gorduras (f pl)	ёғлар	yog'lar
proteínas (f pl)	оқсиллар	oqsillar
carboidratos (m pl)	углеводлар	uglevodlar
fatia (~ de limão, etc.)	тилимча	tilimcha
pedaço (~ de bolo)	бўлак	bo'lak
migalha (f)	урвоқ	urvoq

52. Por a mesa

colher (f)	қошиқ	qoshiq
faca (f)	пичоқ	pichoq
garfo (m)	санчқи	sanchqi
chávena (f)	косача	kosacha
prato (m)	тарелка	tarelka
pires (m)	ликопча	likopcha
guardanapo (m)	қўл сочиқ	qo'l sochiq
palito (m)	тиш кавлагич	tish kavlagich

53. Restaurante

restaurante (m)	ресторан	restoran
café (m)	кофехона	kofexona
bar (m), cervejaria (f)	бар	bar
salão (m) de chá	чой салони	choy saloni
empregado (m) de mesa	официант	ofitsiant
empregada (f) de mesa	официантка	ofitsiantka
barman (m)	бармен	barmen
ementa (f)	таомнома	taomnoma
lista (f) de vinhos	винолар рўйхати	vinolar ro'yxati
reservar uma mesa	столни банд қилмоқ	stolni band qilmoq
prato (m)	таом	taom
pedir (vt)	буюртма қилмоқ	buyurtma qilmoq
fazer o pedido	буюртма бермоқ	buyurtma bermoq
aperitivo (m)	аперитив	aperitiv
entrada (f)	газак	gazak
sobremesa (f)	десерт	desert
conta (f)	ҳисоб	hisob
pagar a conta	ҳисоб бўйича тўламоқ	hisob bo'yicha to'lamoq
dar o troco	қайтим бермоқ	qaytim bermoq
gorjeta (f)	чойчақа	choychaqa

Família, parentes e amigos

54. Informação pessoal. Formulários

nome (m)	исм	ism
apelido (m)	фамилия	familiya
data (f) de nascimento	туғилган сана	tug'ilgan sana
local (m) de nascimento	туғилган жойи	tug'ilgan joyi
nacionalidade (f)	миллати	millati
lugar (m) de residência	турар жойи	turar joyi
país (m)	мамлакат	mamlakat
profissão (f)	касб	kasb
sexo (m)	жинс	jins
estatura (f)	бўй	bo'y
peso (m)	вазн	vazn

55. Membros da família. Parentes

mãe (f)	она	ona
pai (m)	ота	ota
filho (m)	ўғли	o'g'li
filha (f)	қиз	qiz
filha (f) mais nova	кичик қиз	kichik qiz
filho (m) mais novo	кичик ўғил	kichik o'g'il
filha (f) mais velha	катта қизи	katta qizi
filho (m) mais velho	катта ўғли	katta o'g'li
irmão (m) mais velho	ака	aka
irmão (m) mais novo	ука	uka
irmã (f) mais velha	опа	opa
irmã (f) mais nova	сингил	singil
primo (m)	амакивачча, холавачча	amakivachcha, xolavachcha
prima (f)	амакивачча, холавачча	amakivachcha, xolavachcha
mamã (f)	ойи	oyi
papá (m)	дада	dada
pais (pl)	ота-она	ota-ona
criança (f)	бола	bola
crianças (f pl)	болалар	bolalar
avó (f)	буви	buvi
avô (m)	бобо	bobo
neto (m)	невара	nevara
neta (f)	набира	nabira
netos (pl)	невералар	nevaralar

tio (m)	амаки	amaki
tia (f)	хола	xola
sobrinho (m)	жиян	jiyan
sobrinha (f)	жиян	jiyan
sogra (f)	қайнона	qaynona
sogro (m)	қайнота	qaynota
genro (m)	куёв	kuyov
madrasta (f)	ўгай она	o'gay ona
padrasto (m)	ўгай ота	o'gay ota
criança (f) de colo	гўдак	go'dak
bebé (m)	чақалоқ	chaqaloq
menino (m)	кичкинтой	kichkintoy
mulher (f)	хотин	xotin
marido (m)	ер	er
esposo (m)	рафиқ	rafiq
esposa (f)	рафиқа	rafiqa
casado	уйланган	uylangan
casada	турмушга чиққан	turmushga chiqqan
solteiro	бўйдоқ	bo'ydoq
solteirão (m)	бўйдоқ	bo'ydoq
divorciado	ажрашган	ajrashgan
viúva (f)	бева аёл	beva ayol
viúvo (m)	бева еркак	beva erkak
parente (m)	қариндош	qarindosh
parente (m) próximo	яқин қариндош	yaqin qarindosh
parente (m) distante	узоқ қариндош	uzoq qarindosh
parentes (m pl)	қариндошлар	qarindoshlar
órfão (m), órfã (f)	йетим	yetim
tutor (m)	васий	vasiy
adotar (um filho)	ўгил қилиб олиш	o'g'il qilib olish
adotar (uma filha)	қиз қилиб олиш	qiz qilib olish

56. Amigos. Colegas de trabalho

amigo (m)	дўст	do'st
amiga (f)	дугона	dugona
amizade (f)	дўстлик	do'stlik
ser amigos	дўстлашмоқ	do'stlashmoq
amigo (m)	огайни	og'ayni
amiga (f)	дугона	dugona
parceiro (m)	шерик	sherik
chefe (m)	рахбар	rahbar
superior (m)	бошлиқ	boshliq
proprietário (m)	ега	ega
subordinado (m)	бўйсунувчи	bo'ysunuvchi
colega (m)	хамкасб	hamkasb

conhecido (m)	таниш	tanish
companheiro (m) de viagem	йўловчи	yo'lovchi
colega (m) de classe	синфдош	sinfdosh
vizinho (m)	қўшни еркак	qo'shni erkak
vizinha (f)	қўшни аёл	qo'shni ayol
vizinhos (pl)	қўшнилар	qo'shnilar

57. Homem. Mulher

mulher (f)	аёл	ayol
rapariga (f)	қиз	qiz
noiva (f)	келин	kelin
bonita	чиройли	chiroyli
alta	баланд	baland
esbelta	хушбичим	xushbichim
de estatura média	пакана	pakana
loura (f)	оқ-сариқ соч	oq-sariq soch
morena (f)	қора соч	qora soch
de senhora	аёлларга хос	ayollarga xos
virgem (f)	маъсума	ma'suma
grávida	ҳомиладор	homilador
homem (m)	еркак	erkak
louro (m)	оқ-сариқ соч	oq-sariq soch
moreno (m)	қора соч	qora soch
alto	баланд	baland
de estatura média	пакана	pakana
rude	қўпол	qo'pol
atarracado	чорпахил	chorpaxil
robusto	бақувват	baquvvat
forte	кучли	kuchli
força (f)	куч	kuch
gordo	семиз	semiz
moreno	қорача	qoracha
esbelto	хушбичим	xushbichim
elegante	башанг	bashang

58. Idade

idade (f)	ёши	yoshi
juventude (f)	ёшлик	yoshlik
jovem	ёш	yosh
mais novo	ёшроқ	yoshroq
mais velho	каттароқ	kattaroq
jovem (m)	ёш йигит	yosh yigit

adolescente (m)	ўспирин	o'spirin
rapaz (m)	йигит	yigit

velho (m)	чол	chol
velhota (f)	кампир	kampir

adulto	катта ёшли	katta yoshli
de meia-idade	ўрта ёшли	o'rta yoshli
idoso, de idade	кексайган	keksaygan
velho	кекса	keksa

reforma (f)	нафақа	nafaqa
reformar-se (vr)	нафақага чиқиш	nafaqaga chiqish
reformado (m)	нафақахўр	nafaqaxo'r

59. Crianças

criança (f)	бола	bola
crianças (f pl)	болалар	bolalar
gémeos (m pl)	егизаклар	egizaklar

berço (m)	бешик	beshik
guizo (m)	шиқилдоқ	shiqildoq
fralda (f)	таглик	taglik

chupeta (f)	сўргич	so'rgich
carrinho (m) de bebé	аравача	aravacha

jardim (m) de infância	болалар боғчаси	bolalar bog'chasi
babysitter (f)	енага	enaga

infância (f)	болалик	bolalik
boneca (f)	қўғирчоқ	qo'g'irchoq

brinquedo (m)	ўйинчоқ	o'yinchoq
jogo (m) de armar	конструктор	konstruktor

bem-educado	тарбияли	tarbiyali
mal-educado	тарбиясиз	tarbiyasiz
mimado	ерка	erka

ser travesso	шўхлик қилмоқ	sho'xlik qilmoq
travesso, traquinas	шўх	sho'x

travessura (f)	шўхлик	sho'xlik
criança (f) travessa	шумтака	shumtaka

obediente	итоаткор	itoatkor
desobediente	итоациз	itoatsiz

dócil	если	esli
inteligente	ақлли	aqlli
menino (m) prodígio	вундеркинд	vunderkind

60. Casais. Vida de família

beijar (vt)	ўпмоқ	o'pmoq
beijar-se (vr)	ўпишмоқ	o'pishmoq
família (f)	оила	oila
familiar	оилавий	oilaviy
casal (m)	ер-хотин	er-xotin
matrimónio (m)	никоҳ	nikoh
lar (m)	ўз уйи	o'z uyi
dinastia (f)	сулола	sulola

| encontro (m) | учрашув | uchrashuv |
| beijo (m) | ўпич | o'pich |

amor (m)	севги	sevgi
amar (vt)	севмоқ	sevmoq
amado, querido	севикли	sevikli

ternura (f)	меҳрибонлик	mehribonlik
terno, afetuoso	мулойим	muloyim
fidelidade (f)	садоқат	sadoqat
fiel	садоқатли	sadoqatli
cuidado (m)	ғамхўрлик	g'amxo'rlik
carinhoso	ғамхўр	g'amxo'r

recém-casados (m pl)	ёш келин-куёв	yosh kelin-kuyov
lua de mel (f)	асал ойи	asal oyi
casar-se (com um homem)	турмушга чиқмоқ	turmushga chiqmoq
casar-se (com uma mulher)	уйланмоқ	uylanmoq

aniversário (m)	йиллик	yillik
amante (m)	жазман	jazman
amante (f)	жазман	jazman

adultério (m)	хиёнат	xiyonat
cometer adultério	хиёнат қилмоқ	xiyonat qilmoq
ciumento	рашкчи	rashkchi
ser ciumento	рашк қилмоқ	rashk qilmoq
divórcio (m)	ажралиш	ajralish
divorciar-se (vr)	ажралишмоқ	ajralishmoq

brigar (discutir)	уришиб қолмоқ	urishib qolmoq
fazer as pazes	ярашмоқ	yarashmoq
juntos	бирга	birga
sexo (m)	секс	seks

felicidade (f)	бахт	baxt
feliz	бахтли	baxtli
infelicidade (f)	бахцизлик	baxtsizlik
infeliz	бахциз	baxtsiz

Caráter. Sentimentos. Emoções

61. Sentimentos. Emoções

sentimento (m)	туйғу	tuyg'u
sentimentos (m pl)	туйғулар	tuyg'ular
sentir (vt)	ҳис қилмоқ	his qilmoq
fome (f)	очлик	ochlik
ter fome	ейишни истамоқ	eyishni istamoq
sede (f)	чанқов	chanqov
ter sede	чанқамоқ	chanqamoq
sonolência (f)	уйқучилик	uyquchilik
estar sonolento	уйқуни истамоқ	uyquni istamoq
cansaço (m)	чарчоқ	charchoq
cansado	чарчаган	charchagan
ficar cansado	чарчамоқ	charchamoq
humor (m)	кайфият	kayfiyat
tédio (m)	зерикиш	zerikish
aborrecer-se (vr)	зерикмоқ	zerikmoq
isolamento (m)	ёлғизлик	yolg'izlik
isolar-se	ёлғиз бўлмоқ	yolg'iz bo'lmoq
preocupar (vt)	хавотир қилмоқ	xavotir qilmoq
preocupar-se (vr)	хавотирланмоқ	xavotirlanmoq
preocupação (f)	безовталик	bezovtalik
ansiedade (f)	хавотирлик	xavotirlik
preocupado	ташвишланган	tashvishlangan
estar nervoso	асабийлашмоқ	asabiylashmoq
entrar em pânico	ваҳимага тушмоқ	vahimaga tushmoq
esperança (f)	умид	umid
esperar (vt)	умид қилмоқ	umid qilmoq
certeza (f)	дадиллик	dadillik
certo	дадил	dadil
indecisão (f)	дадилсизлик	dadilsizlik
indeciso	дадил емас	dadil emas
ébrio, bêbado	маст	mast
sóbrio	хушёр	xushyor
fraco	заиф	zaif
feliz	бахтли, омадли	baxtli, omadli
assustar (vt)	қўрқитмоқ	qo'rqitmoq
fúria (f)	қутуриш	quturish
ira, raiva (f)	қаттиқ ғазаб	qattiq g'azab
depressão (f)	руҳий сиқилиш	ruhiy siqilish
desconforto (m)	дискомфорт	diskomfort

conforto (m)	комфорт	komfort
arrepender-se (vr)	афсусланмоқ	afsuslanmoq
arrependimento (m)	афсус	afsus
azar (m), má sorte (f)	омадсизлик	omadsizlik
tristeza (f)	хафалик	xafalik
vergonha (f)	уят	uyat
alegria (f)	ўйин-кулги	o'yin-kulgi
entusiasmo (m)	ташаббус	tashabbus
entusiasta (m)	ташаббускор	tashabbuskor
mostrar entusiasmo	ташаббус кўрсатмоқ	tashabbus ko'rsatmoq

62. Caráter. Personalidade

caráter (m)	феъл-атвор	fe'l-atvor
falha (f) de caráter	нуқсон	nuqson
mente (f)	ақл	aql
razão (f)	идрок	idrok
consciência (f)	виждон	vijdon
hábito (m)	одат	odat
habilidade (f)	қобилият	qobiliyat
saber (~ nadar, etc.)	уддаламоқ	uddalamoq
paciente	сабрли	sabrli
impaciente	сабрсиз	sabrsiz
curioso	қизиқувчан	qiziquvchan
curiosidade (f)	қизиқувчанлик	qiziquvchanlik
modéstia (f)	камтарлик	kamtarlik
modesto	камтар	kamtar
imodesto	мақтанчоқ	maqtanchoq
preguiça (f)	дангасалик	dangasalik
preguiçoso	дангаса	dangasa
preguiçoso (m)	дангаса	dangasa
astúcia (f)	айёрлик	ayyorlik
astuto	айёр	ayyor
desconfiança (f)	ишонмаслик	ishonmaslik
desconfiado	ишонмайдиган	ishonmaydigan
generosidade (f)	сахийлик	saxiylik
generoso	сахий	saxiy
talentoso	истеъдодли	iste'dodli
talento (m)	истеъдод	iste'dod
corajoso	жасур	jasur
coragem (f)	жасурлик	jasurlik
honesto	ростгўй	rostgo'y
honestidade (f)	ростгўйлик	rostgo'ylik
prudente	эҳтиёткор	ehtiyotkor
valente	довюрак	dovyurak

| sério | жиддий | jiddiy |
| severo | қаттиққўл | qattiqqo'l |

decidido	дадил	dadil
indeciso	қатъияциз	qat'iyatsiz
tímido	тортинчоқ	tortinchoq
timidez (f)	тортинчоқлик	tortinchoqlik

confiança (f)	ишонч	ishonch
confiar (vt)	ишонмоқ	ishonmoq
crédulo	ишонувчан	ishonuvchan

sinceramente	самимият билан	samimiyat bilan
sincero	самимий	samimiy
sinceridade (f)	самимият	samimiyat
aberto	самимий	samimiy

calmo	ювош	yuvosh
franco	очиқ	ochiq
ingénuo	содда	sodda
distraído	паришонхотир	parishonxotir
engraçado	кулгили	kulgili

ganância (f)	очкўзлик	ochko'zlik
ganancioso	очкўз	ochko'z
avarento	хасис	xasis
mau	ёвуз	yovuz
teimoso	қайсар	qaysar
desagradável	ёқимсиз	yoqimsiz

egoísta (m)	худбин	xudbin
egoísta	худбинлик	xudbinlik
cobarde (m)	қўрқоқ	qo'rqoq
cobarde	қўрқоқ	qo'rqoq

63. O sono. Sonhos

dormir (vi)	ухламоқ	uxlamoq
sono (m)	уйқу	uyqu
sonho (m)	туш	tush
sonhar (vi)	туш кўрмоқ	tush ko'rmoq
sonolento	уйқусираган	uyqusiragan

cama (f)	каравот	karavot
colchão (m)	тўшак	to'shak
cobertor (m)	адёл	adyol
almofada (f)	ёстиқ	yostiq
lençol (m)	чойшаб	choyshab

insónia (f)	уйқусизлик	uyqusizlik
insone	уйқусиз	uyqusiz
sonífero (m)	уйқу дори	uyqu dori
tomar um sonífero	уйқу дори ичмоқ	uyqu dori ichmoq
estar sonolento	уйқуни истамоқ	uyquni istamoq

bocejar (vi)	еснамоқ	esnamoq
ir para a cama	ухлашга кетмоқ	uxlashga ketmoq
fazer a cama	кўрпа-ёстиқни тўшамоқ	ko'rpa-yostiqni to'shamoq
adormecer (vi)	уйқуга кетмоқ	uyquga ketmoq

pesadelo (m)	босинқираш	bosinqirash
ronco (m)	хуррак	xurrak
roncar (vi)	хуррак отмоқ	xurrak otmoq

despertador (m)	будилник	budilnik
acordar, despertar (vt)	уйғотмоқ	uyg'otmoq
acordar (vi)	уйғонмоқ	uyg'onmoq
levantar-se (vr)	тўшакдан турмоқ	to'shakdan turmoq
lavar-se (vr)	ювинмоқ	yuvinmoq

64. Humor. Riso. Alegria

humor (m)	юмор	yumor
sentido (m) de humor	юмор туйғуси	yumor tuyg'usi
divertir-se (vr)	қувнамоқ	quvnamoq
alegre	қувноқ	quvnoq
alegria (f)	қувноқлик	quvnoqlik

sorriso (m)	табассум	tabassum
sorrir (vi)	жилмаймоқ	jilmaymoq
começar a rir	кулиб юбормоқ	kulib yubormoq
rir (vi)	кулмоқ	kulmoq
riso (m)	кулги	kulgi

anedota (f)	латифа	latifa
engraçado	кулгили	kulgili
ridículo	кулгили	kulgili

brincar, fazer piadas	ҳазиллашмоқ	hazillashmoq
piada (f)	ҳазил	hazil
alegria (f)	қувонч	quvonch
regozijar-se (vr)	қувонмоқ	quvonmoq
alegre	қувончли	quvonchli

65. Discussão, conversação. Parte 1

| comunicação (f) | мулоқот | muloqot |
| comunicar-se (vr) | мулоқотда бўлмоқ | muloqotda bo'lmoq |

conversa (f)	суҳбат	suhbat
diálogo (m)	диалог	dialog
discussão (f)	мунозара	munozara
debate (m)	баҳс	bahs
debater (vt)	баҳслашмоқ	bahslashmoq

| interlocutor (m) | ҳамсуҳбат | hamsuhbat |
| tema (m) | мавзу | mavzu |

ponto (m) de vista	нуқтаи назар	nuqtai nazar
opinião (f)	фикр	fikr
discurso (m)	нутқ	nutq
discussão (f)	муҳокама	muhokama
discutir (vt)	муҳокама қилмоқ	muhokama qilmoq
conversa (f)	суҳбат	suhbat
conversar (vi)	суҳбатлашмоқ	suhbatlashmoq
encontro (m)	учрашув	uchrashuv
encontrar-se (vr)	учрашмоқ	uchrashmoq
provérbio (m)	мақол	maqol
ditado (m)	матал	matal
adivinha (f)	топишмоқ	topishmoq
dizer uma adivinha	топишмоқ айтмоқ	topishmoq aytmoq
senha (f)	парол	parol
segredo (m)	сир	sir
juramento (m)	қасам	qasam
jurar (vi)	қасам ичмоқ	qasam ichmoq
promessa (f)	ваъда	va'da
prometer (vt)	ваъда бермоқ	va'da bermoq
conselho (m)	маслаҳат	maslahat
aconselhar (vt)	маслаҳат бермоқ	maslahat bermoq
seguir o conselho	маслаҳатга амал қилмоқ	maslahatga amal qilmoq
escutar (~ os conselhos)	қулоқ солмоқ	quloq solmoq
novidade, notícia (f)	янгилик	yangilik
sensação (f)	шов-шув	shov-shuv
informação (f)	маълумот	ma'lumot
conclusão (f)	хулоса	xulosa
voz (f)	товуш	tovush
elogio (m)	хушомад	xushomad
amável	илтифот	iltifot
palavra (f)	сўз	so'z
frase (f)	жумла	jumla
resposta (f)	жавоб	javob
verdade (f)	ҳақиқат	haqiqat
mentira (f)	ёлғон	yolg'on
pensamento (m)	тафаккур	tafakkur
ideia (f)	фикр	fikr
fantasia (f)	хомхаёл	xomxayol

66. Discussão, conversação. Parte 2

estimado	ҳурматли	hurmatli
respeitar (vt)	ҳурмат қилмоқ	hurmat qilmoq
respeito (m)	ҳурмат	hurmat
Estimado ..., Caro ...	Муҳтарам ...	Muhtaram ...
apresentar (vt)	таништирмоқ	tanishtirmoq

travar conhecimento	танишмоқ	tanishmoq
intenção (f)	ният	niyat
tencionar (vt)	ният қилмоқ	niyat qilmoq
desejo (m)	тилак	tilak
desejar (ex. ~ boa sorte)	тиламоқ	tilamoq
surpresa (f)	ажабланиш	ajablanish
surpreender (vt)	ажаблантирмоқ	ajablantirmoq
surpreender-se (vr)	ажабланмоқ	ajablanmoq
dar (vt)	бермоқ	bermoq
pegar (tomar)	олмоқ	olmoq
devolver (vt)	қайтариб бермоқ	qaytarib bermoq
retornar (vt)	қайтариб бермоқ	qaytarib bermoq
desculpar-se (vr)	кечирим сўрамоқ	kechirim so'ramoq
desculpa (f)	узр	uzr
perdoar (vt)	кечирмоқ	kechirmoq
falar (vi)	гаплашмоқ	gaplashmoq
escutar (vt)	эшитмоқ	eshitmoq
ouvir até o fim	тингламоқ	tinglamoq
compreender (vt)	тушунмоқ	tushunmoq
mostrar (vt)	кўрсатмоқ	ko'rsatmoq
olhar para ...	... га қарамоқ	... ga qaramoq
chamar (dizer em voz alta o nome)	чақирмоқ	chaqirmoq
distrair (vt)	безовта қилмоқ	bezovta qilmoq
perturbar (vt)	халақит бермоқ	xalaqit bermoq
entregar (~ em mãos)	бериб қўймоқ	berib qo'ymoq
pedido (m)	илтимос	iltimos
pedir (ex. ~ ajuda)	сўрамоқ	so'ramoq
exigência (f)	талаб	talab
exigir (vt)	талаб қилмоқ	talab qilmoq
chamar nomes (vt)	тегажаклик қилмоқ	tegajaklik qilmoq
zombar (vt)	масхара қилмоқ	masxara qilmoq
zombaria (f)	масхара қилиш	masxara qilish
alcunha (f)	лақаб	laqab
insinuação (f)	ишора	ishora
insinuar (vt)	ишора қилмоқ	ishora qilmoq
subentender (vt)	назарда тутмоқ	nazarda tutmoq
descrição (f)	таъриф	ta'rif
descrever (vt)	таърифламоқ	ta'riflamoq
elogio (m)	мақтов	maqtov
elogiar (vt)	мақтамоқ	maqtamoq
desapontamento (m)	кўнгил қолиш	ko'ngil qolish
desapontar (vt)	кўнгилни қолдирмоқ	ko'ngilni qoldirmoq
desapontar-se (vr)	кўнгил қолиши	ko'ngil qolishi
suposição (f)	фараз	faraz
supor (vt)	фараз қилмоқ	faraz qilmoq

| advertência (f) | огоҳлантириш | ogohlantirish |
| advertir (vt) | огоҳлантирмоқ | ogohlantirmoq |

67. Discussão, conversação. Parte 3

| convencer (vt) | кўндирмоқ | ko'ndirmoq |
| acalmar (vt) | тинчлантирмоқ | tinchlantirmoq |

silêncio (o ~ é de ouro)	сукут сақлаш	sukut saqlash
ficar em silêncio	индамай турмоқ	indamay turmoq
sussurrar (vt)	пичирламоқ	pichirlamoq
sussurro (m)	пичирлаш	pichirlash

| francamente | очиқчасига | ochiqchasiga |
| a meu ver ... | менинг фикримча ... | mening fikrimcha ... |

detalhe (~ da história)	батафсиллик	batafsillik
detalhado	батафсил	batafsil
detalhadamente	батафсил	batafsil

| dica (f) | ишора | ishora |
| dar uma dica | ишора қилмоқ | ishora qilmoq |

olhar (m)	нигоҳ	nigoh
dar uma vista de olhos	қараб қўймоқ	qarab qo'ymoq
fixo (olhar ~)	қотиб қолган	qotib qolgan
piscar (vi)	кўз учирмоқ	ko'z uchirmoq
pestanejar (vt)	кўз қисмоқ	ko'z qismoq
acenar (com a cabeça)	бош силкимоқ	bosh silkimoq

suspiro (m)	хўрсиниш	xo'rsinish
suspirar (vi)	хўрсинмоқ	xo'rsinmoq
estremecer (vi)	сесканмоқ	seskanmoq
gesto (m)	имо-ишора	imo-ishora
tocar (com as mãos)	тегиб кетмоқ	tegib ketmoq
agarrar (~ pelo braço)	ушламоқ	ushlamoq
bater de leve	қоқмоқ	qoqmoq

Cuidado!	Эҳтиёт бўлинг!	Ehtiyot bo'ling!
A sério?	Наҳотки?	Nahotki?
Tem certeza?	Ишончинг комилми?	Ishonching komilmi?
Boa sorte!	Омад ёр бўлсин!	Omad yor bo'lsin!
Compreendi!	Тушунарли!	Tushunarli!
Que pena!	Афсус!	Afsus!

68. Acordo. Recusa

consentimento (~ mútuo)	розилик	rozilik
consentir (vi)	рози бўлмоқ	rozi bo'lmoq
aprovação (f)	маъқуллаш	ma'qullash
aprovar (vt)	маъқулламоқ	ma'qullamoq
recusa (f)	рад қилиш	rad qilish

negar-se (vt)	рад қилмоқ	rad qilmoq
Está ótimo!	Аъло!	A'lo!
Muito bem!	Яхши!	Yaxshi!
Está bem! De acordo!	Майли!	Mayli!

proibido	тақиқланган	taqiqlangan
é proibido	ман етилган	man etilgan
é impossível	имкони йўқ	imkoni yo'q
incorreto	янглиш	yanglish

rejeitar (~ um pedido)	рад етмоқ	rad etmoq
apoiar (vt)	қувватламоқ	quvvatlamoq
aceitar (desculpas, etc.)	қабул қилмоқ	qabul qilmoq

confirmar (vt)	тасдиқламоқ	tasdiqlamoq
confirmação (f)	тасдиқ	tasdiq
permissão (f)	ижозат	ijozat
permitir (vt)	рухсат бермоқ	ruxsat bermoq
decisão (f)	қарор	qaror
não dizer nada	индамай турмоқ	indamay turmoq

condição (com uma ~)	шарт	shart
pretexto (m)	баҳона	bahona
elogio (m)	мақтов	maqtov
elogiar (vt)	мақтамоқ	maqtamoq

69. Sucesso. Boa sorte. Insucesso

êxito, sucesso (m)	муваффақият	muvaffaqiyat
com êxito	муваффақиятли	muvaffaqiyatli
bem sucedido	муваффақиятли	muvaffaqiyatli

sorte (fortuna)	ютуқ	yutuq
Boa sorte!	Омад ёр бўлсин!	Omad yor bo'lsin!
de sorte	омадли	omadli
sortudo, felizardo	омадли	omadli

fracasso (m)	муваффақияцизлик	muvaffaqiyatsizlik
pouca sorte (f)	омадсизлик	omadsizlik
azar (m), má sorte (f)	омадсизлик	omadsizlik

mal sucedido	омадсиз	omadsiz
catástrofe (f)	ҳалокат	halokat

orgulho (m)	ғурур	g'urur
orgulhoso	ғурурли	g'ururli
estar orgulhoso	ғурурланмоқ	g'ururlanmoq

vencedor (m)	ғолиб	g'olib
vencer (vi)	ғолиб бўлмоқ	g'olib bo'lmoq
perder (vt)	ютқизмоқ	yutqizmoq
tentativa (f)	уриниш	urinish
tentar (vt)	уринмоқ	urinmoq
chance (m)	имконият	imkoniyat

70. Conflitos. Emoções negativas

grito (m)	бақириқ	baqiriq
gritar (vi)	бақирмоқ	baqirmoq
começar a gritar	бақириб юбормоқ	baqirib yubormoq

discussão (f)	жанжал	janjal
discutir (vt)	уришиб қолмоқ	urishib qolmoq
escândalo (m)	жанжал	janjal
criar escândalo	жанжаллашмоқ	janjallashmoq
conflito (m)	низо	nizo
mal-entendido (m)	келишмовчилик	kelishmovchilik

insulto (m)	ҳақорат	haqorat
insultar (vt)	ҳақоратламоқ	haqoratlamoq
insultado	ҳақоратланган	haqoratlangan
ofensa (f)	ранж-алам	ranj-alam
ofender (vt)	ранжитмоқ	ranjitmoq
ofender-se (vr)	ранжимоқ	ranjimoq

indignação (f)	норозилик	norozilik
indignar-se (vr)	ғазабланмоқ	g'azablanmoq
queixa (f)	шикоят	shikoyat
queixar-se (vr)	шикоят қилмоқ	shikoyat qilmoq

desculpa (f)	узр	uzr
desculpar-se (vr)	узр сўрамоқ	uzr so'ramoq
pedir perdão	кечирим сўрамоқ	kechirim so'ramoq

crítica (f)	танқид	tanqid
criticar (vt)	танқид қилмоқ	tanqid qilmoq
acusação (f)	айблов	ayblov
acusar (vt)	айбламоқ	ayblamoq

vingança (f)	қасос	qasos
vingar (vt)	қасос олмоқ	qasos olmoq
vingar-se (vr)	аламини олмоқ	alamini olmoq

desprezo (m)	жирканиш	jirkanish
desprezar (vt)	жирканмоқ	jirkanmoq
ódio (m)	нафрат	nafrat
odiar (vt)	нафратланмоқ	nafratlanmoq

nervoso	асабий	asabiy
estar nervoso	асабийлашмоқ	asabiylashmoq
zangado	баджаҳл	badjahl
zangar (vt)	жаҳлини чиқармоқ	jahlini chiqarmoq

humilhação (f)	таҳқирланиш	tahqirlanish
humilhar (vt)	таҳқирламоқ	tahqirlamoq
humilhar-se (vr)	ўзини хўрламоқ	o'zini xo'rlamoq

choque (m)	руҳий таъсирланмоқ	ruhiy ta'sirlanmoq
chocar (vt)	хижолатда қолдирмоқ	xijolatda qoldirmoq
aborrecimento (m)	кўнгилсизлик	ko'ngilsizlik

desagradável	кўнгилсиз	ko'ngilsiz
medo (m)	қўрқув	qo'rquv
terrível (tempestade, etc.)	қаттиқ	qattiq
assustador (ex. história ~a)	қўрқинчли	qo'rqinchli
horror (m)	даҳшат	dahshat
horrível (crime, etc.)	даҳшатли	dahshatli
começar a tremer	титрамоқ	titramoq
chorar (vi)	йиғламоқ	yig'lamoq
começar a chorar	йиғлаб юбормоқ	yig'lab yubormoq
lágrima (f)	кўз томчиси	ko'z tomchisi
falta (f)	гуноҳ	gunoh
culpa (f)	айб	ayb
desonra (f)	иснод	isnod
protesto (m)	қатъий норозилик	qat'iy norozilik
stresse (m)	қаттиқ ҳаяжон	qattiq hayajon
perturbar (vt)	безовта қилмоқ	bezovta qilmoq
zangar-se com …	аччиқланмоқ	achchiqlanmoq
zangado	жаҳлдор	jahldor
terminar (vt)	тўхтатмоқ	to'xtatmoq
praguejar	урушмоқ	urushmoq
assustar-se	чўчимоқ	cho'chimoq
golpear (vt)	урмоқ	urmoq
brigar (na rua, etc.)	муштлашмоқ	mushtlashmoq
resolver (o conflito)	келиштирмоқ	kelishtirmoq
descontente	норози	norozi
furioso	ғазабли	g'azabli
Não está bem!	Бу яхши емас!	Bu yaxshi emas!
É mau!	Бу ёмон!	Bu yomon!

Medicina

71. Doenças

doença (f)	касаллик	kasallik
estar doente	касал бўлмоқ	kasal bo'lmoq
saúde (f)	саломатлик	salomatlik
nariz (m) a escorrer	тумов	tumov
amigdalite (f)	ангина	angina
constipação (f)	шамоллаш	shamollash
constipar-se (vr)	шамолламоқ	shamollamoq
bronquite (f)	бронхит	bronxit
pneumonia (f)	ўпка яллигланиши	o'pka yalliglanishi
gripe (f)	грипп	gripp
míope	узоқни кўролмайдиган	uzoqni ko'rolmaydigan
presbita	узоқни кўрувчи	uzoqni ko'ruvchi
estrabismo (m)	ғилайлик	g'ilaylik
estrábico	ғилай	g'ilay
catarata (f)	катаракта	katarakta
glaucoma (m)	глаукома	glaukoma
AVC (m), apoplexia (f)	инсулт	insult
ataque (m) cardíaco	инфаркт	infarkt
enfarte (m) do miocárdio	миоакард инфаркти	mioakard infarkti
paralisia (f)	фалажлик	falajlik
paralisar (vt)	фалажламоқ	falajlamoq
alergia (f)	аллергия	allergiya
asma (f)	астма	astma
diabetes (f)	диабет	diabet
dor (f) de dentes	тиш оғриғи	tish og'rig'i
cárie (f)	кариес	karies
diarreia (f)	диарея	diareya
prisão (f) de ventre	қабзият	qabziyat
desarranjo (m) intestinal	меъда бузилиши	me'da buzilishi
intoxicação (f) alimentar	заҳарланиш	zaharlanish
intoxicar-se	заҳарланмоқ	zaharlanmoq
artrite (f)	артрит	artrit
raquitismo (m)	рахит	raxit
reumatismo (m)	бод	bod
arteriosclerose (f)	атеросклероз	ateroskleroz
gastrite (f)	гастрит	gastrit
apendicite (f)	аппендецин	appendetsin

| colecistite (f) | холецистит | xoletsistit |
| úlcera (f) | ошқозон яраси | oshqozon yarasi |

sarampo (m)	қизамиқ	qizamiq
rubéola (f)	қизилча	qizilcha
iterícia (f)	сариқ касали	sariq kasali
hepatite (f)	гепатит	gepatit

esquizofrenia (f)	шизофрения	shizofreniya
raiva (f)	қутуриш	quturish
neurose (f)	невроз	nevroz
comoção (f) cerebral	миянинг чайқалиши	miyaning chayqalishi

cancro (m)	саратон	saraton
esclerose (f)	склероз	skleroz
esclerose (f) múltipla	паришонхотир склероз	parishonxotir skleroz

alcoolismo (m)	алкоголизм	alkogolizm
alcoólico (m)	алкоголик	alkogolik
sífilis (f)	сифилис	sifilis
SIDA (f)	ОИТС	OITS

tumor (m)	ўсма	o'sma
maligno	хавфли	xavfli
benigno	безарар	bezarar
febre (f)	иситмали қалтироқ	isitmali qaltiroq
malária (f)	безгак	bezgak
gangrena (f)	қорасон	qorason
enjoo (m)	денгиз касали	dengiz kasali
epilepsia (f)	тутқаноқ	tutqanoq

epidemia (f)	епидемия	epidemiya
tifo (m)	терлама	terlama
tuberculose (f)	сил	sil
cólera (f)	вабо	vabo
peste (f)	ўлат	o'lat

72. Sintomas. Tratamentos. Parte 1

sintoma (m)	симптом	simptom
temperatura (f)	ҳарорат	harorat
febre (f)	юқори ҳарорат	yuqori harorat
pulso (m)	пулс	puls

vertigem (f)	бош айланиши	bosh aylanishi
quente (testa, etc.)	иссиқ	issiq
calafrio (m)	қалтироқ	qaltiroq
pálido	рангпар	rangpar

tosse (f)	йўтал	yo'tal
tossir (vi)	йўталмоқ	yo'talmoq
espirrar (vi)	аксирмоқ	aksirmoq
desmaio (m)	беҳушлик	behushlik
desmaiar (vi)	ҳушидан кетиб қолмоқ	hushidan ketib qolmoq

nódoa (f) negra	мўматалоқ	mo'mataloq
galo (m)	ғурра	g'urra
magoar-se (vr)	урилмоқ	urilmoq
pisadura (f)	урилган жой	urilgan joy
aleijar-se (vr)	уриб олмоқ	urib olmoq

coxear (vi)	чўлоқланиш	cho'loqlanish
deslocação (f)	чиқиқ	chiqiq
deslocar (vt)	чиқармоқ	chiqarmoq
fratura (f)	синдириш	sindirish
fraturar (vt)	синдириб олмоқ	sindirib olmoq

corte (m)	кесилган жой	kesilgan joy
cortar-se (vr)	кесиб олиш	kesib olish
hemorragia (f)	қон кетиш	qon ketish

queimadura (f)	куйиш	kuyish
queimar-se (vr)	куймоқ	kuymoq

picar (vt)	санчмоқ	sanchmoq
picar-se (vr)	санчиб олмоқ	sanchib olmoq
lesionar (vt)	яраламоқ	yaralamoq
lesão (m)	жароҳат	jarohat
ferida (f), ferimento (m)	яра	yara
trauma (m)	жароҳатланиш	jarohatlanish

delirar (vi)	алаҳламоқ	alahlamoq
gaguejar (vi)	дудуқланмоқ	duduqlanmoq
insolação (f)	қуёш уриши	quyosh urishi

73. Sintomas. Tratamentos. Parte 2

dor (f)	оғриқ	og'riq
farpa (no dedo)	зирапча	zirapcha

suor (m)	тер	ter
suar (vi)	терламоқ	terlamoq
vómito (m)	қайт қилиш	qayt qilish
convulsões (f pl)	томир тортишиш	tomir tortishish

grávida	ҳомиладор	homilador
nascer (vi)	туғилмоқ	tug'ilmoq
parto (m)	туғиш	tug'ish
dar à luz	туғмоқ	tug'moq
aborto (m)	аборт	abort

respiração (f)	нафас	nafas
inspiração (f)	нафас олиш	nafas olish
expiração (f)	нафас чиқариш	nafas chiqarish
expirar (vi)	нафас чиқармоқ	nafas chiqarmoq
inspirar (vi)	нафас олмоқ	nafas olmoq

inválido (m)	ногирон	nogiron
aleijado (m)	мажруҳ	majruh

toxicodependente (m)	гиёхванд	giyohvand
surdo	кар	kar
mudo	соқов	soqov
surdo-mudo	кар-соқов	kar-soqov
louco (adj.)	жинни	jinni
louco (m)	жинни еркак	jinni erkak
louca (f)	жинни аёл	jinni ayol
ficar louco	ақлдан озиш	aqldan ozish
gene (m)	ген	gen
imunidade (f)	иммунитет	immunitet
hereditário	ирсий	irsiy
congénito	туғма	tug'ma
vírus (m)	вирус	virus
micróbio (m)	микроб	mikrob
bactéria (f)	бактерия	bakteriya
infeção (f)	инфекция	infektsiya

74. Sintomas. Tratamentos. Parte 3

hospital (m)	касалхона	kasalxona
paciente (m)	даволанувчи	davolanuvchi
diagnóstico (m)	ташхис	tashxis
cura (f)	даволаниш	davolanish
tratamento (m) médico	даволаш	davolash
curar-se (vr)	даволанмоқ	davolanmoq
tratar (vt)	даволамоқ	davolamoq
cuidar (pessoa)	қарамоқ	qaramoq
cuidados (m pl)	муолажа	muolaja
operação (f)	операция	operatsiya
enfaixar (vt)	ярани боғламоқ	yarani bog'lamoq
enfaixamento (m)	ярани боғлаш	yarani bog'lash
vacinação (f)	емлаш	emlash
vacinar (vt)	емламоқ	emlamoq
injeção (f)	укол	ukol
dar uma injeção	укол қилмоқ	ukol qilmoq
ataque (~ de asma, etc.)	хуруж, тутқаноқ	xuruj, tutqanoq
amputação (f)	кесиб ташлаш	kesib tashlash
amputar (vt)	кесиб ташламоқ	kesib tashlamoq
coma (f)	кома	koma
estar em coma	кома ҳолатида бўлмоқ	koma holatida bo'lmoq
reanimação (f)	реанимация	reanimatsiya
recuperar-se (vr)	соғайиш	sog'ayish
estado (~ de saúde)	аҳвол	ahvol
consciência (f)	хуш	hush
memória (f)	хотира	xotira
tirar (vt)	суғурмоқ	sug'urmoq

chumbo (m), obturação (f)	пломба	plomba
chumbar, obturar (vt)	пломбаламоқ	plombalamoq
hipnose (f)	гипноз	gipnoz
hipnotizar (vt)	гипноз қилмоқ	gipnoz qilmoq

75. Médicos

médico (m)	шифокор	shifokor
enfermeira (f)	тиббий ҳамшира	tibbiy hamshira
médico (m) pessoal	шахсий шифокор	shaxsiy shifokor
dentista (m)	тиш шифокори	tish shifokori
oculista (m)	кўз шифокори	ko'z shifokori
terapeuta (m)	терапевт	terapevt
cirurgião (m)	жарроҳ	jarroh
psiquiatra (m)	психиатр	psixiatr
pediatra (m)	педиатр	pediatr
psicólogo (m)	психолог	psixolog
ginecologista (m)	гинеколог	ginekolog
cardiologista (m)	кардиолог	kardiolog

76. Medicina. Drogas. Acessórios

medicamento (m)	дори-дармон	dori-darmon
remédio (m)	даволаш воситалари	davolash vositalari
receitar (vt)	ёзиб бермоқ	yozib bermoq
receita (f)	рецепт	retsept
comprimido (m)	таблетка дори	tabletka dori
pomada (f)	малҳам дори	malham dori
ampola (f)	ампула	ampula
preparado (m)	суюқ дори	suyuq dori
xarope (m)	қиём	qiyom
cápsula (f)	ҳапдори	hapdori
remédio (m) em pó	кукун дори	kukun dori
ligadura (f)	бинт	bint
algodão (m)	пахта	paxta
iodo (m)	ёд	yod
penso (m) rápido	пластир	plastir
conta-gotas (m)	доритомизгич	doritomizgich
termómetro (m)	тиббий термометр	tibbiy termometr
seringa (f)	шприц	shprits
cadeira (f) de rodas	аравача	aravacha
muletas (f pl)	қўлтиқтаёқ	qo'ltiqtayoq
analgésico (m)	оғриқсизлантирувчи	og'riqsizlantiruvchi
laxante (m)	сурги дори	surgi dori

álcool (m) etílico	спирт	spirt
ervas (f pl) medicinais	доривор ўт	dorivor o't
de ervas (chá ~)	ўтли	o'tli

77. Fumar. Produtos tabágicos

tabaco (m)	тамаки	tamaki
cigarro (m)	сигарета	sigareta
charuto (m)	сигара	sigara
cachimbo (m)	трубка	trubka
maço (~ de cigarros)	қути	quti

fósforos (m pl)	гугурт	gugurt
caixa (f) de fósforos	гугурт қутиси	gugurt qutisi
isqueiro (m)	зажигалка	zajigalka
cinzeiro (m)	кулдон	kuldon
cigarreira (f)	порцигар	portsigar

| boquilha (f) | мундштук | mundshtuk |
| filtro (m) | филтр | filtr |

fumar (vi, vt)	чекмоқ	chekmoq
acender um cigarro	чека бошламоқ	cheka boshlamoq
tabagismo (m)	чекиш	chekish
fumador (m)	кашанда одам	kashanda odam

beata (f)	чекиб ташланган сигарета	chekib tashlangan sigareta
fumo (m)	тутун	tutun
cinza (f)	кул	kul

HABITAT HUMANO

Cidade

78. Cidade. Vida na cidade

cidade (f)	шаҳар	shahar
capital (f)	пойтахт	poytaxt
aldeia (f)	қишлоқ	qishloq
mapa (m) da cidade	шаҳар чизмаси	shahar chizmasi
centro (m) da cidade	шаҳар маркази	shahar markazi
subúrbio (m)	шаҳарга туташ ҳудуд	shaharga tutash hudud
suburbano	шаҳар атрофидаги	shahar atrofidagi
periferia (f)	чекка	chekka
arredores (m pl)	теварак атрофдаги ҳудудлар	tevarak atrofdagi hududlar
quarteirão (m)	даҳа	daha
quarteirão (m) residencial	турар-жой даҳаси	turar-joy dahasi
tráfego (m)	ҳаракат	harakat
semáforo (m)	светофор	svetofor
transporte (m) público	шаҳар транспорти	shahar transporti
cruzamento (m)	чорраҳа	chorraha
passadeira (f)	ўтиш йўли	o'tish yo'li
passagem (f) subterrânea	ер ости ўтиш йўли	er osti o'tish yo'li
cruzar, atravessar (vt)	ўтиш	o'tish
peão (m)	йўловчи	yo'lovchi
passeio (m)	йўлка	yo'lka
ponte (f)	кўприк	ko'prik
margem (f) do rio	сув бўйидаги кўча	suv bo'yidagi ko'cha
fonte (f)	фонтан	fontan
alameda (f)	хиёбон	xiyobon
parque (m)	боғ	bog'
bulevar (m)	булвар	bulvar
praça (f)	майдон	maydon
avenida (f)	шоҳ кўча	shoh ko'cha
rua (f)	кўча	ko'cha
travessa (f)	тор кўча	tor ko'cha
beco (m) sem saída	боши берк кўча	boshi berk ko'cha
casa (f)	уй	uy
edifício, prédio (m)	бино	bino
arranha-céus (m)	осмонўпар бино	osmono'par bino
fachada (f)	фасад	fasad

telhado (m)	том	tom
janela (f)	дераза	deraza
arco (m)	равоқ	ravoq
coluna (f)	устун	ustun
esquina (f)	бурчак	burchak

montra (f)	витрина	vitrina
letreiro (m)	вивеска	viveska
cartaz (m)	афиша	afisha
cartaz (m) publicitário	реклама плакати	reklama plakati
painel (m) publicitário	реклама шчити	reklama shchiti

lixo (m)	ахлат	axlat
cesta (f) do lixo	ахлатдон	axlatdon
jogar lixo na rua	ифлос қилмоқ	iflos qilmoq
aterro (m) sanitário	ахлатхона	axlatxona

cabine (f) telefónica	телефон будкаси	telefon budkasi
candeeiro (m) de rua	фонар осиладиган столба	fonar osiladigan stolba
banco (m)	скамейка	skameyka

polícia (m)	полициячи	politsiyachi
polícia (instituição)	полиция	politsiya
mendigo (m)	гадой	gadoy
sem-abrigo (m)	бошпанасиз	boshpanasiz

79. Instituições urbanas

loja (f)	дўкон	do'kon
farmácia (f)	дорихона	dorixona
ótica (f)	оптика	optika
centro (m) comercial	савдо маркази	savdo markazi
supermercado (m)	супермаркет	supermarket

padaria (f)	нон дўкони	non do'koni
padeiro (m)	новвой	novvoy
pastelaria (f)	қандолат дўкони	qandolat do'koni
mercearia (f)	баққоллик	baqqollik
talho (m)	гўшт дўкони	go'sht do'koni

| loja (f) de legumes | сабзавот дўкони | sabzavot do'koni |
| mercado (m) | бозор | bozor |

café (m)	кафе	kafe
restaurante (m)	ресторан	restoran
bar (m), cervejaria (f)	пивохона	pivoxona
pizzaria (f)	пиццерия	pitstseriya

salão (m) de cabeleireiro	сартарошхона	sartaroshxona
correios (m pl)	почта	pochta
lavandaria (f)	химчистка	ximchistka
estúdio (m) fotográfico	фотоателе	fotoatele
sapataria (f)	пояфзал дўкони	poyafzal do'koni
livraria (f)	китоб дўкони	kitob do'koni

loja (f) de artigos de desporto	спорт анжомлари дўкони	sport anjomlari do'koni
reparação (f) de roupa	кийим таъмири	kiyim ta'miri
aluguer (m) de roupa	кийимни ижарага бериш	kiyimni ijaraga berish
aluguer (m) de filmes	филмларни ижарага бериш	filmlarni ijaraga berish
circo (m)	сирк	sirk
jardim (m) zoológico	ҳайвонот боғи	hayvonot bog'i
cinema (m)	кинотеатр	kinoteatr
museu (m)	музей	muzey
biblioteca (f)	кутубхона	kutubxona
teatro (m)	театр	teatr
ópera (f)	опера	opera
clube (m) noturno	тунги клуб	tungi klub
casino (m)	казино	kazino
mesquita (f)	мачит	machit
sinagoga (f)	синагога	sinagoga
catedral (f)	бош черков	bosh cherkov
templo (m)	ибодатхона	ibodatxona
igreja (f)	черков	cherkov
instituto (m)	институт	institut
universidade (f)	университет	universitet
escola (f)	мактаб	maktab
prefeitura (f)	префектура	prefektura
câmara (f) municipal	мерия	meriya
hotel (m)	меҳмонхона	mehmonxona
banco (m)	банк	bank
embaixada (f)	элчихона	elchixona
agência (f) de viagens	сайёҳлик агентлиги	sayyohlik agentligi
agência (f) de informações	маълумотхона	ma'lumotxona
casa (f) de câmbio	алмаштириш шохобчаси	almashtirish shoxobchasi
metro (m)	метро	metro
hospital (m)	касалхона	kasalxona
posto (m) de gasolina	бензин қуйиш шохобчаси	benzin quyish shoxobchasi
parque (m) de estacionamento	тўхташ жойи	to'xtash joyi

80. Sinais

letreiro (m)	вивеска	viveska
inscrição (f)	ёзув	yozuv
cartaz, póster (m)	плакат	plakat
sinal (m) informativo	кўрсаткич	ko'rsatkich
seta (f)	мил	mil
aviso (advertência)	огоҳлантириш	ogohlantirish
sinal (m) de aviso	огоҳлантириш	ogohlantirish
avisar, advertir (vt)	огоҳлантирмоқ	ogohlantirmoq

dia (m) de folga	дам олиш куни	dam olish kuni
horário (m)	жадвал	jadval
horário (m) de funcionamento	иш соатлари	ish soatlari

BEM-VINDOS!	ХУСҲ КЕЛИБСИЗ!	XUSH KELIBSIZ!
ENTRADA	КИРИСҲ	KIRISH
SAÍDA	СҲИҚИСҲ	CHIQISH

EMPURRE	ЎЗИДАН НАРИГА	O'ZIDAN NARIGA
PUXE	ЎЗИГА	O'ZIGA
ABERTO	ОСҲИҚ	OCHIQ
FECHADO	ЙОПИҚ	YOPIQ

MULHER	АЙОЛЛАР УСҲУН	AYOLLAR UCHUN
HOMEM	ЕРКАКЛАР УСҲУН	ERKAKLAR UCHUN

DESCONTOS	КАМАЙТИРИЛГАН НАРХЛАР	KAMAYTIRILGAN NARXLAR
SALDOS	АРЗОН СОТИБ ТУГАТИСҲ	ARZON SOTIB TUGATISH
NOVIDADE!	ЙАНГИЛИК!	YANGILIK!
GRÁTIS	БЕПУЛ	BEPUL

ATENÇÃO!	ДИҚҚАТ!	DIQQAT!
NÃO HÁ VAGAS	ЖОЙ ЙЎҚ	JOY YO'Q
RESERVADO	БАНД ҚИЛИНГАН	BAND QILINGAN

ADMINISTRAÇÃO	МАЪМУРИЙАТ	MA'MURIYAT
SOMENTE PESSOAL	ФАҚАТ ХОДИМЛАР	FAQAT XODIMLAR
AUTORIZADO	УСҲУН	UCHUN

CUIDADO CÃO FEROZ	ҚОПАҒОН ИТ	QOPAG'ON IT
PROIBIDO FUMAR!	СҲЕКИЛМАСИН!	CHEKILMASIN!
NÃO TOCAR	ҚЎЛ БИЛАН ТЕГИЛМАСИН!	QO'L BILAN TEGILMASIN!

PERIGOSO	ХАВФЛИ	XAVFLI
PERIGO	ХАВФ	XAVF
ALTA TENSÃO	ЙУҚОРИ КУСҲЛАНИСҲ	YUQORI KUCHLANISH
PROIBIDO NADAR	СҲЎМИЛИСҲ ТАҚИҚЛАНГАН	CHO'MILISH TAQIQLANGAN
AVARIADO	ИСҲЛАМАЙДИ	ISHLAMAYDI

INFLAMÁVEL	ЙОНҒИНДАН ХАВФЛИ	YONG'INDAN XAVFLI
PROIBIDO	ТАҚИҚЛАНГАН	TAQIQLANGAN
ENTRADA PROIBIDA	ЎТИСҲ ТАҚИҚЛАНГАН	O'TISH TAQIQLANGAN
CUIDADO TINTA FRESCA	БЎЯЛГАН	BO'YALGAN

81. Transportes urbanos

autocarro (m)	автобус	avtobus
elétrico (m)	трамвай	tramvay
troleicarro (m)	троллейбус	trolleybus
itinerário (m)	маршрут	marshrut
número (m)	рақам	raqam

ir de … (carro, etc.)	… да бормоқ	… da bormoq
entrar (~ no autocarro)	ўтирмоқ	o'tirmoq
descer de …	тушиб қолмоқ	tushib qolmoq

paragem (f)	бекат	bekat
próxima paragem (f)	кейинги бекат	keyingi bekat
ponto (m) final	охирги бекат	oxirgi bekat
horário (m)	жадвал	jadval
esperar (vt)	кутмоқ	kutmoq

| bilhete (m) | чипта | chipta |
| custo (m) do bilhete | чипта нархи | chipta narxi |

bilheteiro (m)	кассачи	kassachi
controlo (m) dos bilhetes	назорат	nazorat
revisor (m)	назоратчи	nazoratchi

atrasar-se (vr)	кечга қолмоқ	kechga qolmoq
perder (o autocarro, etc.)	… га кечга қолмоқ	… ga kechga qolmoq
estar com pressa	шошмоқ	shoshmoq

táxi (m)	такси	taksi
taxista (m)	таксичи	taksichi
de táxi (ir ~)	таксида	taksida
praça (f) de táxis	такси тўхташ жойи	taksi to'xtash joyi
chamar um táxi	такси чақирмоқ	taksi chaqirmoq
apanhar um táxi	такси олмоқ	taksi olmoq

tráfego (m)	кўча ҳаракати	ko'cha harakati
engarrafamento (m)	тирбандлик	tirbandlik
horas (f pl) de ponta	тиғиз пайт	tig'iz payt
estacionar (vi)	жойлаштирмоқ	joylashtirmoq
estacionar (vt)	жойлаштирмоқ	joylashtirmoq
parque (m) de estacionamento	тўхташ жойи	to'xtash joyi

metro (m)	метро	metro
estação (f)	станция	stantsiya
ir de metro	метрода юрмоқ	metroda yurmoq
comboio (m)	поезд	poezd
estação (f)	вокзал	vokzal

82. Turismo

monumento (m)	ҳайкал	haykal
fortaleza (f)	қалъа	qal'a
palácio (m)	сарой	saroy
castelo (m)	қаср	qasr
torre (f)	минора	minora
mausoléu (m)	мақбара	maqbara

arquitetura (f)	меъморчилик	me'morchilik
medieval	ўрта асрларга оид	o'rta asrlarga oid
antigo	қадимги	qadimgi
nacional	миллий	milliy

conhecido	таниқли	taniqli
turista (m)	сайёх	sayyoh
guia (pessoa)	гид	gid
excursão (f)	екскурсия	ekskursiya
mostrar (vt)	кўрсатмоқ	ko'rsatmoq
contar (vt)	сўзлаб бермоқ	so'zlab bermoq

encontrar (vt)	топмоқ	topmoq
perder-se (vr)	йўқолмоқ	yo'qolmoq
mapa (~ do metrô)	схема	sxema
mapa (~ da cidade)	чизма	chizma

lembrança (f), presente (m)	ёдгорлик	yodgorlik
loja (f) de presentes	ёдгорликлар дўкони	yodgorliklar do'koni
fotografar (vt)	фотосурат олмоқ	fotosurat olmoq
fotografar-se	суратга тушмоқ	suratga tushmoq

83. Compras

comprar (vt)	харид қилмоқ	xarid qilmoq
compra (f)	харид	xarid
fazer compras	буюмларни харид қилмоқ	buyumlarni xarid qilmoq
compras (f pl)	шоппинг	shopping

| estar aberta (loja, etc.) | ишламоқ | ishlamoq |
| estar fechada | ёпилмоқ | yopilmoq |

calçado (m)	пояфзал	poyafzal
roupa (f)	кийим	kiyim
cosméticos (m pl)	косметика	kosmetika
alimentos (m pl)	маҳсулотлар	mahsulotlar
presente (m)	совға	sovg'a

| vendedor (m) | сотувчи | sotuvchi |
| vendedora (f) | сотувчи | sotuvchi |

caixa (f)	касса	kassa
espelho (m)	кўзгу	ko'zgu
balcão (m)	пештахта	peshtaxta
cabine (f) de provas	кийиб кўриш кабинаси	kiyib ko'rish kabinasi

provar (vt)	кийиб кўриш	kiyib ko'rish
servir (vi)	лойиқ келмоқ	loyiq kelmoq
gostar (apreciar)	ёқмоқ	yoqmoq

preço (m)	нарх	narx
etiqueta (f) de preço	нархкўрсаткич	narxko'rsatkich
custar (vt)	нархга ега бўлмоқ	narxga ega bo'lmoq
Quanto?	Қанча?	Qancha?
desconto (m)	нархни камайтириш	narxni kamaytirish

não caro	қиммат емас	qimmat emas
barato	арзон	arzon
caro	қиммат	qimmat

É caro	Бу қиммат.	Bu qimmat.
aluguer (m)	ижарага олиш	ijaraga olish
alugar (vestidos, etc.)	ижарага олмоқ	ijaraga olmoq
crédito (m)	кредит	kredit
a crédito	кредитга олиш	kreditga olish

84. Dinheiro

dinheiro (m)	пул	pul
câmbio (m)	алмаштириш	almashtirish
taxa (f) de câmbio	курс	kurs
Caixa Multibanco (m)	банкомат	bankomat
moeda (f)	танга	tanga

| dólar (m) | доллар | dollar |
| euro (m) | евро | evro |

lira (f)	лира	lira
marco (m)	марка	marka
franco (m)	франк	frank
libra (f) esterlina	фунт стерлинг	funt sterling
iene (m)	йена	yena

dívida (f)	қарз	qarz
devedor (m)	қарздор	qarzdor
emprestar (vt)	қарз бермоқ	qarz bermoq
pedir emprestado	қарз олмоқ	qarz olmoq

banco (m)	банк	bank
conta (f)	ҳисоб рақам	hisob raqam
depositar (vt)	қўймоқ	qo'ymoq
depositar na conta	ҳисоб-рақамга қўймоқ	hisob-raqamga qo'ymoq
levantar (vt)	ҳисоб-рақамдан олмоқ	hisob-raqamdan olmoq

cartão (m) de crédito	кредит картаси	kredit kartasi
dinheiro (m) vivo	нақд пул	naqd pul
cheque (m)	чек	chek
passar um cheque	чек ёзиб бермоқ	chek yozib bermoq
livro (m) de cheques	чек дафтарчаси	chek daftarchasi

carteira (f)	кармон	karmon
porta-moedas (m)	ҳамён	hamyon
cofre (m)	сейф	seyf

herdeiro (m)	меросхўр	merosxo'r
herança (f)	мерос	meros
fortuna (riqueza)	бойлик	boylik

arrendamento (m)	ижара	ijara
renda (f) de casa	турар-жой ҳақи	turar-joy haqi
alugar (vt)	ижарага олмоқ	ijaraga olmoq

| preço (m) | нарх | narx |
| custo (m) | қиймат | qiymat |

soma (f)	сумма	summa
gastar (vt)	сарфламоқ	sarflamoq
gastos (m pl)	харажатлар	xarajatlar
economizar (vi)	тежамоқ	tejamoq
económico	тежамкор	tejamkor
pagar (vt)	тўламоқ	to'lamoq
pagamento (m)	тўлов	to'lov
troco (m)	қайтим	qaytim
imposto (m)	солиқ	soliq
multa (f)	жарима	jarima
multar (vt)	жарима солмоқ	jarima solmoq

85. Correios. Serviço postal

correios (m pl)	почта	pochta
correio (m)	почта	pochta
carteiro (m)	хат ташувчи	xat tashuvchi
horário (m)	иш соатлари	ish soatlari
carta (f)	хат	xat
carta (f) registada	буюртма хат	buyurtma xat
postal (m)	откритка	otkritka
telegrama (m)	телеграмма	telegramma
encomenda (f) postal	посилка	posilka
remessa (f) de dinheiro	пул ўтказиш	pul o'tkazish
receber (vt)	олмоқ	olmoq
enviar (vt)	жўнатмоқ	jo'natmoq
envio (m)	жўнатиш	jo'natish
endereço (m)	манзил	manzil
código (m) postal	индекс	indeks
remetente (m)	юборувчи	yuboruvchi
destinatário (m)	олувчи	oluvchi
nome (m)	исм	ism
apelido (m)	фамилия	familiya
tarifa (f)	тариф	tarif
ordinário	оддий	oddiy
económico	тежамли	tejamli
peso (m)	вазн	vazn
pesar (estabelecer o peso)	вазн ўлчамоқ	vazn o'lchamoq
envelope (m)	конверт	konvert
selo (m)	марка	marka
colar o selo	марка ёпиштирмоқ	marka yopishtirmoq

Moradia. Casa. Lar

86. Casa. Habitação

casa (f)	уй	uy
em casa	уйида	uyida
pátio (m)	ховли	hovli
cerca (f)	панжара	panjara
tijolo (m)	ғишт	g'isht
de tijolos	ғиштин	g'ishtin
pedra (f)	тош	tosh
de pedra	тош	tosh
betão (m)	бетон	beton
de betão	бетондан қилинган	betondan qilingan
novo	янги	yangi
velho	ески	eski
decrépito	кўхна	ko'hna
moderno	замонавий	zamonaviy
de muitos andares	кўп қаватли	ko'p qavatli
alto	баланд	baland
andar (m)	қават	qavat
de um andar	бир қаватли	bir qavatli
andar (m) de baixo	қуйи қават	quyi qavat
andar (m) de cima	юқори қават	yuqori qavat
telhado (m)	том	tom
chaminé (f)	қувур	quvur
telha (f)	черепица	cherepitsa
de telha	черепицали	cherepitsali
sótão (m)	чердак	cherdak
janela (f)	дераза	deraza
vidro (m)	ойна	oyna
parapeito (m)	токча	tokcha
portadas (f pl)	дераза ешиги	deraza eshigi
parede (f)	девор	devor
varanda (f)	балкон	balkon
tubo (m) de queda	тарнов	tarnov
em cima	юқорида	yuqorida
subir (~ as escadas)	кўтарилмоқ	ko'tarilmoq
descer (vi)	тушмоқ	tushmoq
mudar-se (vr)	кўчиб ўтмоқ	ko'chib o'tmoq

87. Casa. Entrada. Elevador

entrada (f)	подъезд	pod'ezd
escada (f)	зинапоя	zinapoya
degraus (m pl)	пиллапоялар	pillapoyalar
corrimão (m)	тўсиқ-панжара	to'siq-panjara
hall (m) de entrada	холл	xoll
caixa (f) de correio	почта қутиси	pochta qutisi
caixote (m) do lixo	ахлат қутиси	axlat qutisi
conduta (f) do lixo	ахлат тортадиган қувур	axlat tortadigan quvur
elevador (m)	лифт	lift
elevador (m) de carga	юк кўтарувчи лифт	yuk ko'taruvchi lift
cabine (f)	кабина	kabina
pegar o elevador	лифтда юрмоқ	liftda yurmoq
apartamento (m)	хонадон	xonadon
moradores (m pl)	истиқомат қилувчилар	istiqomat qiluvchilar
vizinho (m)	қўшни	qo'shni
vizinha (f)	қўшни	qo'shni
vizinhos (pl)	қўшнилар	qo'shnilar

88. Casa. Eletricidade

eletricidade (f)	електр	elektr
lâmpada (f)	лампочка	lampochka
interruptor (m)	улатгич	ulatgich
fusível (m)	пробка	probka
fio, cabo (m)	сим	sim
instalação (f) elétrica	електр сими	elektr simi
contador (m) de eletricidade	ҳисоблагич	hisoblagich
indicação (f), registo (m)	кўрсатиш	ko'rsatish

89. Casa. Portas. Fechaduras

porta (f)	ешик	eshik
portão (m)	дарвоза	darvoza
maçaneta (f)	тутқич	tutqich
destrancar (vt)	очмоқ	ochmoq
abrir (vt)	очмоқ	ochmoq
fechar (vt)	ёпмоқ	yopmoq
chave (f)	калит	kalit
molho (m)	даста	dasta
ranger (vi)	ғижирламоқ	g'ijirlamoq
rangido (m)	ғижирлаш	g'ijirlash
dobradiça (f)	ошиқ-мошиқ	oshiq-moshiq
tapete (m) de entrada	гиламча	gilamcha
fechadura (f)	қулф	qulf

buraco (m) da fechadura	кулф тешиги	qulf teshigi
ferrolho (m)	лўкидон	lo'kidon
fecho (ferrolho pequeno)	зулфин	zulfin
cadeado (m)	осма кулф	osma qulf

tocar (vt)	кўнғироқ қилмоқ	qo'ng'iroq qilmoq
toque (m)	кўнғироқ	qo'ng'iroq
campainha (f)	кўнғироқ	qo'ng'iroq
botão (m)	тугма	tugma
batida (f)	тақиллаш	taqillash
bater (vi)	тақиллатмоқ	taqillatmoq

código (m)	код	kod
fechadura (f) de código	кодли кулф	kodli qulf
telefone (m) de porta	домофон	domofon
número (m)	тартиб рақами	tartib raqami
placa (f) de porta	тахтача	taxtacha
vigia (f), olho (m) mágico	туйнукча	tuynukcha

90. Casa de campo

aldeia (f)	қишлоқ	qishloq
horta (f)	полиз	poliz
cerca (f)	тўсиқ	to'siq
paliçada (f)	шох девор	shox devor
cancela (f) do jardim	боғ ешиги	bog' eshigi

celeiro (m)	омбор	ombor
adega (f)	ертўла	erto'la
galpão, barracão (m)	омборхона	omborxona
poço (m)	қудуқ	quduq

fogão (m)	печка	pechka
atiçar o fogo	ўт ёқмоқ	o't yoqmoq
lenha (carvão ou ~)	ўтин	o'tin
acha (lenha)	тараша	tarasha

varanda (f)	айвон	ayvon
alpendre (m)	айвон	ayvon
degraus (m pl) de entrada	ешик олди	eshik oldi
balouço (m)	арғимчоқ	arg'imchoq

91. Moradia. Mansão

casa (f) de campo	шаҳар ташқарисидаги уй	shahar tashqarisidagi uy
vila (f)	вилла	villa
ala (~ do edifício)	қанот	qanot

jardim (m)	боғ	bog'
parque (m)	боғ	bog'
estufa (f)	оранжерея	oranjereya
cuidar de ...	парвариш қилмоқ	parvarish qilmoq

piscina (f)	ховуз	hovuz
ginásio (m)	спорт зали	sport zali
campo (m) de ténis	теннис корти	tennis korti
cinema (m)	кинотеатр	kinoteatr
garagem (f)	гараж	garaj

| propriedade (f) privada | хусусий мулк | xususiy mulk |
| terreno (m) privado | хусусий мулк | xususiy mulk |

| advertência (f) | огоҳлантириш | ogohlantirish |
| sinal (m) de aviso | огоҳлантирувчи ёзув | ogohlantiruvchi yozuv |

guarda (f)	қўриқлаш	qo'riqlash
guarda (m)	соқчи	soqchi
alarme (m)	сигнализация	signalizatsiya

92. Castelo. Palácio

castelo (m)	қаср	qasr
palácio (m)	сарой	saroy
fortaleza (f)	қалъа	qal'a
muralha (f)	девор	devor
torre (f)	минора	minora
calabouço (m)	бош минора	bosh minora

grade (f) levadiça	кўтарма дарвоза	ko'tarma darvoza
passagem (f) subterrânea	ерости йўли	erosti yo'li
fosso (m)	хандақ	xandaq
corrente, cadeia (f)	занжир	zanjir
seteira (f)	туйнук	tuynuk

magnífico	дабдабали	dabdabali
majestoso	маҳобатли	mahobatli
inexpugnável	мустаҳкам	mustahkam
medieval	ўрта асрларга оид	o'rta asrlarga oid

93. Apartamento

apartamento (m)	хонадон	xonadon
quarto (m)	хона	xona
quarto (m) de dormir	ётоқхона	yotoqxona
sala (f) de jantar	йемакхона	yemakxona
sala (f) de estar	меҳмонхона	mehmonxona
escritório (m)	кабинет	kabinet

antessala (f)	даҳлиз	dahliz
quarto (m) de banho	ваннахона	vannaxona
toilette (lavabo)	ҳожатхона	hojatxona

teto (m)	шип	ship
chão, soalho (m)	пол	pol
canto (m)	бурчак	burchak

94. Apartamento. Limpeza

arrumar, limpar (vt)	йиғиштирмоқ	yig'ishtirmoq
guardar (no armário, etc.)	олиб қўймоқ	olib qo'ymoq
pó (m)	чанг	chang
empoeirado	чанг босган	chang bosgan
limpar o pó	чангни артмоқ	changni artmoq
aspirador (m)	чангютгич	changyutgich
aspirar (vt)	чангютгич билан	changyutgich bilan
	чанг ютмоқ	chang yutmoq
varrer (vt)	супурмоқ	supurmoq
sujeira (f)	ахлат	axlat
arrumação (f), ordem (f)	саранжомлик	saranjomlik
desordem (f)	бетартиблик	betartiblik
esfregão (m)	швабра	shvabra
pano (m), trapo (m)	латта	latta
vassoura (f)	супурги	supurgi
pá (f) de lixo	хокандоз	xokandoz

95. Mobiliário. Interior

mobiliário (m)	мебел	mebel
mesa (f)	стол	stol
cadeira (f)	стул	stul
cama (f)	каравот	karavot
divã (m)	диван	divan
cadeirão (m)	кресло	kreslo
estante (f)	жавон	javon
prateleira (f)	полка	polka
guarda-vestidos (m)	шкаф	shkaf
cabide (m) de parede	кийим илгич	kiyim ilgich
cabide (m) de pé	кийим илгич	kiyim ilgich
cómoda (f)	комод	komod
mesinha (f) de centro	журнал столи	jurnal stoli
espelho (m)	кўзгу	ko'zgu
tapete (m)	гилам	gilam
tapete (m) pequeno	гиламча	gilamcha
lareira (f)	камин	kamin
vela (f)	шам	sham
castiçal (m)	шамдон	shamdon
cortinas (f pl)	дарпарда	darparda
papel (m) de parede	гулқоғоз	gulqog'oz
estores (f pl)	дарпарда	darparda
candeeiro (m) de mesa	стол чироғи	stol chirog'i
candeeiro (m) de parede	чироқ	chiroq

| candeeiro (m) de pé | торшер | torsher |
| lustre (m) | қандил | qandil |

pé (de mesa, etc.)	оёқ	oyoq
braço (m)	тирсаклагич	tirsaklagich
costas (f pl)	суянчиқ	suyanchiq
gaveta (f)	ғаладон	g'aladon

96. Quarto de dormir

roupa (f) de cama	чойшаб	choyshab
almofada (f)	ёстиқ	yostiq
fronha (f)	ёстиқ жилди	yostiq jildi
cobertor (m)	адёл	adyol
lençol (m)	чойшаб	choyshab
colcha (f)	ўрин ёпинғичи	o'rin yoping'ichi

97. Cozinha

cozinha (f)	ошхона	oshxona
gás (m)	газ	gaz
fogão (m) a gás	газ плитаси	gaz plitasi
fogão (m) elétrico	електр плитаси	elektr plitasi
forno (m)	духовка	duxovka
forno (m) de micro-ondas	микротўлқин печи	mikroto'lqin pechi

frigorífico (m)	совутгич	sovutgich
congelador (m)	музлатгич	muzlatgich
máquina (f) de lavar louça	идиш-товоқ	idish-tovoq
	ювиш машинаси	yuvish mashinasi

moedor (m) de carne	гўштқиймалагич	go'shtqiymalagich
espremedor (m)	шарбациққич	sharbatsiqqich
torradeira (f)	тостер	toster
batedeira (f)	миксер	mikser

máquina (f) de café	кофе қайнатадиган асбоб	kofe qaynatadigan asbob
cafeteira (f)	кофе қайнатадиган идиш	kofe qaynatadigan idish
moinho (m) de café	кофе туядиган асбоб	kofe tuyadigan asbob

chaleira (f)	чойнак	choynak
bule (m)	чойнак	choynak
tampa (f)	қопқоқ	qopqoq
coador (m) de chá	сузгич	suzgich

colher (f)	қошиқ	qoshiq
colher (f) de chá	чой қошиғи	choy qoshig'i
colher (f) de sopa	ош қошиғи	osh qoshig'i
garfo (m)	санчқи	sanchqi
faca (f)	пичоқ	pichoq
louça (f)	идиш-товоқ	idish-tovoq
prato (m)	тарелка	tarelka

pires (m)	ликопча	likopcha
cálice (m)	қадаҳ	qadah
copo (m)	стакан	stakan
chávena (f)	косача	kosacha
açucareiro (m)	қанддон	qanddon
saleiro (m)	туздон	tuzdon
pimenteiro (m)	мурчдон	murchdon
manteigueira (f)	мой идиши	moy idishi
panela, caçarola (f)	кастрюл	kastryul
frigideira (f)	това	tova
concha (f)	чўмич	cho'mich
passador (m)	човли	chovli
bandeja (f)	патнис	patnis
garrafa (f)	бутилка	butilka
boião (m) de vidro	банка	banka
lata (f)	банка	banka
abre-garrafas (m)	очқич	ochqich
abre-latas (m)	очқич	ochqich
saca-rolhas (m)	штопор	shtopor
filtro (m)	филтр	filtr
filtrar (vt)	филтрлаш	filtrlash
lixo (m)	ахлат	axlat
balde (m) do lixo	ахлат челак	axlat chelak

98. Casa de banho

quarto (m) de banho	ваннахона	vannaxona
água (f)	сув	suv
torneira (f)	жўмрак	jo'mrak
água (f) quente	иссиқ сув	issiq suv
água (f) fria	совуқ сув	sovuq suv
pasta (f) de dentes	тиш пастаси	tish pastasi
escovar os dentes	тиш тозаламоқ	tish tozalamoq
escova (f) de dentes	тиш чўткаси	tish cho'tkasi
barbear-se (vr)	соқол олмоқ	soqol olmoq
espuma (f) de barbear	соқол олиш учун кўпик	soqol olish uchun ko'pik
máquina (f) de barbear	устара	ustara
lavar (vt)	ювмоқ	yuvmoq
lavar-se (vr)	ювинмоқ	yuvinmoq
duche (m)	душ	dush
tomar um duche	душ қабул қилиш	dush qabul qilish
banheira (f)	ванна	vanna
sanita (f)	унитаз	unitaz
lavatório (m)	раковина	rakovina
sabonete (m)	совун	sovun

saboneteira (f)	совун кути	sovun quti
esponja (f)	губка	gubka
champô (m)	шампун	shampun
toalha (f)	сочиқ	sochiq
roupão (m) de banho	халат	xalat

lavagem (f)	кир ювиш	kir yuvish
máquina (f) de lavar	кир ювиш машинаси	kir yuvish mashinasi
lavar a roupa	кир ювмоқ	kir yuvmoq
detergente (m)	кир ювиш порошоги	kir yuvish poroshogi

99. Eletrodomésticos

televisor (m)	телевизор	televizor
gravador (m)	магнитофон	magnitofon
videogravador (m)	видеомагнитофон	videomagnitofon
rádio (m)	приёмник	priyomnik
leitor (m)	плеер	pleer

projetor (m)	видеопроектор	videoproektor
cinema (m) em casa	уй кинотеатри	uy kinoteatri
leitor (m) de DVD	ДВД проигривателы	DVD proigrivateli
amplificador (m)	кучайтиргич	kuchaytirgich
console (f) de jogos	ўйин приставкаси	o'yin pristavkasi

câmara (f) de vídeo	видеокамера	videokamera
máquina (f) fotográfica	фотоаппарат	fotoapparat
câmara (f) digital	рақамли фотоаппарат	raqamli fotoapparat

aspirador (m)	чангютгич	changyutgich
ferro (m) de engomar	дазмол	dazmol
tábua (f) de engomar	дазмол тахта	dazmol taxta

telefone (m)	телефон	telefon
telemóvel (m)	мобил телефон	mobil telefon
máquina (f) de escrever	ёзув машинкаси	yozuv mashinkasi
máquina (f) de costura	тикув машинкаси	tikuv mashinkasi

microfone (m)	микрофон	mikrofon
auscultadores (m pl)	наушниклар	naushniklar
controlo remoto (m)	пулт	pult

CD (m)	СД-диск	CD-disk
cassete (f)	кассета	kasseta
disco (m) de vinil	пластинка	plastinka

100. Reparações. Renovação

renovação (f)	таъмир	ta'mir
renovar (vt), fazer obras	таъмир қилмоқ	ta'mir qilmoq
reparar (vt)	таъмирламоқ	ta'mirlamoq
consertar (vt)	тартибга келтирмоқ	tartibga keltirmoq

refazer (vt)	қайтадан қилмоқ	qaytadan qilmoq
tinta (f)	бўёқ	bo'yoq
pintar (vt)	бўямоқ	bo'yamoq
pintor (m)	бўёқчи	bo'yoqchi
pincel (m)	чўтка	cho'tka
cal (f)	оҳак	ohak
caiar (vt)	оҳаклаш	ohaklash
papel (m) de parede	гулқоғоз	gulqog'oz
colocar papel de parede	гулқоғоз ёпиштирмоқ	gulqog'oz yopishtirmoq
verniz (m)	лок	lok
envernizar (vt)	локламоқ	loklamoq

101. Canalizações

água (f)	сув	suv
água (f) quente	иссиқ сув	issiq suv
água (f) fria	совуқ сув	sovuq suv
torneira (f)	жўмрак	jo'mrak
gota (f)	томчи	tomchi
gotejar (vi)	томчиламоқ	tomchilamoq
vazar (vt)	оқиб кетмоқ	oqib ketmoq
vazamento (m)	оқиб кетиш	oqib ketish
poça (f)	кўлмак	ko'lmak
tubo (m)	қувур	quvur
válvula (f)	вентил	ventil
entupir-se (vr)	тиқилиб қолмоқ	tiqilib qolmoq
ferramentas (f pl)	асбоблар	asboblar
chave (f) inglesa	кериладиган ключ	keriladigan klyuch
desenroscar (vt)	бураб чиқармоқ	burab chiqarmoq
enroscar (vt)	бураб қотирмоқ	burab qotirmoq
desentupir (vt)	тозаламоқ	tozalamoq
canalizador (m)	сантехник	santexnik
cave (f)	ертўла	erto'la
sistema (m) de esgotos	канализация	kanalizatsiya

102. Fogo. Deflagração

incêndio (m)	олов	olov
chama (f)	аланга	alanga
faísca (f)	учқун	uchqun
fumo (m)	тутун	tutun
tocha (f)	машъал	mash'al
fogueira (f)	гулхан	gulxan
gasolina (f)	бензин	benzin
querosene (m)	керосин	kerosin

inflamável	ёнувчан	yonuvchan
explosivo	портлаш хавфи бўлган	portlash xavfi bo'lgan
PROIBIDO FUMAR!	СҲЕКИЛМАСИН!	CHEKILMASIN!

segurança (f)	хавфсизлик	xavfsizlik
perigo (m)	хавф	xavf
perigoso	хавфли	xavfli

incendiar-se (vr)	ёна бошламоқ	yona boshlamoq
explosão (f)	портлаш	portlash
incendiar (vt)	ёндирмоқ	yondirmoq
incendiário (m)	қасддан ўт қўйган одам	qasddan o't qo'ygan odam
incêndio (m) criminoso	қасддан ўт қўйиш	qasddan o't qo'yish

arder (vi)	ловуллаб ёнмоқ	lovullab yonmoq
queimar (vi)	ёнмоқ	yonmoq
queimar tudo (vi)	ёниб кетмоқ	yonib ketmoq

chamar os bombeiros	ўт ўчирувчиларни чақирмоқ	o't o'chiruvchilarni chaqirmoq
bombeiro (m)	ўт ўчирувчи	o't o'chiruvchi
carro (m) de bombeiros	ўт ўчириш машинаси	o't o'chirish mashinasi
corpo (m) de bombeiros	ўт ўчириш командаси	o't o'chirish komandasi
escada (f) extensível	ўт ўчирувчилар нарвони	o't o'chiruvchilar narvoni

mangueira (f)	шланг	shlang
extintor (m)	ўтўчиргич	o'to'chirgich
capacete (m)	каска	kaska
sirene (f)	сирена	sirena

gritar (vi)	бақирмоқ	baqirmoq
chamar por socorro	ёрдамга чақирмоқ	yordamga chaqirmoq
salvador (m)	қутқарувчи	qutqaruvchi
salvar, resgatar (vt)	қутқармоқ	qutqarmoq

chegar (vi)	етиб келмоқ	etib kelmoq
apagar (vt)	ўчирмоқ	o'chirmoq
água (f)	сув	suv
areia (f)	қум	qum

ruínas (f pl)	харобалар	xarobalar
ruir (vi)	ағдарилмоқ	ag'darilmoq
desmoronar (vi)	қуламоқ	qulamoq
desabar (vi)	ўпирилиб тушмоқ	o'pirilib tushmoq

fragmento (m)	синган бўлак	singan bo'lak
cinza (f)	кул	kul

sufocar (vi)	бўғилмоқ	bo'g'ilmoq
perecer (vi)	ҳалок бўлмоқ	halok bo'lmoq

ATIVIDADES HUMANAS

Emprego. Negócios. Parte 1

103. Escritório. O trabalho no escritório

escritório (~ de advogados)	офис	ofis
escritório (do diretor, etc.)	кабинет	kabinet
receção (f)	ресепшн	resepshn
secretário (m)	котиб	kotib
secretária (f)	котиба	kotiba
diretor (m)	директор	direktor
gerente (m)	менежер	menejer
contabilista (m)	бухгалтер	buxgalter
empregado (m)	ходим	xodim
mobiliário (m)	мебел	mebel
mesa (f)	стол	stol
cadeira (f)	кресло	kreslo
bloco (m) de gavetas	жовонча	jovoncha
cabide (m) de pé	кийим илгич	kiyim ilgich
computador (m)	компютер	kompyuter
impressora (f)	принтер	printer
fax (m)	факс	faks
fotocopiadora (f)	нусха кӯпайтирувчи аппарат	nusxa ko'paytiruvchi apparat
papel (m)	қоғоз	qog'oz
artigos (m pl) de escritório	канцелярия буюмлари	kantselyariya buyumlari
tapete (m) de rato	гиламча	gilamcha
folha (f) de papel	варақ	varaq
pasta (f)	папка	papka
catálogo (m)	каталог	katalog
diretório (f) telefónico	маълумотнома	ma'lumotnoma
documentação (f)	хужжатлар	hujjatlar
brochura (f)	рисола	risola
flyer (m)	варақа	varaqa
amostra (f)	намуна	namuna
formação (f)	тренинг	trening
reunião (f)	кенгаш	kengash
hora (f) de almoço	тушлик танаффуси	tushlik tanaffusi
fazer uma cópia	нусха кӯчирмоқ	nusxa ko'chirmoq
tirar cópias	кӯпайтирмоқ	ko'paytirmoq
receber um fax	факс олмоқ	faks olmoq

enviar um fax	факс юбормоқ	faks yubormoq
fazer uma chamada	кўнғироқ қилмоқ	qo'ng'iroq qilmoq
responder (vt)	жавоб бермоқ	javob bermoq
passar (vt)	уламоқ	ulamoq

marcar (vt)	тайинламоқ	tayinlamoq
demonstrar (vt)	намойиш қилмоқ	namoyish qilmoq
estar ausente	йўқ бўлмоқ	yo'q bo'lmoq
ausência (f)	йўқлик, қолдириш	yo'qlik, qoldirish

104. Processos negociais. Parte 1

negócio (m)	тадбиркорлик	tadbirkorlik
ocupação (f)	иш	ish
firma, empresa (f)	фирма	firma
companhia (f)	компания	kompaniya
corporação (f)	корпорация	korporatsiya
empresa (f)	корхона	korxona
agência (f)	агентлик	agentlik

acordo (documento)	шартнома	shartnoma
contrato (m)	контракт	kontrakt
acordo (transação)	битим	bitim
encomenda (f)	буюртма	buyurtma
cláusulas (f pl), termos (m pl)	шарт	shart

por grosso (adv)	улгуржи	ulgurji
por grosso (adj)	улгуржи	ulgurji
venda (f) por grosso	улгуржи савдо	ulgurji savdo
a retalho	чакана	chakana
venda (f) a retalho	чакана савдо	chakana savdo

concorrente (m)	рақобатчи	raqobatchi
concorrência (f)	рақобат	raqobat
competir (vi)	рақобат қилмоқ	raqobat qilmoq

| sócio (m) | ҳамкор | hamkor |
| parceria (f) | ҳамкорлик | hamkorlik |

crise (f)	инқироз	inqiroz
bancarrota (f)	банкротлик	bankrotlik
entrar em falência	банкрот бўлмоқ	bankrot bo'lmoq
dificuldade (f)	қийинчилик	qiyinchilik
problema (m)	муаммо	muammo
catástrofe (f)	ҳалокат	halokat

economia (f)	иқтисод	iqtisod
económico	иқтисодий	iqtisodiy
recessão (f) económica	иқтисодий инқироз	iqtisodiy inqiroz

objetivo (m)	мақсад	maqsad
tarefa (f)	масала	masala
comerciar (vi, vt)	савдо қилмоқ	savdo qilmoq
rede (de distribuição)	тармоқ	tarmoq

estoque (m)	омбор	ombor
sortimento (m)	ассортимент	assortiment
líder (m)	етакчи	etakchi
grande (~ empresa)	йирик	yirik
monopólio (m)	монополия	monopoliya
teoria (f)	назария	nazariya
prática (f)	амалиёт	amaliyot
experiência (falar por ~)	тажриба	tajriba
tendência (f)	тенденция	tendentsiya
desenvolvimento (m)	ривожланиш	rivojlanish

105. Processos negociais. Parte 2

rentabilidade (f)	фойда	foyda
rentável	фойдали	foydali
delegação (f)	делегация	delegatsiya
salário, ordenado (m)	иш хақи	ish haqi
corrigir (um erro)	тузатмоқ	tuzatmoq
viagem (f) de negócios	хизмат сафари	xizmat safari
comissão (f)	комиссия	komissiya
controlar (vt)	назорат қилмоқ	nazorat qilmoq
conferência (f)	конференция	konferentsiya
licença (f)	лицензия	litsenziya
confiável	ишончли	ishonchli
empreendimento (m)	ташаббус	tashabbus
norma (f)	меъёр	me'yor
circunstância (f)	вазият	vaziyat
dever (m)	мажбурият	majburiyat
empresa (f)	ташкилот	tashkilot
organização (f)	ташкиллаштириш	tashkillashtirish
organizado	ташкил қилинган	tashkil qilingan
anulação (f)	бекор қилиш	bekor qilish
anular, cancelar (vt)	бекор қилмоқ	bekor qilmoq
relatório (m)	ҳисобот	hisobot
patente (f)	патент	patent
patentear (vt)	патентлаш	patentlash
planear (vt)	режаламоқ	rejalamoq
prémio (m)	мукофот	mukofot
profissional	профессионал	professional
procedimento (m)	бажариладиган иш тартиби	bajariladigan ish tartibi
examinar (a questão)	кўриб чиқмоқ	ko'rib chiqmoq
cálculo (m)	ҳисоб-китоб	hisob-kitob
reputação (f)	обрў	obro'
risco (m)	таваккал	tavakkal

dirigir (~ uma empresa)	бошқармоқ	boshqarmoq
informação (f)	маълумотлар	ma'lumotlar
propriedade (f)	мулк	mulk
união (f)	иттифоқ	ittifoq

seguro (m) de vida	ҳаётни суғурта қилиш	hayotni sug'urta qilish
fazer um seguro	суғурта қилиш	sug'urta qilish
seguro (m)	суғурта	sug'urta

leilão (m)	ким ошди савдоси	kim oshdi savdosi
notificar (vt)	билдирмоқ	bildirmoq
gestão (f)	бошқарув	boshqaruv
serviço (indústria de ~s)	хизмат	xizmat

fórum (m)	форум	forum
funcionar (vi)	ишламоқ	ishlamoq
estágio (m)	босқич	bosqich
jurídico	ҳуқуқий	huquqiy
jurista (m)	ҳуқуқшунос	huquqshunos

106. Produção. Trabalhos

usina (f)	завод	zavod
fábrica (f)	фабрика	fabrika
oficina (f)	сех	sex
local (m) de produção	ишлаб чиқариш	ishlab chiqarish

indústria (f)	саноат	sanoat
industrial	саноат	sanoat
indústria (f) pesada	оғир саноат	og'ir sanoat
indústria (f) ligeira	енгил саноат	engil sanoat

produção (f)	маҳсулот	mahsulot
produzir (vt)	ишлаб чиқармоқ	ishlab chiqarmoq
matérias-primas (f pl)	хомашё	xomashyo

chefe (m) de brigada	бригада бошлиғи	brigada boshlig'i
brigada (f)	бригада	brigada
operário (m)	ишчи	ishchi

dia (m) de trabalho	иш куни	ish kuni
pausa (f)	танаффус	tanaffus
reunião (f)	мажлис	majlis
discutir (vt)	муҳокама қилмоқ	muhokama qilmoq

plano (m)	режа	reja
cumprir o plano	режани бажармоқ	rejani bajarmoq
taxa (f) de produção	меъёр	me'yor
qualidade (f)	сифат	sifat
controlo (m)	назорат	nazorat
controlo (m) da qualidade	сифат назорати	sifat nazorati

segurança (f) no trabalho	меҳнат хавфсизлиги	mehnat xavfsizligi
disciplina (f)	интизом	intizom

infração (f)	бузиш	buzish
violar (as regras)	бузмоқ	buzmoq

greve (f)	иш ташлаш	ish tashlash
grevista (m)	иш ташловчи	ish tashlovchi
estar em greve	иш ташламоқ	ish tashlamoq
sindicato (m)	касаба уюшмаси	kasaba uyushmasi

inventar (vt)	ихтиро қилмоқ	ixtiro qilmoq
invenção (f)	ихтиро	ixtiro
pesquisa (f)	тадқиқот	tadqiqot
melhorar (vt)	яхшиламоқ	yaxshilamoq
tecnologia (f)	технология	texnologiya
desenho (m) técnico	чизма	chizma

carga (f)	юк	yuk
carregador (m)	юкчи	yukchi
carregar (vt)	юкламоқ	yuklamoq
carregamento (m)	юклаш	yuklash
descarregar (vt)	юк туширмоқ	yuk tushirmoq
descarga (f)	юк тушириш	yuk tushirish

transporte (m)	транспорт	transport
companhia (f) de transporte	транспорт компанияси	transport kompaniyasi
transportar (vt)	транпортда ташимоқ	tranportda tashimoq

vagão (m) de carga	вагон	vagon
cisterna (f)	систерна	sisterna
camião (m)	юк машинаси	yuk mashinasi

máquina-ferramenta (f)	дастгоҳ	dastgoh
mecanismo (m)	механизм	mexanizm

resíduos (m pl) industriais	чиқиндилар	chiqindilar
embalagem (f)	жойлаш	joylash
embalar (vt)	жойламоқ	joylamoq

107. Contrato. Acordo

contrato (m)	контракт	kontrakt
acordo (m)	келишув	kelishuv
adenda (f), anexo (m)	илова	ilova

assinar o contrato	контракт тузмоқ	kontrakt tuzmoq
assinatura (f)	имзо	imzo
assinar (vt)	имзоламоқ	imzolamoq
carimbo (m)	муҳр	muhr

objeto (m) do contrato	шартнома мавзуи	shartnoma mavzui
cláusula (f)	модда, банд	modda, band
partes (f pl)	томонлар	tomonlar
morada (f) jurídica	юридик манзил	yuridik manzil
violar o contrato	контрактни бузмоқ	kontraktni buzmoq
obrigação (f)	мажбурият	majburiyat

responsabilidade (f)	масъулият	mas'uliyat
força (f) maior	форс-мажор	fors-major
litígio (m), disputa (f)	баҳс	bahs
multas (f pl)	жарима санкциялари	jarima sanktsiyalari

108. Importação & Exportação

importação (f)	импорт	import
importador (m)	импортчи	importchi
importar (vt)	импорт қилмоқ	import qilmoq
de importação	импорт қилинган	import qilingan

exportação (f)	експорт	eksport
exportador (m)	експортчи	eksportchi
exportar (vt)	експорт қилмоқ	eksport qilmoq
de exportação	експорт қилинадиган	eksport qilinadigan

| mercadoria (f) | товар | tovar |
| lote (de mercadorias) | партия | partiya |

peso (m)	вазн	vazn
volume (m)	ҳажм	hajm
metro (m) cúbico	куб метр	kub metr

produtor (m)	ишлаб чиқарувчи	ishlab chiqaruvchi
companhia (f) de transporte	транспорт компанияси	transport kompaniyasi
contentor (m)	контейнер	konteyner

fronteira (f)	чегара	chegara
alfândega (f)	божхона	bojxona
taxa (f) alfandegária	божхона божи	bojxona boji
funcionário (m) da alfândega	божхона ходими	bojxona xodimi
contrabando (atividade)	контрабанда	kontrabanda
contrabando (produtos)	контрабанда	kontrabanda

109. Finanças

ação (f)	акция	aktsiya
obrigação (f)	облигация	obligatsiya
nota (f) promissória	вексел	veksel

| bolsa (f) | биржа | birja |
| cotação (m) das ações | акциялар курси | aktsiyalar kursi |

| tornar-se mais barato | арзонлашмоқ | arzonlashmoq |
| tornar-se mais caro | қимматлашмоқ | qimmatlashmoq |

parte (f)	ҳисса, бадал	hissa, badal
participação (f) maioritária	назорат пакети	nazorat paketi
investimento (m)	инвестициялар	investitsiyalar
investir (vt)	инвестиция қилмоқ	investitsiya qilmoq
percentagem (f)	фоиз	foiz

juros (m pl)	процент, фойда	protsent, foyda
lucro (m)	фойда	foyda
lucrativo	фойдали	foydali
imposto (m)	солиқ	soliq
divisa (f)	валюта	valyuta
nacional	миллий	milliy
câmbio (m)	алмаштириш	almashtirish
contabilista (m)	бухгалтер	buxgalter
contabilidade (f)	бухгалтерия	buxgalteriya
bancarrota (f)	банкротлик	bankrotlik
falência (f)	барбод бўлиш	barbod bo'lish
ruína (f)	хонавайрон бўлиш	xonavayron bo'lish
arruinar-se (vr)	хонавайрон бўлмоқ	xonavayron bo'lmoq
inflação (f)	инфляция	inflyatsiya
desvalorização (f)	девалвация	devalvatsiya
capital (m)	сармоя	sarmoya
rendimento (m)	даромад	daromad
volume (m) de negócios	айланма	aylanma
recursos (m pl)	ресурслар	resurslar
recursos (m pl) financeiros	пул маблағлари	pul mablag'lari
despesas (f pl) gerais	қўшимча харажатлар	qo'shimcha xarajatlar
reduzir (vt)	қисқартирмоқ	qisqartirmoq

110. Marketing

marketing (m)	маркетинг	marketing
mercado (m)	бозор	bozor
segmento (m) do mercado	бозор сегменти	bozor segmenti
produto (m)	маҳсулот	mahsulot
mercadoria (f)	товар	tovar
marca (f)	бренд	brend
marca (f) comercial	савдо белгиси	savdo belgisi
logotipo (m)	фирма белгиси	firma belgisi
logo (m)	логотип	logotip
demanda (f)	талаб	talab
oferta (f)	таклиф	taklif
necessidade (f)	эҳтиёж	ehtiyoj
consumidor (m)	истеъмолчи	iste'molchi
análise (f)	таҳлил	tahlil
analisar (vt)	таҳлил қилмоқ	tahlil qilmoq
posicionamento (m)	позициялаш	pozitsiyalash
posicionar (vt)	позицияламоқ	pozitsiyalamoq
preço (m)	нарх	narx
política (f) de preços	нарх-наво сиёсати	narx-navo siyosati
formação (f) de preços	нархнинг белгиланиши	narxning belgilanishi

111. Publicidade

publicidade (f)	реклама	reklama
publicitar (vt)	реклама қилмоқ	reklama qilmoq
orçamento (m)	бюджет	byudjet
anúncio (m) publicitário	реклама	reklama
publicidade (f) televisiva	телереклама	telereklama
publicidade (f) na rádio	радиода реклама бериш	radioda reklama berish
publicidade (f) exterior	ташқи реклама	tashqi reklama
comunicação (f) de massa	оммавий ахборот воситалари	ommaviy axborot vositalari
periódico (m)	даврий нашрлар	davriy nashrlar
imagem (f)	имиж	imij
slogan (m)	шиор	shior
mote (m), divisa (f)	шиор, девиз	shior, deviz
campanha (f)	кампания	kampaniya
companha (f) publicitária	реклама кампанияси	reklama kampaniyasi
grupo (m) alvo	мақсадли аудитория	maqsadli auditoriya
cartão (m) de visita	визит карточкаси	vizit kartochkasi
flyer (m)	варақа	varaqa
brochura (f)	рисола	risola
folheto (m)	буклет	buklet
boletim (~ informativo)	бюллетен	byulleten
letreiro (m)	вивеска	viveska
cartaz, póster (m)	плакат	plakat
painel (m) publicitário	шчит	shchit

112. Banca

banco (m)	банк	bank
sucursal, balcão (f)	бўлим	bo'lim
consultor (m)	маслаҳатчи	maslahatchi
gerente (m)	бошқарувчи	boshqaruvchi
conta (f)	ҳисоб рақам	hisob raqam
número (m) da conta	ҳисоб-рақам сони	hisob-raqam soni
conta (f) corrente	жорий ҳисоб-рақами	joriy hisob-raqami
conta (f) poupança	жамғарма ҳисоб-рақами	jamg'arma hisob-raqami
abrir uma conta	ҳисоб-рақамни очмоқ	hisob-raqamni ochmoq
fechar uma conta	ҳисоб-рақамни ёпмоқ	hisob-raqamni yopmoq
depositar na conta	ҳисоб-рақамга қўймоқ	hisob-raqamga qo'ymoq
levantar (vt)	ҳисоб-рақамдан олмоқ	hisob-raqamdan olmoq
depósito (m)	омонат	omonat
fazer um depósito	омонат қўймоқ	omonat qo'ymoq

transferência (f) bancária	ўтказиш	o'tkazish
transferir (vt)	ўтказмоқ	o'tkazmoq

soma (f)	сумма	summa
Quanto?	Қанча?	Qancha?

assinatura (f)	имзо	imzo
assinar (vt)	имзоламоқ	imzolamoq

cartão (m) de crédito	кредит картаси	kredit kartasi
código (m)	код	kod
número (m) do cartão de crédito	кредит картасининг тартиб рақами	kredit kartasining tartib raqami
Caixa Multibanco (m)	банкомат	bankomat

cheque (m)	чек	chek
passar um cheque	чек ёзиб бермоқ	chek yozib bermoq
livro (m) de cheques	чек дафтарчаси	chek daftarchasi

empréstimo (m)	кредит	kredit
pedir um empréstimo	кредит олиш учун мурожаат қилмоқ	kredit olish uchun murojaat qilmoq
obter um empréstimo	кредит олмоқ	kredit olmoq
conceder um empréstimo	кредит бермоқ	kredit bermoq
garantia (f)	кафолат	kafolat

113. Telefone. Conversação telefónica

telefone (m)	телефон	telefon
telemóvel (m)	мобил телефон	mobil telefon
secretária (f) electrónica	автоматик жавоб берувчи	avtomatik javob beruvchi

fazer uma chamada	қўнғироқ қилмоқ	qo'ng'iroq qilmoq
chamada (f)	қўнғироқ	qo'ng'iroq

marcar um número	рақам термоқ	raqam termoq
Alô!	Алло!	Allo!
perguntar (vt)	сўрамоқ	so'ramoq
responder (vt)	жавоб бермоқ	javob bermoq

ouvir (vt)	ешитмоқ	eshitmoq
bem	яхши	yaxshi
mal	ёмон	yomon
ruído (m)	халал берувчи шовқин	xalal beruvchi shovqin

auscultador (m)	трубка	trubka
pegar o telefone	трубкани олмоқ	trubkani olmoq
desligar (vi)	трубкани қўймоқ	trubkani qo'ymoq

ocupado	банд	band
tocar (vi)	жирингламоқ	jiringlamoq
lista (f) telefónica	телефон китоби	telefon kitobi
local	маҳаллий	mahalliy
chamada (f) local	маҳаллий қўнғироқ	mahalliy qo'ng'iroq

de longa distância	шаҳарлараро	shaharlararo
chamada (f) de longa distância	шаҳарлараро қўнғироқ	shaharlararo qo'ng'iroq
internacional	халқаро	xalqaro
chamada (f) internacional	халқаро қўнғироқ	xalqaro qo'ng'iroq

114. Telefone móvel

telemóvel (m)	мобил телефон	mobil telefon
ecrã (m)	дисплей	displey
botão (m)	тугма	tugma
cartão SIM (m)	СИМ-карта	SIM-karta

bateria (f)	батарея	batareya
descarregar-se	разрядка бўлмоқ	razryadka bo'lmoq
carregador (m)	заряд қилиш мосламаси	zaryad qilish moslamasi

menu (m)	меню	menyu
definições (f pl)	созлашлар	sozlashlar
melodia (f)	мелодия	melodiya
escolher (vt)	танламоқ	tanlamoq

calculadora (f)	калкулятор	kalkulyator
correio (m) de voz	автоматик жавоб берувчи	avtomatik javob beruvchi
despertador (m)	будилник	budilnik
contatos (m pl)	телефон китоби	telefon kitobi

| mensagem (f) de texto | СМС-хабар | SMS-xabar |
| assinante (m) | абонент | abonent |

115. Estacionário

| caneta (f) | ручка | ruchka |
| caneta (f) tinteiro | пероли ручка | peroli ruchka |

lápis (m)	қалам	qalam
marcador (m)	маркер	marker
caneta (f) de feltro	фломастер	flomaster

| bloco (m) de notas | ён дафтарча | yon daftarcha |
| agenda (f) | кундалик | kundalik |

régua (f)	чизғич	chizg'ich
calculadora (f)	калкулятор	kalkulyator
borracha (f)	ўчирғич	o'chirg'ich
pionés (m)	кнопка	knopka
clipe (m)	қисқич	qisqich

cola (f)	елим	elim
agrafador (m)	степлер	stepler
furador (m)	тешгич	teshgich
afia-lápis (m)	точилка	tochilka

116. Vários tipos de documentos

relatório (m)	хисобот	hisobot
acordo (m)	келишув	kelishuv
ficha (f) de inscrição	талабнома	talabnoma
autêntico	хақиқий	haqiqiy
crachá (m)	бедж	bedj
cartão (m) de visita	визит карточкаси	vizit kartochkasi

certificado (m)	сертификат	sertifikat
cheque (m)	чек	chek
conta (f)	хисоб	hisob
constituição (f)	конституция	konstitutsiya

contrato (m)	шартнома	shartnoma
cópia (f)	нусха	nusxa
exemplar (m)	нусха	nusxa

declaração (f) alfandegária	декларация	deklaratsiya
documento (m)	хужжат	hujjat
carta (f) de condução	хайдовчилик гувохномаси	haydovchilik guvohnomasi
adenda (ao contrato)	илова	ilova
questionário (m)	анкета	anketa

bilhete (m) de identidade	тасдиқлаш	tasdiqlash
inquérito (m)	расмий талаб	rasmiy talab
convite (m)	таклифнома	taklifnoma
fatura (f)	хисоб	hisob

lei (f)	қонун	qonun
carta (correio)	хат	xat
papel (m) timbrado	бланк	blank
lista (f)	рўйхат	ro'yxat
manuscrito (m)	қўлёзма	qo'lyozma
boletim (~ informativo)	бюллетен	byulleten
bilhete (mensagem breve)	расмий маълумот	rasmiy ma'lumot

passe (m)	рухсатнома	ruxsatnoma
passaporte (m)	паспорт	pasport
permissão (f)	рухсат қоғози	ruxsat qog'ozi
CV, currículo (m)	резюме	rezyume
vale (nota promissória)	тилхат	tilxat
recibo (m)	квитанция	kvitantsiya
talão (f)	чек	chek
relatório (m)	рапорт	raport

mostrar (vt)	кўрсатмоқ	ko'rsatmoq
assinar (vt)	имзоламоқ	imzolamoq
assinatura (f)	имзо	imzo
carimbo (m)	мухр	muhr
texto (m)	матн	matn
bilhete (m)	чипта	chipta
riscar (vt)	ўчирмоқ	o'chirmoq
preencher (vt)	тўлдирмоқ	to'ldirmoq

| guia (f) de remessa | юк хати | yuk xati |
| testamento (m) | васиятнома | vasiyatnoma |

117. Tipos de negócios

serviços (m pl) de contabilidade	бухгалтерлик хизматлари	buxgalterlik xizmatlari
publicidade (f)	реклама	reklama
agência (f) de publicidade	реклама агентлиги	reklama agentligi
ar (m) condicionado	кондиционерлар	konditsionerlar
companhia (f) aérea	авиакомпания	aviakompaniya
bebidas (f pl) alcoólicas	спиртли ичимликлар	spirtli ichimliklar
comércio (m) de antiguidades	антиквариат	antikvariat
galeria (f) de arte	галерея	galereya
serviços (m pl) de auditoria	аудиторлик хизматлари	auditorlik xizmatlari
negócios (m pl) bancários	банк бизнеси	bank biznesi
bar (m)	бар	bar
salão (m) de beleza	гўзаллик салони	go'zallik saloni
livraria (f)	китоб дўкони	kitob do'koni
cervejaria (f)	пиво заводи	pivo zavodi
centro (m) de escritórios	бизнес-марказ	biznes-markaz
escola (f) de negócios	бизнес-мактаб	biznes-maktab
casino (m)	казино	kazino
construção (f)	қурилиш	qurilish
serviços (m pl) de consultoria	консалтинг	konsalting
estomatologia (f)	стоматология	stomatologiya
design (m)	дизайн	dizayn
farmácia (f)	дорихона	dorixona
lavandaria (f)	химчистка	ximchistka
agência (f) de emprego	кадрлар агентлиги	kadrlar agentligi
serviços (m pl) financeiros	молиявий хизматлар	moliyaviy xizmatlar
alimentos (m pl)	озиқ-овқат маҳсулотлари	oziq-ovqat mahsulotlari
agência (f) funerária	дафн бюроси	dafn byurosi
mobiliário (m)	мебел	mebel
roupa (f)	кийим	kiyim
hotel (m)	меҳмонхона	mehmonxona
gelado (m)	музқаймоқ	muzqaymoq
indústria (f)	саноат	sanoat
seguro (m)	суғурта	sug'urta
internet (f)	интернет	internet
investimento (m)	инвестициялар	investitsiyalar
joalheiro (m)	заргар	zargar
joias (f pl)	заргарлик буюмлари	zargarlik buyumlari
lavandaria (f)	кир ювиш ишхонаси	kir yuvish ishxonasi
serviços (m pl) jurídicos	юридик хизматлар	yuridik xizmatlar
indústria (f) ligeira	енгил саноат	engil sanoat
revista (f)	журнал	jurnal

103

vendas (f pl) por catálogo	каталог бойича савдо	katalog boyicha savdo
medicina (f)	медицина	meditsina
cinema (m)	кинотеатр	kinoteatr
museu (m)	музей	muzey
agência (f) de notícias	ахборот агентлиги	axborot agentligi
jornal (m)	газета	gazeta
clube (m) noturno	тунги клуб	tungi klub
petróleo (m)	нефт	neft
serviço (m) de encomendas	курерлик хизмати	kurerlik xizmati
indústria (f) farmacêutica	фармацевтика	farmatsevtika
poligrafia (f)	полиграфия	poligrafiya
editora (f)	нашриёт	nashriyot
rádio (m)	радио	radio
imobiliário (m)	кўчмас мулк	ko'chmas mulk
restaurante (m)	ресторан	restoran
empresa (f) de segurança	соқчилик агентлиги	soqchilik agentligi
desporto (m)	спорт	sport
bolsa (f)	биржа	birja
loja (f)	дўкон	do'kon
supermercado (m)	супермаркет	supermarket
piscina (f)	ховуз	hovuz
alfaiataria (f)	ателе	atele
televisão (f)	телевидение	televidenie
teatro (m)	театр	teatr
comércio (atividade)	савдо	savdo
serviços (m pl) de transporte	ташишлар	tashishlar
viagens (f pl)	туризм	turizm
veterinário (m)	ветеринар	veterinar
armazém (m)	омбор	ombor
recolha (f) do lixo	ахлатни чиқариш	axlatni chiqarish

Emprego. Negócios. Parte 2

118. Espetáculo. Feira

feira (f)	кўргазма	ko'rgazma
feira (f) comercial	савдо кўргазмаси	savdo ko'rgazmasi
participação (f)	иштирок етиш	ishtirok etish
participar (vi)	иштирок етмоқ	ishtirok etmoq
participante (m)	иштирокчи	ishtirokchi
diretor (m)	директор	direktor
direção (f)	ташкилий қумита дирекцияси	tashkiliy qumita direktsiyasi
organizador (m)	ташкилотчи	tashkilotchi
organizar (vt)	ташкил қилмоқ	tashkil qilmoq
ficha (f) de inscrição	иштирок талабномаси	ishtirok talabnomasi
preencher (vt)	тўлдирмоқ	to'ldirmoq
detalhes (m pl)	тафсилотлар	tafsilotlar
informação (f)	маълумот	ma'lumot
preço (m)	нарх	narx
incluindo	қўшиб	qo'shib
incluir (vt)	қўшмоқ	qo'shmoq
pagar (vt)	тўламоқ	to'lamoq
taxa (f) de inscrição	рўйхатга олиш бадали	ro'yxatga olish badali
entrada (f)	кириш	kirish
pavilhão (m)	павилон	pavilon
inscrever (vt)	рўйхатга олмоқ	ro'yxatga olmoq
crachá (m)	бедж	bedj
stand (m)	стенд	stend
reservar (vt)	захира қилиб қўймоқ	zaxira qilib qo'ymoq
vitrina (f)	витрина	vitrina
foco, spot (m)	чироқ	chiroq
design (m)	дизайн	dizayn
pôr, colocar (vt)	жойлаштирмоқ	joylashtirmoq
ser colocado, -a	жолашмоқ	jolashmoq
distribuidor (m)	дистрибютор	distribyutor
fornecedor (m)	етказиб берувчи	etkazib beruvchi
fornecer (vt)	етказиб бермоқ	etkazib bermoq
país (m)	мамлакат	mamlakat
estrangeiro	чет ел	chet el
produto (m)	маҳсулот	mahsulot
associação (f)	ассоциация	assotsiatsiya

sala (f) de conferências	конференц-зал	konferents-zal
congresso (m)	конгресс	kongress
concurso (m)	конкурс	konkurs
visitante (m)	келувчи	keluvchi
visitar (vt)	келиб кўрмоқ	kelib ko'rmoq
cliente (m)	буюртмачи	buyurtmachi

119. Media

jornal (m)	газета	gazeta
revista (f)	журнал	jurnal
imprensa (f)	матбуот	matbuot
rádio (m)	радио	radio
estação (f) de rádio	радиостанция	radiostantsiya
televisão (f)	телевидение	televidenie
apresentador (m)	бошловчи	boshlovchi
locutor (m)	диктор	diktor
comentador (m)	шарҳловчи	sharhlovchi
jornalista (m)	журналист	jurnalist
correspondente (m)	мухбир	muxbir
repórter (m) fotográfico	фотомухбир	fotomuxbir
repórter (m)	репортёр	reportyor
redator (m)	муҳаррир	muharrir
redator-chefe (m)	бош муҳаррир	bosh muharrir
assinar a ...	обуна бўлмоқ	obuna bo'lmoq
assinatura (f)	обуна	obuna
assinante (m)	обуначи	obunachi
ler (vt)	ўқимоқ	o'qimoq
leitor (m)	газетхон	gazetxon
tiragem (f)	тираж	tiraj
mensal	ойлик	oylik
semanal	ҳафталик	haftalik
número (jornal, revista)	сон	son
recente	янги	yangi
manchete (f)	сарлавҳа	sarlavha
pequeno artigo (m)	хабар	xabar
coluna (~ semanal)	рубрика	rubrika
artigo (m)	мақола	maqola
página (f)	саҳифа	sahifa
reportagem (f)	репортаж	reportaj
evento (m)	ходиса	xodisa
sensação (f)	шов-шув	shov-shuv
escândalo (m)	жанжал	janjal
escandaloso	жанжалли	janjalli
grande	овозали	ovozali
programa (m) de TV	кўрсатув	ko'rsatuv

entrevista (f)	интервю	intervyu
transmissão (f) em direto	тўғридан-тўғри	to'g'ridan-to'g'ri
	трансляция	translyatsiya
canal (m)	канал	kanal

120. Agricultura

agricultura (f)	қишлоқ хўжалиги	qishloq xo'jaligi
camponês (m)	деҳқон	dehqon
camponesa (f)	деҳқон аёл	dehqon ayol
agricultor (m)	фермер	fermer

| trator (m) | трактор | traktor |
| ceifeira-debulhadora (f) | комбайн | kombayn |

arado (m)	плуг	plug
arar (vt)	ер ҳайдамоқ	er haydamoq
campo (m) lavrado	шудгор	shudgor
rego (m)	егат	egat

semear (vt)	екмоқ	ekmoq
semeadora (f)	сеялка	seyalka
semeadura (f)	екиш	ekish

| gadanha (f) | белўроқ | belo'roq |
| gadanhar (vt) | ўрамоқ | o'ramoq |

| pá (f) | белкурак | belkurak |
| cavar (vt) | қазимоқ | qazimoq |

enxada (f)	чопқи	chopqi
carpir (vt)	ўтамоқ	o'tamoq
erva (f) daninha	бегона ўт	begona o't

regador (m)	гулчелак	gulchelak
regar (vt)	суғормоқ	sug'ormoq
rega (f)	суғориш	sug'orish

| forquilha (f) | паншаха | panshaxa |
| ancinho (m) | хаскаш | xaskash |

fertilizante (m)	ўғит	o'g'it
fertilizar (vt)	ўғитламоқ	o'g'itlamoq
estrume (m)	гўнг	go'ng

campo (m)	дала	dala
prado (m)	ўтлоқ	o'tloq
horta (f)	полиз	poliz
pomar (m)	боғ	bog'

pastar (vt)	ўтлатмоқ	o'tlatmoq
pastor (m)	чўпон	cho'pon
pastagem (f)	яйлов	yaylov
pecuária (f)	чорвачилик	chorvachilik

criação (f) de ovelhas	қўйчилик	qo'ychilik
plantação (f)	плантация	plantatsiya
canteiro (m)	жўяк	jo'yak
invernadouro (m)	иссиқхона	issiqxona

| seca (f) | қурғоқчилик | qurg'oqchilik |
| seco (verão ~) | қуруқ | quruq |

cereal (m)	дон	don
cereais (m pl)	ғалла	g'alla
colher (vt)	ўриб олмоқ	o'rib olmoq

moleiro (m)	тегирмончи	tegirmonchi
moinho (m)	тегирмон	tegirmon
moer (vt)	дон туймоқ	don tuymoq
farinha (f)	ун	un
palha (f)	сомон	somon

121. Construção. Processo de construção

canteiro (m) de obras	қурилиш	qurilish
construir (vt)	қурмоқ	qurmoq
construtor (m)	қурувчи	quruvchi

projeto (m)	лойиҳа	loyiha
arquiteto (m)	меъмор	me'mor
operário (m)	ишчи	ishchi

fundação (f)	пойдевор	poydevor
telhado (m)	том	tom
estaca (f)	қозиқоёқ	qoziqoyoq
parede (f)	девор	devor

| varões (m pl) para betão | арматура | armatura |
| andaime (m) | қурилиш ҳавозалари | qurilish havozalari |

betão (m)	бетон	beton
granito (m)	гранит	granit
pedra (f)	тош	tosh
tijolo (m)	ғишт	g'isht

areia (f)	қум	qum
cimento (m)	семент	sement
emboço (m)	сувоқ	suvoq
emboçar (vt)	сувамоқ	suvamoq

tinta (f)	бўёқ	bo'yoq
pintar (vt)	бўямоқ	bo'yamoq
barril (m)	бочка	bochka

grua (f), guindaste (m)	кран	kran
erguer (vt)	кўтармоқ	ko'tarmoq
baixar (vt)	туширмоқ	tushirmoq
buldózer (m)	булдозер	buldozer

escavadora (f)	екскаватор	ekskavator
caçamba (f)	ковш	kovsh
escavar (vt)	қазимоқ	qazimoq
capacete (m) de proteção	каска	kaska

122. Ciência. Investigação. Cientistas

ciência (f)	илм-фан	ilm-fan
científico	илмий	ilmiy
cientista (m)	олим	olim
teoria (f)	назария	nazariya

axioma (m)	аксиома	aksioma
análise (f)	таҳлил	tahlil
analisar (vt)	таҳлил қилмоқ	tahlil qilmoq
argumento (m)	далил	dalil
substância (f)	модда	modda

hipótese (f)	фараз	faraz
dilema (m)	дилемма	dilemma
tese (f)	диссертация	dissertatsiya
dogma (m)	ақида	aqida

doutrina (f)	таълимот	ta'limot
pesquisa (f)	тадқиқот	tadqiqot
pesquisar (vt)	тадқиқ қилмоқ	tadqiq qilmoq
teste (m)	синовлар	sinovlar
laboratório (m)	лаборатория	laboratoriya

método (m)	метод	metod
molécula (f)	молекула	molekula
monitoramento (m)	мониторинг	monitoring
descoberta (f)	кашфиёт	kashfiyot

postulado (m)	постулат	postulat
princípio (m)	тамойил	tamoyil
prognóstico (previsão)	олдиндан айтиш	oldindan aytish
prognosticar (vt)	олдиндан айтмоқ	oldindan aytmoq

síntese (f)	синтез	sintez
tendência (f)	тенденция	tendentsiya
teorema (m)	теорема	teorema

ensinamentos (m pl)	таълимот	ta'limot
facto (m)	далил	dalil
expedição (f)	експедиция	ekspeditsiya
experiência (f)	експеримент	eksperiment

académico (m)	академик	akademik
bacharel (m)	бакалавр	bakalavr
doutor (m)	доктор	doktor
docente (m)	доцент	dotsent
mestre (m)	магистр	magistr
professor (m) catedrático	профессор	professor

Profissões e ocupações

123. Procura de emprego. Demissão

trabalho (m)	иш	ish
equipa (f)	штат	shtat
carreira (f)	еришиладиган мавқе	erishiladigan mavqe
perspetivas (f pl)	истиқбол	istiqbol
mestria (f)	маҳорат	mahorat
seleção (f)	танлаш	tanlash
agência (f) de emprego	кадрлар агентлиги	kadrlar agentligi
CV, currículo (m)	резюме	rezyume
entrevista (f) de emprego	суҳбатлашиш	suhbatlashish
vaga (f)	бўш ўрин	bo'sh o'rin
salário (m)	иш ҳақи	ish haqi
salário (m) fixo	маош	maosh
pagamento (m)	ҳақ	haq
posto (m)	лавозим	lavozim
dever (do empregado)	вазифа	vazifa
gama (f) de deveres	доира	doira
ocupado	банд	band
despedir, demitir (vt)	ишдан бўшатмоқ	ishdan bo'shatmoq
demissão (f)	ишдан бўшаш	ishdan bo'shash
desemprego (m)	ишсизлик	ishsizlik
desempregado (m)	ишсиз	ishsiz
reforma (f)	нафақа	nafaqa
reformar-se	нафақага чиқиш	nafaqaga chiqish

124. Gente de negócios

diretor (m)	директор	direktor
gerente (m)	бошқарувчи	boshqaruvchi
patrão, chefe (m)	раҳбар	rahbar
superior (m)	бошлиқ	boshliq
superiores (m pl)	бошлиқлар	boshliqlar
presidente (m)	президент	prezident
presidente (m) de direção	раис	rais
substituto (m)	ўринбосар	o'rinbosar
assistente (m)	ёрдамчи	yordamchi
secretário (m)	котиб	kotib

secretário (m) pessoal	шахсий котиб	shaxsiy kotib
homem (m) de negócios	бизнесмен	biznesmen
empresário (m)	тадбиркор	tadbirkor
fundador (m)	асосчи	asoschi
fundar (vt)	асос солмоқ	asos solmoq
fundador, sócio (m)	таъсисчи	ta'sischi
parceiro, sócio (m)	ҳамкор	hamkor
acionista (m)	акциядор	aktsiyador
milionário (m)	миллионер	millioner
bilionário (m)	миллиардер	milliarder
proprietário (m)	ега	ega
proprietário (m) de terras	ер егаси	er egasi
cliente (m)	мижоз	mijoz
cliente (m) habitual	доимий мижоз	doimiy mijoz
comprador (m)	харидор	xaridor
visitante (m)	келувчи	keluvchi
profissional (m)	профессионал	professional
perito (m)	експерт	ekspert
especialista (m)	мутахассис	mutaxassis
banqueiro (m)	банкир	bankir
corretor (m)	брокер	broker
caixa (m, f)	кассачи	kassachi
contabilista (m)	бухгалтер	buxgalter
guarda (m)	соқчи	soqchi
investidor (m)	инвестор	investor
devedor (m)	қарздор	qarzdor
credor (m)	кредитор	kreditor
mutuário (m)	қарз олувчи	qarz oluvchi
importador (m)	импортчи	importchi
exportador (m)	експортчи	eksportchi
produtor (m)	ишлаб чиқарувчи	ishlab chiqaruvchi
distribuidor (m)	дистрибютор	distribyutor
intermediário (m)	воситачи	vositachi
consultor (m)	маслаҳатчи	maslahatchi
representante (m)	вакил	vakil
agente (m)	агент	agent
agente (m) de seguros	суғурта агенти	sug'urta agenti

125. Profissões de serviços

cozinheiro (m)	ошпаз	oshpaz
cozinheiro chefe (m)	бош ошпаз	bosh oshpaz
padeiro (m)	новвой	novvoy
barman (m)	бармен	barmen

empregado (m) de mesa	официант	ofitsiant
empregada (f) de mesa	официантка	ofitsiantka
advogado (m)	адвокат	advokat
jurista (m)	ҳуқуқшунос	huquqshunos
notário (m)	нотариус	notarius
eletricista (m)	монтёр	montyor
canalizador (m)	сантехник	santexnik
carpinteiro (m)	дурадгор	duradgor
massagista (m)	массажчи	massajchi
massagista (f)	массажчи аёл	massajchi ayol
médico (m)	шифокор	shifokor
taxista (m)	таксичи	taksichi
condutor (automobilista)	шофёр	shofyor
entregador (m)	курер	kurer
camareira (f)	ходима	xodima
guarda (m)	соқчи	soqchi
hospedeira (f) de bordo	стюардесса	styuardessa
professor (m)	ўқитувчи	o'qituvchi
bibliotecário (m)	кутубхоначи	kutubxonachi
tradutor (m)	таржимон	tarjimon
intérprete (m)	таржимон	tarjimon
guia (pessoa)	гид	gid
cabeleireiro (m)	сартарош	sartarosh
carteiro (m)	почтачи	pochtachi
vendedor (m)	сотувчи	sotuvchi
jardineiro (m)	боғбон	bog'bon
criado (m)	хизматкор	xizmatkor
criada (f)	хизматкор аёл	xizmatkor ayol
empregada (f) de limpeza	фаррош	farrosh

126. Profissões militares e postos

soldado (m) raso	оддий аскар	oddiy askar
sargento (m)	сержант	serjant
tenente (m)	лейтенант	leytenant
capitão (m)	капитан	kapitan
major (m)	маёр	mayor
coronel (m)	полковник	polkovnik
general (m)	генерал	general
marechal (m)	маршал	marshal
almirante (m)	адмирал	admiral
militar (m)	ҳарбий	harbiy
soldado (m)	аскар	askar
oficial (m)	зобит	zobit

comandante (m)	командир	komandir
guarda (m) fronteiriço	чегарачи	chegarachi
operador (m) de rádio	радист	radist
explorador (m)	разведкачи	razvedkachi
sapador (m)	сапёр	sapyor
atirador (m)	ўкчи	o'qchi
navegador (m)	штурман	shturman

127. Oficiais. Padres

rei (m)	қирол	qirol
rainha (f)	қиролича	qirolicha
príncipe (m)	шаҳзода	shahzoda
princesa (f)	малика	malika
czar (m)	подшо	podsho
czarina (f)	малика	malika
presidente (m)	президент	prezident
ministro (m)	министр	ministr
primeiro-ministro (m)	бош вазир	bosh vazir
senador (m)	сенатор	senator
diplomata (m)	дипломат	diplomat
cônsul (m)	консул	konsul
embaixador (m)	елчи	elchi
conselheiro (m)	маслаҳатчи	maslahatchi
funcionário (m)	амалдор	amaldor
prefeito (m)	префект	prefekt
Presidente (m) da Câmara	мер	mer
juiz (m)	судя	sudya
procurador (m)	прокурор	prokuror
missionário (m)	миссионер	missioner
monge (m)	монах	monax
abade (m)	аббат	abbat
rabino (m)	раввин	ravvin
vizir (m)	вазир	vazir
xá (m)	шоҳ	shoh
xeque (m)	шайх	shayx

128. Profissões agrícolas

apicultor (m)	асаларичи	asalarichi
pastor (m)	чўпон	cho'pon
agrónomo (m)	агроном	agronom
criador (m) de gado	чорвадор	chorvador
veterinário (m)	ветеринар	veterinar

agricultor (m)	фермер	fermer
vinicultor (m)	винопаз	vinopaz
zoólogo (m)	зоолог	zoolog
cowboy (m)	ковбой	kovboy

129. Profissões artísticas

| ator (m) | актёр | aktyor |
| atriz (f) | актриса | aktrisa |

| cantor (m) | хонанда | xonanda |
| cantora (f) | хонанда | xonanda |

| bailarino (m) | раққос | raqqos |
| bailarina (f) | раққоса | raqqosa |

| artista (m) | артист | artist |
| artista (f) | артистка | artistka |

músico (m)	мусиқачи	musiqachi
pianista (m)	пианиночи	pianinochi
guitarrista (m)	гитарачи	gitarachi

maestro (m)	дирижёр	dirijyor
compositor (m)	композитор	kompozitor
empresário (m)	импресарио	impresario

realizador (m)	режиссёр	rejissyor
produtor (m)	продюсер	prodyuser
argumentista (m)	сценарийчи	stsenariychi
crítico (m)	танқидчи	tanqidchi

escritor (m)	ёзувчи	yozuvchi
poeta (m)	шоир	shoir
escultor (m)	ҳайкалтарош	haykaltarosh
pintor (m)	рассом	rassom

malabarista (m)	жонглёр	jonglyor
palhaço (m)	масхарабоз	masxaraboz
acrobata (m)	акробат	akrobat
mágico (m)	фокусчи	fokuschi

130. Várias profissões

médico (m)	шифокор	shifokor
enfermeira (f)	тиббий ҳамшира	tibbiy hamshira
psiquiatra (m)	психиатр	psixiatr
estomatologista (m)	стоматолог	stomatolog
cirurgião (m)	жарроҳ	jarroh

| astronauta (m) | астронавт | astronavt |
| astrónomo (m) | астроном | astronom |

piloto (m)	учувчи	uchuvchi
motorista (m)	ҳайдовчи	haydovchi
maquinista (m)	машинист	mashinist
mecânico (m)	механик	mexanik
mineiro (m)	кончи	konchi
operário (m)	ишчи	ishchi
serralheiro (m)	чилангар	chilangar
marceneiro (m)	дурадгор	duradgor
torneiro (m)	токар	tokar
construtor (m)	қурувчи	quruvchi
soldador (m)	пайвандчи	payvandchi
professor (m) catedrático	профессор	professor
arquiteto (m)	меъмор	me'mor
historiador (m)	тарихшунос	tarixshunos
cientista (m)	олим	olim
físico (m)	физик	fizik
químico (m)	кимёгар	kimyogar
arqueólogo (m)	археолог	arxeolog
geólogo (m)	геолог	geolog
pesquisador (cientista)	тадқиқотчи	tadqiqotchi
babysitter (f)	енага	enaga
professor (m)	педагог	pedagog
redator (m)	муҳаррир	muharrir
redator-chefe (m)	бош муҳаррир	bosh muharrir
correspondente (m)	мухбир	muxbir
datilógrafa (f)	машинистка	mashinistka
designer (m)	дизайнер	dizayner
especialista (m) em informática	компютерчи	kompyuterchi
programador (m)	дастурчи	dasturchi
engenheiro (m)	муҳандис	muhandis
marujo (m)	денгизчи	dengizchi
marinheiro (m)	матрос	matros
salvador (m)	қутқарувчи	qutqaruvchi
bombeiro (m)	ўт ўчирувчи	o't o'chiruvchi
polícia (m)	полициячи	politsiyachi
guarda-noturno (m)	қоровул	qorovul
detetive (m)	изқувар	izquvar
funcionário (m) da alfândega	божхона ходими	bojxona xodimi
guarda-costas (m)	шахсий соқчи	shaxsiy soqchi
guarda (m) prisional	назоратчи	nazoratchi
inspetor (m)	инспектор ·	inspektor
desportista (m)	спортчи	sportchi
treinador (m)	тренер	trener
talhante (m)	қассоб	qassob
sapateiro (m)	етикдўз	etikdo'z

comerciante (m)	тижоратчи	tijoratchi
carregador (m)	юкчи	yukchi
estilista (m)	моделер	modeler
modelo (f)	модел	model

131. Ocupações. Estatuto social

aluno, escolar (m)	ўқувчи	o'quvchi
estudante (~ universitária)	талаба	talaba
filósofo (m)	файласуф	faylasuf
economista (m)	иқтисодчи	iqtisodchi
inventor (m)	ихтирочи	ixtirochi
desempregado (m)	ишсиз	ishsiz
reformado (m)	нафақахўр	nafaqaxo'r
espião (m)	жосус	josus
preso (m)	маҳбус	mahbus
grevista (m)	иш ташловчи	ish tashlovchi
burocrata (m)	бюрократ	byurokrat
viajante (m)	саёхатчи	sayohatchi
homossexual (m)	гомосексуалчи	gomoseksualchi
hacker (m)	хакер	xaker
hippie	хиппи	xippi
bandido (m)	босқинчи	bosqinchi
assassino (m) a soldo	ёлланма қотил	yollanma qotil
toxicodependente (m)	гиёхванд	giyohvand
traficante (m)	наркотик моддаларни сотувчи	narkotik moddalarni sotuvchi
prostituta (f)	фохиша	fohisha
chulo (m)	даюс	dayus
bruxo (m)	жодугар	jodugar
bruxa (f)	жодугар аёл	jodugar ayol
pirata (m)	денгиз қароқчиси	dengiz qaroqchisi
escravo (m)	қул	qul
samurai (m)	самурай	samuray
selvagem (m)	ёввойи одам	yovvoyi odam

Desportos

132. Tipos de desportos. Desportistas

desportista (m)	спортчи	sportchi
tipo (m) de desporto	спорт тури	sport turi
basquetebol (m)	баскетбол	basketbol
jogador (m) de basquetebol	баскетболчи	basketbolchi
beisebol (m)	бейсбол	beysbol
jogador (m) de beisebol	бейсболчи	beysbolchi
futebol (m)	футбол	futbol
futebolista (m)	футболчи	futbolchi
guarda-redes (m)	дарвозабон	darvozabon
hóquei (m)	хоккей	xokkey
jogador (m) de hóquei	хоккейчи	xokkeychi
voleibol (m)	волейбол	voleybol
jogador (m) de voleibol	волейболчи	voleybolchi
boxe (m)	бокс	boks
boxeador, pugilista (m)	боксчи	bokschi
luta (f)	кураш	kurash
lutador (m)	курашчи	kurashchi
karaté (m)	карате	karate
karateca (m)	каратечи	karatechi
judo (m)	дзюдо	dzyudo
judoca (m)	дзюдочи	dzyudochi
ténis (m)	теннис	tennis
tenista (m)	теннисчи	tennischi
natação (f)	сузиш	suzish
nadador (m)	сузувчи	suzuvchi
esgrima (f)	қиличбозлик	qilichbozlik
esgrimista (m)	қиличбоз	qilichboz
xadrez (m)	шахмат	shaxmat
xadrezista (m)	шахматчи	shaxmatchi
alpinismo (m)	алпинизм	alpinizm
alpinista (m)	алпинист	alpinist
corrida (f)	югуриш	yugurish

corredor (m)	югурувчи	yuguruvchi
atletismo (m)	енгил атлетика	engil atletika
atleta (m)	атлет	atlet
hipismo (m)	от спорти	ot sporti
cavaleiro (m)	чавандоз	chavandoz
patinagem (f) artística	фигурали учиш	figurali uchish
patinador (m)	фигурист	figurist
patinadora (f)	фигуристка	figuristka
halterofilismo (m)	оғир атлетика	og'ir atletika
halterofilista (m)	оғир атлетикачи	og'ir atletikachi
corrida (f) de carros	автомобил пойгаси	avtomobil poygasi
piloto (m)	пойгачи	poygachi
ciclismo (m)	велосипед спорти	velosiped sporti
ciclista (m)	велосипедчи	velosipedchi
salto (m) em comprimento	узунликка сакраш	uzunlikka sakrash
salto (m) à vara	лангарчўп билан сакраш	langarcho'p bilan sakrash
atleta (m) de saltos	сакровчи	sakrovchi

133. Tipos de desportos. Diversos

futebol (m) americano	америка футболи	amerika futboli
badminton (m)	бадминтон	badminton
biatlo (m)	биатлон	biatlon
bilhar (m)	билярд	bilyard
bobsled (m)	бобслей	bobsley
musculação (f)	бодибилдинг	bodibilding
polo (m) aquático	сув полоси	suv polosi
andebol (m)	гандбол	gandbol
golfe (m)	голф	golf
remo (m)	ешкак ешиш	eshkak eshish
mergulho (m)	дайвинг	dayving
corrida (f) de esqui	чанғи пойгаси	chang'i poygasi
ténis (m) de mesa	стол тенниси	stol tennisi
vela (f)	елканли қайиқ спорти	elkanli qayiq sporti
rali (m)	ралли	ralli
râguebi (m)	регби	regbi
snowboard (m)	сноуборд	snoubord
tiro (m) com arco	камон отиш	kamon otish

134. Ginásio

barra (f)	штанга	shtanga
halteres (m pl)	гантеллар	gantellar
aparelho (m) de musculaçao	тренажёр	trenajyor

bicicleta (f) ergométrica	велотренажёр	velotrenajyor
passadeira (f) de corrida	югуриш йўлкаси	yugurish yo'lkasi
barra (f) fixa	тўсин	to'sin
barras (f) paralelas	параллел бруслар	parallel bruslar
cavalo (m)	от	ot
tapete (m) de ginástica	мат	mat
corda (f) de saltar	скакалка	skakalka
aeróbica (f)	аэробика	aerobika
ioga (f)	ёга	yoga

135. Hóquei

hóquei (m)	хоккей	xokkey
jogador (m) de hóquei	хоккейчи	xokkeychi
jogar hóquei	хоккей ўнамоқ	xokkey o'namoq
gelo (m)	муз	muz
disco (m)	шайба	shayba
taco (m) de hóquei	клюшка	klyushka
patins (m pl) de gelo	конки	konki
muro (m)	борт	bort
tiro (m)	зарба	zarba
guarda-redes (m)	дарвозабон	darvozabon
golo (m)	гол	gol
marcar um golo	гол урмоқ	gol urmoq
tempo (m)	давр	davr
segundo tempo (m)	иккинчи давра	ikkinchi davra
banco (m) de reservas	захира скамекаси	zahira skamekasi

136. Futebol

futebol (m)	футбол	futbol
futebolista (m)	футболчи	futbolchi
jogar futebol	футбол ўйнамоқ	futbol o'ynamoq
Liga Principal (f)	олий лига	oliy liga
clube (m) de futebol	футбол клуби	futbol klubi
treinador (m)	тренер	trener
proprietário (m)	ега	ega
equipa (f)	жамоа	jamoa
capitão (m) da equipa	жамоа сардори	jamoa sardori
jogador (m)	ўйинчи	o'yinchi
jogador (m) de reserva	захира ўйинчи	zahira o'yinchi
atacante (m)	ҳужумчи	hujumchi
avançado (m) centro	марказий ҳужумчи	markaziy hujumchi

marcador (m)	тўпурар	to'purar
defesa (m)	химоячи	himoyachi
médio (m)	ярим химоячи	yarim himoyachi
jogo (desafio)	матч	match
encontrar-se (vr)	учрашмоқ	uchrashmoq
final (m)	финал	final
meia-final (f)	ярим финал	yarim final
campeonato (m)	чемпионат	chempionat
tempo (m)	тайм	taym
primeiro tempo (m)	биринчи тайм	birinchi taym
intervalo (m)	танаффус	tanaffus
baliza (f)	дарвоза	darvoza
guarda-redes (m)	дарвозабон	darvozabon
trave (f)	устун	ustun
barra (f) transversal	тўсин	to'sin
rede (f)	тўр	to'r
sofrer um golo	ўтказиб юбормоқ	o'tkazib yubormoq
bola (f)	тўп	to'p
passe (m)	тўп узатиш	to'p uzatish
chute (m)	зарба	zarba
chutar (vt)	зарба бермоқ	zarba bermoq
tiro (m) livre	жарима тўпи	jarima to'pi
canto (m)	бурчак тўпи	burchak to'pi
ataque (m)	ҳужум	hujum
contra-ataque (m)	қарши ҳужум	qarshi hujum
combinação (f)	комбинация	kombinatsiya
árbitro (m)	ҳакам	hakam
apitar (vi)	ҳуштак чалмоқ	hushtak chalmoq
apito (m)	ҳуштак	hushtak
falta (f)	қоидани бузиш	qoidani buzish
cometer a falta	қоидани бузмоқ	qoidani buzmoq
expulsar (vt)	майдондан четлатиш	maydondan chetlatish
cartão (m) amarelo	сариқ карточка	sariq kartochka
cartão (m) vermelho	қизил карточка	qizil kartochka
desqualificação (f)	дисквалификация	diskvalifikatsiya
desqualificar (vt)	дисквалификация қилмоқ	diskvalifikatsiya qilmoq
penálti (m)	пеналти	penalti
barreira (f)	девор	devor
marcar (vt)	урмоқ	urmoq
golo (m)	гол	gol
marcar um golo	гол урмоқ	gol urmoq
substituição (f)	алмаштириш	almashtirish
substituir (vt)	алмаштирмоқ	almashtirmoq
regras (f pl)	қоидалар	qoidalar
tática (f)	тактика	taktika
estádio (m)	стадион	stadion
bancadas (f pl)	трибуна	tribuna

fã, adepto (m)	ишқибоз	ishqiboz
gritar (vi)	бақирмоқ	baqirmoq
marcador (m)	табло	tablo
resultado (m)	ҳисоб	hisob
derrota (f)	мағлубият	mag'lubiyat
perder (vt)	ютқизмоқ	yutqizmoq
empate (m)	дуранг	durang
empatar (vi)	дуранг ўйнамоқ	durang o'ynamoq
vitória (f)	ғалаба	g'alaba
ganhar, vencer (vi, vt)	ғалаба қозонмоқ	g'alaba qozonmoq
campeão (m)	чемпион	chempion
melhor	енг яхши	eng yaxshi
felicitar (vt)	табрикламоқ	tabriklamoq
comentador (m)	шарҳловчи	sharhlovchi
comentar (vt)	шарҳламоқ	sharhlamoq
transmissão (f)	трансляция	translyatsiya

137. Esqui alpino

esqui (m)	чанғи	chang'i
esquiar (vi)	чанғида учмоқ	chang'ida uchmoq
estância (f) de esqui	тоғ-чанғи курорти	tog'-chang'i kurorti
teleférico (m)	юккўтаргич	yukko'targich
bastões (m pl) de esqui	таёқчалар	tayoqchalar
declive (m)	қиялик	qiyalik
slalom (m)	слалом	slalom

138. Ténis. Golfe

golfe (m)	голф	golf
clube (m) de golfe	голф-клуб	golf-klub
jogador (m) de golfe	голф ўйинчиси	golf o'yinchisi
buraco (m)	тешикча	teshikcha
taco (m)	клюшка	klyushka
trolley (m)	клюшкалар учун аравача	klyushkalar uchun aravacha
ténis (m)	теннис	tennis
quadra (f) de ténis	корт	kort
saque (m)	узатиш	uzatish
sacar (vi)	узатмоқ	uzatmoq
raquete (f)	ракетка	raketka
rede (f)	тўр	to'r
bola (f)	тўп	to'p

139. Xadrez

xadrez (m)	шахмат	shaxmat
peças (f pl) de xadrez	шахмат доналари	shaxmat donalari
xadrezista (m)	шахматчи	shaxmatchi
tabuleiro (m) de xadrez	шахмат тахтаси	shaxmat taxtasi
peça (f) de xadrez	сипоҳ	sipoh
brancas (f pl)	оқлар	oqlar
pretas (f pl)	қоралар	qoralar
peão (m)	пиёда	piyoda
bispo (m)	фил	fil
cavalo (m)	асп	asp
torre (f)	рух	rux
dama (f)	фарзин	farzin
rei (m)	шоҳ	shoh
vez (m)	юриш	yurish
mover (vt)	юрмоқ	yurmoq
sacrificar (vt)	қурбон қилмоқ	qurbon qilmoq
roque (m)	рокировка	rokirovka
xeque (m)	шоҳ	shoh
xeque-mate (m)	мот	mot
torneio (m) de xadrez	шахмат турнири	shaxmat turniri
grão-mestre (m)	гроссмейстер	grossmeyster
combinação (f)	комбинация	kombinatsiya
partida (f)	партия	partiya
jogo (m) de damas	шашка	shashka

140. Boxe

boxe (m)	бокс	boks
combate (m)	жанг	jang
duelo (m)	яккама-якка олишув	yakkama-yakka olishuv
round (m)	раунд	raund
ringue (m)	ринг	ring
gongo (m)	гонг	gong
murro, soco (m)	зарба	zarba
knockdown (m)	нокдаун	nokdaun
nocaute (m)	нокаут	nokaut
nocautear (vt)	нокаут қилмоқ	nokaut qilmoq
luva (f) de boxe	бокс қўлқопи	boks qo'lqopi
árbitro (m)	рефери	referi
peso-leve (m)	енгил вазн	engil vazn
peso-médio (m)	ўрта вазн	o'rta vazn
peso-pesado (m)	оғир вазн	og'ir vazn

141. Desportos. Diversos

Jogos (m pl) Olímpicos	Олимпия ўйинлари	Olimpiya o'yinlari
vencedor (m)	ғолиб	g'olib
vencer (vi)	ғалаба қозонмоқ	g'alaba qozonmoq
vencer, ganhar (vi)	ютмоқ	yutmoq
líder (m)	пешқадам	peshqadam
liderar (vt)	пешқадамлик қилмоқ	peshqadamlik qilmoq
primeiro lugar (m)	биринчи ўрин	birinchi o'rin
segundo lugar (m)	иккинчи ўрин	ikkinchi o'rin
terceiro lugar (m)	учинчи ўрин	uchinchi o'rin
medalha (f)	медал	medal
troféu (m)	соврин	sovrin
taça (f)	кубок	kubok
prémio (m)	соврин	sovrin
prémio (m) principal	бош соврин	bosh sovrin
recorde (m)	рекорд	rekord
estabelecer um recorde	рекорд қўймоқ	rekord qo'ymoq
final (m)	финал	final
final	финал, якунловчи	final, yakunlovchi
campeão (m)	чемпион	chempion
campeonato (m)	чемпионат	chempionat
estádio (m)	стадион	stadion
bancadas (f pl)	трибуна	tribuna
fã, adepto (m)	ишқибоз	ishqiboz
adversário (m)	рақиб	raqib
partida (f)	старт	start
chegada, meta (f)	финиш	finish
derrota (f)	мағлубият	mag'lubiyat
perder (vt)	ютқизмоқ	yutqizmoq
árbitro (m)	ҳакам	hakam
júri (m)	жюри	jyuri
resultado (m)	ҳисоб	hisob
empate (m)	дуранг	durang
empatar (vi)	дуранг ўйнамоқ	durang o'ynamoq
ponto (m)	очко	ochko
resultado (m) final	натижа	natija
tempo, período (m)	тайм, период	taym, period
intervalo (m)	танаффус	tanaffus
doping (m)	допинг	doping
penalizar (vt)	жарима белгиламоқ	jarima belgilamoq
desqualificar (vt)	дисквалификация қилмоқ	diskvalifikatsiya qilmoq
aparelho (m)	снаряд, анжом	snaryad, anjom
dardo (m)	найза	nayza

peso (m)	ядро	yadro
bola (f)	шар	shar
alvo, objetivo (m)	мўлжал	mo'ljal
alvo (~ de papel)	нишон	nishon
atirar, disparar (vi)	отмоқ	otmoq
preciso (tiro ~)	аниқ	aniq
treinador (m)	тренер	trener
treinar (vt)	машқ қилдирмоқ	mashq qildirmoq
treinar-se (vr)	машқ қилмоқ	mashq qilmoq
treino (m)	машқ қилиш	mashq qilish
ginásio (m)	спорт зали	sport zali
exercício (m)	машқ	mashq
aquecimento (m)	чигил ёзиш	chigil yozish

Educação

142. Escola

escola (f)	мактаб	maktab
diretor (m) de escola	мактаб директори	maktab direktori
aluno (m)	ўқувчи	o'quvchi
aluna (f)	ўқувчи қиз	o'quvchi qiz
escolar (m)	ўқувчи	o'quvchi
escolar (f)	ўқувчи қиз	o'quvchi qiz
ensinar (vt)	ўқитмоқ	o'qitmoq
aprender (vt)	ўқимоқ	o'qimoq
aprender de cor	ёдламоқ	yodlamoq
estudar (vi)	ўрганмоқ	o'rganmoq
andar na escola	ўқимоқ	o'qimoq
ir à escola	мактабга бормоқ	maktabga bormoq
alfabeto (m)	алифбе	alifbe
disciplina (f)	дарс, фан	dars, fan
sala (f) de aula	синф	sinf
lição (f)	дарс	dars
recreio (m)	танаффус	tanaffus
toque (m)	қўнғироқ	qo'ng'iroq
carteira (f)	парта	parta
quadro (m) negro	доска	doska
nota (f)	баҳо	baho
boa nota (f)	яхши баҳо	yaxshi baho
nota (f) baixa	ёмон баҳо	yomon baho
dar uma nota	баҳо қўймоқ	baho qo'ymoq
erro (m)	хато	xato
fazer erros	хатолар қилмоқ	xatolar qilmoq
corrigir (vt)	тўғриламоқ	to'g'rilamoq
cábula (f)	шпаргалка	shpargalka
dever (m) de casa	уй вазифаси	uy vazifasi
exercício (m)	машқ	mashq
estar presente	қатнашмоқ	qatnashmoq
estar ausente	қатнашмаслик	qatnashmaslik
faltar às aulas	дарсларни қолдирмоқ	darslarni qoldirmoq
punir (vt)	жазоламоқ	jazolamoq
punição (f)	жазо	jazo
comportamento (m)	хулқ	xulq

boletim (m) escolar	кундалик	kundalik
lápis (m)	қалам	qalam
borracha (f)	ўчирғич	o'chirg'ich
giz (m)	бўр	bo'r
estojo (m)	пенал	penal

pasta (f) escolar	портфел	portfel
caneta (f)	ручка	ruchka
caderno (m)	дафтар	daftar
manual (m) escolar	дарслик	darslik
compasso (m)	сиркул	sirkul

| traçar (vt) | чизмоқ | chizmoq |
| desenho (m) técnico | чизма | chizma |

poesia (f)	шеър	she'r
de cor	ёддан	yoddan
aprender de cor	ёдламоқ	yodlamoq

férias (f pl)	таътил	ta'til
estar de férias	таътилда бўлмоқ	ta'tilda bo'lmoq
passar as férias	таътилни ўтказмоқ	ta'tilni o'tkazmoq

teste (m)	назорат иши	nazorat ishi
composição, redação (f)	иншо	insho
ditado (m)	диктант	diktant
exame (m)	имтиҳон	imtihon
fazer exame	имтиҳон топширмоқ	imtihon topshirmoq
experiência (~ química)	тажриба	tajriba

143. Colégio. Universidade

academia (f)	академия	akademiya
universidade (f)	университет	universitet
faculdade (f)	факултет	fakultet

estudante (m)	студент	student
estudante (f)	студент	student
professor (m)	ўқитувчи	o'qituvchi

| sala (f) de palestras | аудитория, дарсхона | auditoriya, darsxona |
| graduado (m) | битирувчи | bitiruvchi |

| diploma (m) | диплом | diplom |
| tese (f) | диссертация | dissertatsiya |

| estudo (obra) | тадқиқот | tadqiqot |
| laboratório (m) | лаборатория | laboratoriya |

| palestra (f) | лекция | lektsiya |
| colega (m) de curso | курсдош | kursdosh |

| bolsa (f) de estudos | стипендия | stipendiya |
| grau (m) académico | илмий даража | ilmiy daraja |

144. Ciências. Disciplinas

matemática (f)	математика	matematika
álgebra (f)	алгебра	algebra
geometria (f)	геометрия	geometriya
astronomia (f)	астрономия	astronomiya
biologia (f)	биология	biologiya
geografia (f)	география	geografiya
geologia (f)	геология	geologiya
história (f)	тарих	tarix
medicina (f)	медицина	meditsina
pedagogia (f)	педагогика	pedagogika
direito (m)	ҳуқуқ	huquq
física (f)	физика	fizika
química (f)	кимё	kimyo
filosofia (f)	фалсафа	falsafa
psicologia (f)	психология	psixologiya

145. Sistema de escrita. Ortografia

gramática (f)	грамматика	grammatika
vocabulário (m)	лексика	leksika
fonética (f)	фонетика	fonetika
substantivo (m)	от	ot
adjetivo (m)	сифат	sifat
verbo (m)	феъл	fe'l
advérbio (m)	равиш	ravish
pronome (m)	олмош	olmosh
interjeição (f)	ундов сўз	undov so'z
preposição (f)	олд кўмакчи	old ko'makchi
raiz (f) da palavra	сўз ўзаги	so'z o'zagi
terminação (f)	тугалланма	tugallanma
prefixo (m)	олд қўшимча	old qo'shimcha
sílaba (f)	бўғин	bo'g'in
sufixo (m)	сўз ясовчи қўшимча	so'z yasovchi qo'shimcha
acento (m)	урғу	urg'u
apóstrofo (m)	ажратиш белгиси	ajratish belgisi
ponto (m)	нуқта	nuqta
vírgula (f)	вергул	vergul
ponto e vírgula (m)	нуқтали вергул	nuqtali vergul
dois pontos (m pl)	қўш нуқта	qo'sh nuqta
reticências (f pl)	кўп нуқта	ko'p nuqta
ponto (m) de interrogação	сўроқ белгиси	so'roq belgisi
ponto (m) de exclamação	ундов белгиси	undov belgisi

aspas (f pl)	қўштирноқ	qo'shtirnoq
entre aspas	қўштирноқ ичида	qo'shtirnoq ichida
parênteses (m pl)	қавс	qavs
entre parênteses	қавс ичида	qavs ichida
hífen (m)	дефис	defis
travessão (m)	тире	tire
espaço (m)	оралиқ	oraliq
letra (f)	ҳарф	harf
letra (f) maiúscula	бош ҳарф	bosh harf
vogal (f)	унли товуш	unli tovush
consoante (f)	ундош товуш	undosh tovush
frase (f)	гап	gap
sujeito (m)	эга	ega
predicado (m)	кесим	kesim
linha (f)	сатр	satr
em uma nova linha	янги сатрдан	yangi satrdan
parágrafo (m)	абзац	abzats
palavra (f)	сўз	so'z
grupo (m) de palavras	сўз бирикмаси	so'z birikmasi
expressão (f)	ифода	ifoda
sinónimo (m)	синоним	sinonim
antónimo (m)	антоним	antonim
regra (f)	қоида	qoida
exceção (f)	истисно	istisno
correto	тўғри	to'g'ri
conjugação (f)	тусланиш	tuslanish
declinação (f)	турланиш	turlanish
caso (m)	келишик	kelishik
pergunta (f)	савол	savol
sublinhar (vt)	тагига чизмоқ	tagiga chizmoq
linha (f) pontilhada	пунктир	punktir

146. Línguas estrangeiras

língua (f)	тил	til
estrangeiro	чет	chet
língua (f) estrangeira	чет тили	chet tili
estudar (vt)	ўрганмоқ	o'rganmoq
aprender (vt)	ўрганмоқ	o'rganmoq
ler (vt)	ўқимоқ	o'qimoq
falar (vi)	гапирмоқ	gapirmoq
compreender (vt)	тушунмоқ	tushunmoq
escrever (vt)	ёзмоқ	yozmoq
rapidamente	тез	tez
devagar	секин	sekin

fluentemente	еркин	erkin
regras (f pl)	қоидалар	qoidalar
gramática (f)	грамматика	grammatika
vocabulário (m)	лексика	leksika
fonética (f)	фонетика	fonetika
manual (m) escolar	дарслик	darslik
dicionário (m)	луғат	lug'at
manual (m)	мустақил ўрганиш	mustaqil o'rganish
de autoaprendizagem	учун қўлланма	uchun qo'llanma
guia (m) de conversação	сўзлашув китоби	so'zlashuv kitobi
cassete (f)	кассета	kasseta
vídeo cassete (m)	видеокассета	videokasseta
CD (m)	СД-диск	CD-disk
DVD (m)	ДВД-диск	DVD-disk
alfabeto (m)	алифбе	alifbe
soletrar (vt)	ҳарфлаб гапирмоқ	harflab gapirmoq
pronúncia (f)	талаффуз	talaffuz
sotaque (m)	акцент	aktsent
com sotaque	акценциз	aktsentsiz
sem sotaque	акцент билан	aktsent bilan
palavra (f)	сўз	so'z
sentido (m)	маъно	ma'no
cursos (m pl)	курслар	kurslar
inscrever-se (vr)	ёзилмоқ	yozilmoq
professor (m)	ўқитувчи	o'qituvchi
tradução (processo)	таржима	tarjima
tradução (texto)	таржима	tarjima
tradutor (m)	таржимон	tarjimon
intérprete (m)	таржимон	tarjimon
poliglota (m)	полиглот	poliglot
memória (f)	хотира	xotira

147. Personagens de contos de fadas

Pai (m) Natal	Санта Клаус	Santa Klaus
Cinderela (f)	Золушка	Zolushka
sereia (f)	сув париси	suv parisi
Neptuno (m)	Нептун	Neptun
mago (m)	сеҳргар	sehrgar
fada (f)	сеҳргар	sehrgar
mágico	сеҳрли	sehrli
varinha (f) mágica	сеҳрли таёқча	sehrli tayoqcha
conto (m) de fadas	ертак	ertak
milagre (m)	мўъжиза	mo'jiza

anão (m)	гном	gnom
transformar-se em …	… га айланмоқ	… ga aylanmoq

fantasma (m)	кўланка	ko'lanka
espetro (m)	арвоҳ	arvoh
monstro (m)	махлуқ	maxluq
dragão (m)	аждаҳо	ajdaho
gigante (m)	девқомат одам	devqomat odam

148. Signos do Zodíaco

Carneiro	Қўй	Qo'y
Touro	Бузоқ	Buzoq
Gémeos	Егизаклар	Egizaklar
Caranguejo	Қисқичбақа	Qisqichbaqa
Leão	Шер	Sher
Virgem (f)	Паризод	Parizod

Balança	Тарози	Tarozi
Escorpião	Чаён	Chayon
Sagitário	ўқчи	o'qchi
Capricórnio	Така	Taka
Aquário	Далв	Dalv
Peixes	Балиқ	Baliq

caráter (m)	феъл-атвор	fe'l-atvor
traços (m pl) do caráter	феъл-атвор хусусиятлари	fe'l-atvor xususiyatlari
comportamento (m)	хулқ	xulq
predizer (vt)	фол очмоқ	fol ochmoq
adivinha (f)	фолбин хотин	folbin xotin
horóscopo (m)	гороскоп	goroskop

Artes

149. Teatro

teatro (m)	театр	teatr
ópera (f)	опера	opera
opereta (f)	оперетта	operetta
balé (m)	балет	balet
cartaz (m)	афиша	afisha
companhia (f) teatral	труппа	truppa
turné (digressão)	гастроллар	gastrollar
estar em turné	гастролга чиқмоқ	gastrolga chiqmoq
ensaiar (vt)	репетиция қилмоқ	repetitsiya qilmoq
ensaio (m)	репетиция	repetitsiya
repertório (m)	репертуар	repertuar
apresentação (f)	томоша	tomosha
espetáculo (m)	спектакл	spektakl
peça (f)	песа	pesa
bilhete (m)	чипта	chipta
bilheteira (f)	чипта кассаси	chipta kassasi
hall (m)	холл	xoll
guarda-roupa (m)	гардероб	garderob
senha (f) numerada	рақамча	raqamcha
binóculo (m)	дурбин	durbin
lanterninha (m)	назоратчи	nazoratchi
plateia (f)	партер	parter
balcão (m)	балкон	balkon
primeiro balcão (m)	белетаж	beletaj
camarote (m)	ложа	loja
fila (f)	қатор	qator
assento (m)	ўрин	o'rin
público (m)	томошабинлар	tomoshabinlar
espetador (m)	томошабин	tomoshabin
aplaudir (vt)	қарсак чалмоқ	qarsak chalmoq
aplausos (m pl)	қарсаклар	qarsaklar
ovação (f)	гулдурос қарсаклар	gulduros qarsaklar
palco (m)	саҳна	sahna
pano (m) de boca	парда	parda
cenário (m)	декорация	dekoratsiya
bastidores (m pl)	саҳнадаги ён декорация	sahnadagi yon dekoratsiya
cena (f)	кўриниш	ko'rinish
ato (m)	парда	parda
entreato (m)	антракт	antrakt

150. Cinema

ator (m)	актёр	aktyor
atriz (f)	актриса	aktrisa
cinema (m)	кино	kino
filme (m)	кинофилм	kinofilm
episódio (m)	серия	seriya
filme (m) policial	детектив	detektiv
filme (m) de ação	довруғи кетган кинофилм	dovrug'i ketgan kinofilm
filme (m) de aventuras	саргузашт филм	sarguzasht film
filme (m) de ficção científica	фантастик филм	fantastik film
filme (m) de terror	даҳшатли филм	dahshatli film
comédia (f)	кинокомедия	kinokomediya
melodrama (m)	мелодрама	melodrama
drama (m)	драма	drama
filme (m) ficcional	бадиий филм	badiiy film
documentário (m)	ҳужжатли филм	hujjatli film
desenho (m) animado	мултфилм	multfilm
cinema (m) mudo	овозсиз кино	ovozsiz kino
papel (m)	рол	rol
papel (m) principal	бош рол	bosh rol
representar (vt)	ўйнамоқ	o'ynamoq
estrela (f) de cinema	кино юлдузи	kino yulduzi
conhecido	таниқли	taniqli
famoso	машҳур	mashhur
popular	оммабоп	ommabop
argumento (m)	сценарий	stsenariy
argumentista (m)	сценарийчи	stsenariychi
realizador (m)	режиссёр	rejissyor
produtor (m)	продюсер	prodyuser
assistente (m)	ассистент	assistent
diretor (m) de fotografia	оператор	operator
duplo (m)	каскадёр	kaskadyor
duplo (m) de corpo	дублёр	dublyor
filmar (vt)	филмни суратга олмоқ	filmni suratga olmoq
audição (f)	синовлар	sinovlar
filmagem (f)	суратга олиш	suratga olish
equipe (f) de filmagem	суратга олиш гуруҳи	suratga olish guruhi
set (m) de filmagem	суратга олиш майдончаси	suratga olish maydonchasi
câmara (f)	кинокамера	kinokamera
cinema (m)	кинотеатр	kinoteatr
ecrã (m), tela (f)	екран	ekran
exibir um filme	филмни намойиш қилмоқ	filmni namoyish qilmoq
pista (f) sonora	товуш йўлкачаси	tovush yo'lkachasi
efeitos (m pl) especiais	махсус еффектлар	maxsus effektlar

legendas (f pl)	субтитрлар	subtitrlar
crédito (m)	титрлар	titrlar
tradução (f)	таржима	tarjima

151. Pintura

arte (f)	санъат	san'at
belas-artes (f pl)	нафис санъат	nafis san'at
galeria (f) de arte	галерея	galereya
exposição (f) de arte	расмлар кўргазмаси	rasmlar ko'rgazmasi

pintura (f)	рассомлик	rassomlik
arte (f) gráfica	графика	grafika
arte (f) abstrata	абстракционизм	abstraktsionizm
impressionismo (m)	импрессионизм	impressionizm

pintura (f), quadro (m)	расм, сурат	rasm, surat
desenho (m)	расм	rasm
cartaz, póster (m)	плакат	plakat

ilustração (f)	иллюстрация	illyustratsiya
miniatura (f)	миниатюра	miniatyura
cópia (f)	нусха	nusxa
reprodução (f)	репродукция	reproduktsiya

mosaico (m)	мозаика	mozaika
vitral (m)	витраж	vitraj
fresco (m)	фреска	freska
gravura (f)	гравюра	gravyura

busto (m)	бюст	byust
escultura (f)	ҳайкал	haykal
estátua (f)	ҳайкал	haykal
gesso (m)	гипс	gips
em gesso	гипсдан	gipsdan

retrato (m)	портрет	portret
autorretrato (m)	автопортрет	avtoportret
paisagem (f)	манзара	manzara
natureza (f) morta	натюрморт	natyurmort
caricatura (f)	карикатура	karikatura
esboço (m)	хомаки лойиҳа	xomaki loyiha

tinta (f)	бўёқ	bo'yoq
aguarela (f)	акварел бўёқ	akvarel bo'yoq
óleo (m)	мойбўёқ	moybo'yoq
lápis (m)	қалам	qalam
tinta da China (f)	туш	tush
carvão (m)	кўмир	ko'mir

desenhar (vt)	расм чизмоқ	rasm chizmoq
pintar (vt)	расм чизмоқ	rasm chizmoq
posar (vi)	бирор қиёфада турмоқ	biror qiyofada turmoq
modelo (m)	натурачи	naturachi

modelo (f)	натурачи	naturachi
pintor (m)	рассом	rassom
obra (f)	асар	asar
obra-prima (f)	шоҳ асар	shoh asar
estúdio (m)	устахона	ustaxona

tela (f)	холст	xolst
cavalete (m)	молберт	molbert
paleta (f)	палитра	palitra

moldura (f)	рамка	ramka
restauração (f)	реставрация	restavratsiya
restaurar (vt)	реставрация қилмоқ	restavratsiya qilmoq

152. Literatura & Poesia

literatura (f)	адабиёт	adabiyot
autor (m)	муаллиф	muallif
pseudónimo (m)	тахаллус	taxallus

livro (m)	китоб	kitob
volume (m)	жилд	jild
índice (m)	мундарижа	mundarija
página (f)	саҳифа	sahifa
protagonista (m)	бош қаҳрамон	bosh qahramon
autógrafo (m)	дастхат	dastxat

novela (f)	қисса	qissa
romance (m)	роман	roman
obra (f)	асар	asar
fábula (m)	масал	masal
romance (m) policial	детектив	detektiv

poesia (obra)	шеър	she'r
poesia (arte)	шеърият	she'riyat
poema (m)	достон	doston
poeta (m)	шоир	shoir

ficção (f)	беллетристика	belletristika
ficção (f) científica	илмий фантастика	ilmiy fantastika
aventuras (f pl)	саргузашт	sarguzasht
literatura (f) didática	ўқув адабиёти	o'quv adabiyoti
literatura (f) infantil	болалар адабиёти	bolalar adabiyoti

153. Circo

circo (m)	сирк	sirk
circo (m) ambulante	сирк-шапито	sirk-shapito
programa (m)	дастур	dastur
apresentação (f)	томоша	tomosha
número (m)	номер	nomer
arena (f)	арена	arena

| pantomima (f) | пантомима | pantomima |
| palhaço (m) | машарабоз | masharaboz |

acrobata (m)	акробат	akrobat
acrobacia (f)	акробатика	akrobatika
ginasta (m)	гимнаст	gimnast
ginástica (f)	гимнастика	gimnastika
salto (m) mortal	салто	salto

homem forte (m)	атлет	atlet
domador (m)	бўйсиндирувчи	bo'ysindiruvchi
cavaleiro (m) equilibrista	чавандоз	chavandoz
assistente (m)	ассистент	assistent

truque (m)	хунар	xunar
truque (m) de mágica	фокус	fokus
mágico (m)	фокусчи	fokuschi

malabarista (m)	жонглёр	jonglyor
fazer malabarismos	жонглёрлик қилмоқ	jonglyorlik qilmoq
domador (m)	ҳайвонларни ўргатувчи	hayvonlarni o'rgatuvchi
adestramento (m)	ҳайвонларни ўргатиш	hayvonlarni o'rgatish
adestrar (vt)	ҳайвонларни ўргатмоқ	hayvonlarni o'rgatmoq

154. Música. Música popular

música (f)	мусиқа	musiqa
músico (m)	мусиқачи	musiqachi
instrumento (m) musical	мусиқа асбоби	musiqa asbobi
tocar ...	... да ўйнамоқ	... da o'ynamoq

guitarra (f)	гитара	gitara
violino (m)	скрипка	skripka
violoncelo (m)	виолончел	violonchel
contrabaixo (m)	контрабас	kontrabas
harpa (f)	арфа	arfa

piano (m)	пианино	pianino
piano (m) de cauda	роял	royal
órgão (m)	орган	organ

instrumentos (m pl) de sopro	пуфлаб чалинадиган асбоблар	puflab chalinadigan asboblar
oboé (m)	гобой	goboy
saxofone (m)	саксофон	saksofon
clarinete (m)	кларнет	klarnet
flauta (f)	най	nay
trompete (m)	труба	truba

| acordeão (m) | аккордеон | akkordeon |
| tambor (m) | дўмбира | do'mbira |

| duo, dueto (m) | дуэт | duet |
| trio (m) | трио | trio |

quarteto (m)	квартет	kvartet
coro (m)	хор	xor
orquestra (f)	оркестр	orkestr
música (f) pop	поп-мусиқа	pop-musiqa
música (f) rock	рок-мусиқа	rok-musiqa
grupo (m) de rock	рок-гурух	rok-guruh
jazz (m)	джаз	djaz
ídolo (m)	санам	sanam
fã, admirador (m)	мухлис	muxlis
concerto (m)	концерт	kontsert
sinfonia (f)	симфония	simfoniya
composição (f)	асар	asar
compor (vt)	ёзмоқ	yozmoq
canto (m)	қўшиқ айтиш	qo'shiq aytish
canção (f)	қўшиқ	qo'shiq
melodia (f)	мелодия	melodiya
ritmo (m)	ритм	ritm
blues (m)	блюз	blyuz
notas (f pl)	ноталар	notalar
batuta (f)	таёқча	tayoqcha
arco (m)	камонча	kamoncha
corda (f)	тор	tor
estojo (m)	ғилоф	g'ilof

Descanso. Entretenimento. Viagens

155. Viagens

turismo (m)	туризм	turizm
turista (m)	сайёх	sayyoh
viagem (f)	саёхат	sayohat
aventura (f)	саргузашт	sarguzasht
viagem (f)	сафарга бориб келиш	safarga borib kelish
férias (f pl)	таътил	ta'til
estar de férias	таътилга чиқмоқ	ta'tilga chiqmoq
descanso (m)	дам олиш	dam olish
comboio (m)	поезд	poezd
de comboio (chegar ~)	поездда	poezdda
avião (m)	самолёт	samolyot
de avião	самолётда	samolyotda
de carro	автомобилда	avtomobilda
de navio	кемада	kemada
bagagem (f)	юк	yuk
mala (f)	чамадон	chamadon
carrinho (m)	чамадон учун аравача	chamadon uchun aravacha
passaporte (m)	паспорт	pasport
visto (m)	виза	viza
bilhete (m)	чипта	chipta
bilhete (m) de avião	авиачипта	aviachipta
guia (m) de viagem	йўлкўрсаткич	yo'lko'rsatkich
mapa (m)	харита	xarita
local (m), area (f)	жой	joy
lugar, sítio (m)	жой	joy
exotismo (m)	екзотика	ekzotika
exótico	екзотик	ekzotik
surpreendente	ажойиб	ajoyib
grupo (m)	гурух	guruh
excursão (f)	екскурсия	ekskursiya
guia (m)	екскурсия рахбари	ekskursiya rahbari

156. Hotel

hotel (m)	мехмонхона	mehmonxona
motel (m)	мотел	motel
três estrelas	уч юлдуз	uch yulduz

| cinco estrelas | беш юлдуз | besh yulduz |
| ficar (~ num hotel) | тўхтамоқ | to'xtamoq |

quarto (m)	номер, хона	nomer, xona
quarto (m) individual	бир ўринли номер	bir o'rinli nomer
quarto (m) duplo	икки ўринли номер	ikki o'rinli nomer
reservar um quarto	номерни банд қилмоқ	nomerni band qilmoq

| meia pensão (f) | ярим пансион | yarim pansion |
| pensão (f) completa | тўлиқ пансион | to'liq pansion |

com banheira	ваннаси билан	vannasi bilan
com duche	души билан	dushi bilan
televisão (m) satélite	спутник телевиденияси	sputnik televideniyasi
ar (m) condicionado	кондиционер	konditsioner
toalha (f)	сочиқ	sochiq
chave (f)	калит	kalit

administrador (m)	маъмур	ma'mur
camareira (f)	ходима	xodima
bagageiro (m)	ҳаммол	hammol
porteiro (m)	порте	porte

restaurante (m)	ресторан	restoran
bar (m)	бар	bar
pequeno-almoço (m)	нонушта	nonushta
jantar (m)	кечки овқат	kechki ovqat
buffet (m)	швед столи	shved stoli

| hall (m) de entrada | вестибюл | vestibyul |
| elevador (m) | лифт | lift |

| NÃO PERTURBE | БЕЗОВТА ҚИЛИНМАСИН! | BEZOVTA QILINMASIN! |
| PROIBIDO FUMAR! | СҲЕКИЛМАСИН! | CHEKILMASIN! |

157. Livros. Leitura

livro (m)	китоб	kitob
autor (m)	муаллиф	muallif
escritor (m)	ёзувчи	yozuvchi
escrever (vt)	ёзмоқ	yozmoq

leitor (m)	китобхон	kitobxon
ler (vt)	ўқимоқ	o'qimoq
leitura (f)	ўқиш	o'qish

| para si | ичида | ichida |
| em voz alta | овоз чиқариб | ovoz chiqarib |

publicar (vt)	нашр қилмоқ	nashr qilmoq
publicação (f)	нашр	nashr
editor (m)	ношир	noshir
editora (f)	нашриёт	nashriyot
sair (vi)	чиқмоқ	chiqmoq

lançamento (m)	чиқиш	chiqish
tiragem (f)	тираж	tiraj
livraria (f)	китоб дўкони	kitob do'koni
biblioteca (f)	кутубхона	kutubxona
novela (f)	қисса	qissa
conto (m)	ҳикоя	hikoya
romance (m)	роман	roman
romance (m) policial	детектив	detektiv
memórias (f pl)	мемуарлар	memuarlar
lenda (f)	ривоят	rivoyat
mito (m)	афсона	afsona
poesia (f)	шеър	she'r
autobiografia (f)	таржимаи ҳол	tarjimai hol
obras (f pl) escolhidas	сайланма	saylanma
ficção (f) científica	илмий фантастика	ilmiy fantastika
título (m)	номи	nomi
introdução (f)	кириш	kirish
folha (f) de rosto	титул варағи	titul varag'i
capítulo (m)	боб	bob
excerto (m)	парча	parcha
episódio (m)	епизод	epizod
tema (m)	сюжет	syujet
conteúdo (m)	мундарижа	mundarija
índice (m)	мундарижа	mundarija
protagonista (m)	бош қаҳрамон	bosh qahramon
tomo, volume (m)	жилд	jild
capa (f)	муқова	muqova
encadernação (f)	муқовалаш	muqovalash
marcador (m) de livro	хатчўп	xatcho'p
página (f)	саҳифа	sahifa
folhear (vt)	варақлаш	varaqlash
margem (f)	ҳошия	hoshiya
anotação (f)	белги	belgi
nota (f) de rodapé	изоҳ	izoh
texto (m)	матн	matn
fonte (f)	шрифт	shrift
gralha (f)	теришда йўл	terishda yo'l
	қўйилган хато	qo'yilgan xato
tradução (f)	таржима	tarjima
traduzir (vt)	таржима қилмоқ	tarjima qilmoq
original (m)	асл	asl
famoso	машҳур	mashhur
desconhecido	номаълум	noma'lum
interessante	қизиқарли	qiziqarli

best-seller (m)	бесцеллер	bestseller
dicionário (m)	луғат	lug'at
manual (m) escolar	дарслик	darslik
enciclopédia (f)	енциклопедия	entsiklopediya

158. Caça. Pesca

caça (f)	ов	ov
caçar (vi)	ов қилмоқ	ov qilmoq
caçador (m)	овчи	ovchi
atirar (vi)	отмоқ	otmoq
caçadeira (f)	милтиқ	miltiq
cartucho (m)	патрон	patron
chumbo (m) de caça	питра	pitra
armadilha (f)	қопқон	qopqon
armadilha (com corda)	тузоқ	tuzoq
cair na armadilha	қопқонга тушмоқ	qopqonga tushmoq
pôr a armadilha	қопқон қўймоқ	qopqon qo'ymoq
caçador (m) furtivo	браконер	brakoner
caça (f)	илвасин	ilvasin
cão (m) de caça	овчи ит	ovchi it
safári (m)	сафари	safari
animal (m) empalhado	тулум	tulum
pescador (m)	балиқчи	baliqchi
pesca (f)	балиқ ови	baliq ovi
pescar (vt)	балиқ овламоқ	baliq ovlamoq
cana (f) de pesca	қармоқ	qarmoq
linha (f) de pesca	қармоқ ипи	qarmoq ipi
anzol (m)	илгак	ilgak
boia (f)	пўкак	po'kak
isca (f)	хўрак	xo'rak
lançar a linha	қармоқ ташламоқ	qarmoq tashlamoq
morder (vt)	чўқиламоқ	cho'qilamoq
pesca (f)	овланган нарсалар	ovlangan narsalar
buraco (m) no gelo	муздаги ўйиқ	muzdagi o'yiq
rede (f)	тўр	to'r
barco (m)	қайиқ	qayiq
pescar com rede	тўр билан овламоқ	to'r bilan ovlamoq
lançar a rede	тўр ташламоқ	to'r tashlamoq
puxar a rede	тўрни кўтармоқ	to'rni ko'tarmoq
cair nas malhas	тўрга илинмоқ	to'rga ilinmoq
baleeiro (m)	кит овловчи	kit ovlovchi
baleeira (f)	кит овловчи кема	kit ovlovchi kema
arpão (m)	гарпун	garpun

159. Jogos. Bilhar

bilhar (m)	билярд	bilyard
sala (f) de bilhar	билярдхона	bilyardxona
bola (f) de bilhar	билярд шари	bilyard shari
embolsar uma bola	шарни уриб киритмоқ	sharni urib kiritmoq
taco (m)	кий	kiy
caçapa (f)	луза	luza

160. Jogos. Jogar cartas

ouros (m pl)	ғиштин	g'ishtin
espadas (f pl)	қарға	qarg'a
copas (f pl)	таппон	tappon
paus (m pl)	чиллик	chillik
ás (m)	туз	tuz
rei (m)	қирол	qirol
dama (f)	мотка	motka
valete (m)	саллот	sallot
carta (f) de jogar	қарта	qarta
cartas (f pl)	қарталар	qartalar
trunfo (m)	кузир	kuzir
baralho (m)	қарта дастаси	qarta dastasi
ponto (m)	очко	ochko
dar, distribuir (vt)	улашмоқ	ulashmoq
embaralhar (vt)	чийламоқ	chiylamoq
vez, jogada (f)	юриш	yurish
batoteiro (m)	ғирром	g'irrom

161. Casino. Roleta

casino (m)	казино	kazino
roleta (f)	рулетка	ruletka
aposta (f)	тикилган пул	tikilgan pul
apostar (vt)	пул тикмоқ	pul tikmoq
vermelho (m)	қизил	qizil
preto (m)	қора	qora
apostar no vermelho	қизилга тикмоқ	qizilga tikmoq
apostar no preto	қорага тикмоқ	qoraga tikmoq
crupiê (m, f)	крупе	krupe
girar a roda	барабанни айлантириш	barabanni aylantirish
regras (f pl) do jogo	ўйин қоидалари	o'yin qoidalari
ficha (f)	соққа	soqqa
ganhar (vi, vt)	ютиб олмоқ	yutib olmoq
ganho (m)	ютуқ	yutuq

perder (dinheiro)	ютқизмоқ	yutqizmoq
perda (f)	ютқизиқ	yutqiziq

jogador (m)	ўйинчи	o'yinchi
blackjack (m)	блек джек	blek djek
jogo (m) de dados	ошиқ ўйини	oshiq o'yini
dados (m pl)	ошиқлар	oshiqlar
máquina (f) de jogo	ўйин автомати	o'yin avtomati

162. Descanso. Jogos. Diversos

passear (vi)	сайр қилмоқ	sayr qilmoq
passeio (m)	сайр	sayr
viagem (f) de carro	сайр	sayr
aventura (f)	саргузашт	sarguzasht
piquenique (m)	боғ сайри	bog' sayri

jogo (m)	ўйин	o'yin
jogador (m)	ўйинчи	o'yinchi
partida (f)	партия	partiya

colecionador (m)	коллекционер	kollektsioner
colecionar (vt)	коллекция йиғмоқ	kollektsiya yig'moq
coleção (f)	коллекция	kollektsiya

palavras (f pl) cruzadas	кроссворд	krossvord
hipódromo (m)	ипподром	ippodrom
discoteca (f)	дискотека	diskoteka

sauna (f)	сауна	sauna
lotaria (f)	лотерея	lotereya

campismo (m)	сафар	safar
acampamento (m)	қароргоҳ	qarorgoh
tenda (f)	чодир	chodir
bússola (f)	компас	kompas
campista (m)	турист	turist

ver (vt), assistir à ...	кўрмоқ	ko'rmoq
telespectador (m)	телетомошабин	teletomoshabin
programa (m) de TV	телеешиттириш	teleeshittirish

163. Fotografia

máquina (f) fotográfica	фотоаппарат	fotoapparat
foto, fotografia (f)	фото	foto

fotógrafo (m)	фотосуратчи	fotosuratchi
estúdio (m) fotográfico	фотостудия	fotostudiya
álbum (m) de fotografias	фотоалбом	fotoalbom
objetiva (f)	объектив	ob'ektiv
teleobjetiva (f)	телеобъектив	teleob'ektiv

| filtro (m) | филтр | filtr |
| lente (f) | линза | linza |

ótica (f)	оптика	optika
abertura (f)	диафрагма	diafragma
exposição (f)	видержка	viderjka
visor (m)	видоискател	vidoiskatel

câmara (f) digital	рақамли камера	raqamli kamera
tripé (m)	штатив	shtativ
flash (m)	вспишка	vspishka

fotografar (vt)	фотосурат олмоқ	fotosurat olmoq
tirar fotos	суратга олмоқ	suratga olmoq
fotografar-se	суратга тушмоқ	suratga tushmoq

foco (m)	равшанлик	ravshanlik
focar (vt)	равшанликни созлаш	ravshanlikni sozlash
nítido	равшан	ravshan
nitidez (f)	равшанлик	ravshanlik

| contraste (m) | контраст | kontrast |
| contrastante | контрастли | kontrastli |

retrato (m)	сурат	surat
negativo (m)	негатив	negativ
filme (m)	фотоплёнка	fotoplyonka
fotograma (m)	кадр	kadr
imprimir (vt)	босмоқ	bosmoq

164. Praia. Natação

praia (f)	пляж	plyaj
areia (f)	қум	qum
deserto	чўлга ўхшаган	cho'lga o'xshagan

bronzeado (m)	офтобда қорайиш	oftobda qorayish
bronzear-se (vr)	офтобда қораймоқ	oftobda qoraymoq
bronzeado	офтобда қорайган	oftobda qoraygan
protetor (m) solar	қорайиш учун крем	qorayish uchun krem

biquíni (m)	бикини	bikini
fato (m) de banho	купалник	kupalnik
calção (m) de banho	плавка	plavka

piscina (f)	ховуз	hovuz
nadar (vi)	сузмоқ	suzmoq
duche (m)	душ	dush
mudar de roupa	кийим алмаштирмоқ	kiyim almashtirmoq
toalha (f)	сочиқ	sochiq

barco (m)	қайиқ	qayiq
lancha (f)	катер	kater
esqui (m) aquático	сув чанғиси	suv chang'isi

barco (m) de pedais	сув велосипеди	suv velosipedi
surf (m)	серфинг	serfing
surfista (m)	серфингчи	serfingchi
equipamento (m) de mergulho	акваланг	akvalang
barbatanas (f pl)	ласта	lasta
máscara (f)	маска	maska
mergulhador (m)	шўнғувчи	sho'ng'uvchi
mergulhar (vi)	шўнғимоқ	sho'ng'imoq
debaixo d'água	сув остида	suv ostida
guarda-sol (m)	соябон	soyabon
espreguiçadeira (f)	шезлонг	shezlong
óculos (m pl) de sol	кўзойнак	ko'zoynak
colchão (m) de ar	сузиш учун матрац	suzish uchun matrats
brincar (vi)	ўйнамоқ	o'ynamoq
ir nadar	чўмилмоқ	cho'milmoq
bola (f) de praia	тўп	to'p
encher (vt)	шиширмоқ	shishirmoq
inflável, de ar	шишириладиган	shishiriladigan
onda (f)	тўлқин	to'lqin
boia (f)	буй	buy
afogar-se (pessoa)	чўкмоқ	cho'kmoq
salvar (vt)	қутқармоқ	qutqarmoq
colete (m) salva-vidas	қутқарув жилети	qutqaruv jileti
observar (vt)	кузатмоқ	kuzatmoq
nadador-salvador (m)	қутқарувчи	qutqaruvchi

EQUIPAMENTO TÉCNICO. TRANSPORTES

Equipamento técnico. Transportes

165. Computador

computador (m)	компютер	kompyuter
portátil (m)	ноутбук	noutbuk
ligar (vt)	ёқмоқ	yoqmoq
desligar (vt)	ўчирмоқ	o'chirmoq
teclado (m)	клавиатура	klaviatura
tecla (f)	клавиша	klavisha
rato (m)	сичқон	sichqon
tapete (m) de rato	гиламча	gilamcha
botão (m)	тугма	tugma
cursor (m)	курсор	kursor
monitor (m)	монитор	monitor
ecrã (m)	екран	ekran
disco (m) rígido	қаттиқ диск	qattiq disk
capacidade (f) do disco rígido	қаттиқ диск хотирасининг ҳажми	qattiq disk xotirasining hajmi
memória (f)	хотира	xotira
memória RAM (f)	оператив хотира	operativ xotira
ficheiro (m)	файл	fayl
pasta (f)	папка	papka
abrir (vt)	очмоқ	ochmoq
fechar (vt)	ёпмоқ	yopmoq
guardar (vt)	сақламоқ	saqlamoq
apagar, eliminar (vt)	йўқ қилмоқ	yo'q qilmoq
copiar (vt)	нусха кўчирмоқ	nusxa ko'chirmoq
ordenar (vt)	сараламоқ	saralamoq
copiar (vt)	қайта ёзмоқ	qayta yozmoq
programa (m)	дастур	dastur
software (m)	дастурий таъминот	dasturiy ta'minot
programador (m)	дастурчи	dasturchi
programar (vt)	дастурлаштирмоқ	dasturlashtirmoq
hacker (m)	хакер	xaker
senha (f)	парол	parol
vírus (m)	вирус	virus
detetar (vt)	аниқламоқ	aniqlamoq

byte (m)	байт	bayt
megabyte (m)	мегабайт	megabayt
dados (m pl)	маълумотлар	ma'lumotlar
base (f) de dados	маълумотлар базаси	ma'lumotlar bazasi
cabo (m)	кабел	kabel
desconectar (vt)	ажратмоқ	ajratmoq
conetar (vt)	уламоқ	ulamoq

166. Internet. E-mail

internet (f)	интернет	internet
browser (m)	браузер	brauzer
motor (m) de busca	қидирув ресурси	qidiruv resursi
provedor (m)	провайдер	provayder
webmaster (m)	веб-мастер	veb-master
website, sítio web (m)	веб-сайт	veb-sayt
página (f) web	веб-саҳифа	veb-sahifa
endereço (m)	манзил	manzil
livro (m) de endereços	манзил китоби	manzil kitobi
caixa (f) de correio	почта қутиси	pochta qutisi
correio (m)	почта	pochta
cheia (caixa de correio)	тўлиб кетган	to'lib ketgan
mensagem (f)	хабар	xabar
mensagens (f pl) recebidas	кирувчи хабарлар	kiruvchi xabarlar
mensagens (f pl) enviadas	чиқувчи хабарлар	chiquvchi xabarlar
remetente (m)	юборувчи	yuboruvchi
enviar (vt)	жўнатмоқ	jo'natmoq
envio (m)	жўнатиш	jo'natish
destinatário (m)	олувчи	oluvchi
receber (vt)	олмоқ	olmoq
correspondência (f)	ёзишма	yozishma
corresponder-se (vr)	ёзишмоқ	yozishmoq
ficheiro (m)	файл	fayl
fazer download, baixar	кўчирмоқ	ko'chirmoq
criar (vt)	яратмоқ	yaratmoq
apagar, eliminar (vt)	йўқ қилмоқ	yo'q qilmoq
eliminado	йўқ қилинган	yo'q qilingan
conexão (f)	алоқа	aloqa
velocidade (f)	тезлик	tezlik
modem (m)	модем	modem
acesso (m)	кириш имконияти	kirish imkoniyati
porta (f)	порт	port
conexão (f)	уланиш	ulanish

conetar (vi)	уланмоқ	ulanmoq
escolher (vt)	танламоқ	tanlamoq
buscar (vt)	изламоқ	izlamoq

167. Eletricidade

eletricidade (f)	електр	elektr
elétrico	електр	elektr
central (f) elétrica	електр станцияси	elektr stantsiyasi
energia (f)	енергия	energiya
energia (f) elétrica	електр енергияси	elektr energiyasi
lâmpada (f)	лампочка	lampochka
lanterna (f)	фонар	fonar
poste (m) de iluminação	фонар	fonar
luz (f)	ёруғлик	yorug'lik
ligar (vt)	ёқмоқ	yoqmoq
desligar (vt)	ўчирмоқ	o'chirmoq
apagar a luz	чироқни ёқмоқ	chiroqni yoqmoq
fundir (vi)	куйиб кетмоқ	kuyib ketmoq
curto-circuito (m)	қисқа туташув	qisqa tutashuv
rutura (f)	узилиш	uzilish
contacto (m)	контакт	kontakt
interruptor (m)	улатгич	ulatgich
tomada (f)	розетка	rozetka
ficha (f)	вилка	vilka
extensão (f)	узайтиргич	uzaytirgich
fusível (m)	сақлагич	saqlagich
fio, cabo (m)	сим	sim
instalação (f) elétrica	електр сими	elektr simi
ampere (m)	ампер	amper
amperagem (f)	ток кучи	tok kuchi
volt (m)	волт	volt
voltagem (f)	кучланиш	kuchlanish
aparelho (m) elétrico	електр асбоби	elektr asbobi
indicador (m)	индикатор	indikator
eletricista (m)	електрик	elektrik
soldar (vt)	кавшарламоқ	kavsharlamoq
ferro (m) de soldar	кавшарлагич	kavsharlagich
corrente (f) elétrica	ток	tok

168. Ferramentas

ferramenta (f)	асбоб	asbob
ferramentas (f pl)	асбоблар	asboblar

equipamento (m)	асбоб-ускуна	asbob-uskuna
martelo (m)	болға	bolg'a
chave (f) de fendas	отвёртка	otvyortka
machado (m)	болта	bolta

serra (f)	appa	arra
serrar (vt)	арраламоқ	arralamoq
plaina (f)	ранда	randa
aplainar (vt)	рандаламоқ	randalamoq
ferro (m) de soldar	кавшарлагич	kavsharlagich
soldar (vt)	кавшарламоқ	kavsharlamoq

lima (f)	егов	egov
tenaz (f)	омбир	ombir
alicate (m)	ясси омбир	yassi ombir
formão (m)	искана	iskana

broca (f)	парма	parma
berbequim (f)	дрел	drel
furar (vt)	пармаламоқ	parmalamoq

| faca (f) | пичоқ | pichoq |
| lâmina (f) | тиғ | tig' |

afiado	ўткир	o'tkir
cego	ўтмас	o'tmas
embotar-se (vr)	ўтмаслашмоқ	o'tmaslashmoq
afiar, amolar (vt)	чархламоқ	charxlamoq

parafuso (m)	болт	bolt
porca (f)	гайка	gayka
rosca (f)	резба	rezba
parafuso (m) para madeira	шуруп	shurup

| prego (m) | мих | mix |
| cabeça (f) do prego | қалпоқ | qalpoq |

régua (f)	чизғич	chizg'ich
fita (f) métrica	рулетка	ruletka
nível (m)	шайтон	shayton
lupa (f)	лупа	lupa

medidor (m)	ўлчов асбоби	o'lchov asbobi
medir (vt)	ўлчаш	o'lchash
escala (f)	шкала	shkala
indicação (f), registo (m)	кўрсатиш	ko'rsatish

| compressor (m) | компрессор | kompressor |
| microscópio (m) | микроскоп | mikroskop |

bomba (f)	насос	nasos
robô (m)	робот	robot
laser (m)	лазер	lazer

| chave (f) de boca | гайка калити | gayka kaliti |
| fita (f) adesiva | тасма-скотч | tasma-skotch |

cola (f)	елим	elim
lixa (f)	қумқоғоз	qumqog'oz
mola (f)	пружина	prujina
íman (m)	магнит	magnit
luvas (f pl)	қўлқоплар	qo'lqoplar
corda (f)	арқон	arqon
cordel (m)	чилвир	chilvir
fio (m)	сим	sim
cabo (m)	кабел	kabel
marreta (f)	босқон	bosqon
pé de cabra (m)	лом	lom
escada (f) de mão	нарвон	narvon
escadote (m)	икки ёққа очиладиган нарвон	ikki yoqqa ochiladigan narvon
enroscar (vt)	бураб қотирмоқ	burab qotirmoq
desenroscar (vt)	бураб очмоқ	burab ochmoq
apertar (vt)	қисмоқ	qismoq
colar (vt)	ёпиштирмоқ	yopishtirmoq
cortar (vt)	кесмоқ	kesmoq
falha (mau funcionamento)	бузилганлик	buzilganlik
conserto (m)	тузатиш	tuzatish
consertar, reparar (vt)	таъмирламоқ	ta'mirlamoq
regular, ajustar (vt)	созламоқ	sozlamoq
verificar (vt)	текширмоқ	tekshirmoq
verificação (f)	текширув	tekshiruv
indicação (f), registo (m)	кўрсатиш	ko'rsatish
seguro	ишончли	ishonchli
complicado	мураккаб	murakkab
enferrujar (vi)	зангламоқ	zanglamoq
enferrujado	занглаган	zanglagan
ferrugem (f)	занг	zang

Transportes

169. Avião

avião (m)	самолёт	samolyot
bilhete (m) de avião	авиачипта	aviachipta
companhia (f) aérea	авиакомпания	aviakompaniya
aeroporto (m)	аеропорт	aeroport
supersónico	товушдан тез	tovushdan tez
comandante (m) do avião	кема командири	kema komandiri
tripulação (f)	екипаж	ekipaj
piloto (m)	учувчи	uchuvchi
hospedeira (f) de bordo	стюардесса	styuardessa
copiloto (m)	штурман	shturman
asas (f pl)	қанотлар	qanotlar
cauda (f)	дум	dum
cabine (f) de pilotagem	кабина	kabina
motor (m)	двигател	dvigatel
trem (m) de aterragem	шасси	shassi
turbina (f)	турбина	turbina
hélice (f)	пропеллер	propeller
caixa-preta (f)	қора яшик	qora yashik
coluna (f) de controlo	штурвал	shturval
combustível (m)	ёқилғи	yoqilg'i
instruções (f pl) de segurança	инструкция	instruktsiya
máscara (f) de oxigénio	кислород маскаси	kislorod maskasi
uniforme (m)	униформа	uniforma
colete (m) salva-vidas	қутқарув жилети	qutqaruv jileti
paraquedas (m)	парашют	parashyut
descolagem (f)	учиш	uchish
descolar (vi)	учиб чиқмоқ	uchib chiqmoq
pista (f) de descolagem	учиш майдони	uchish maydoni
visibilidade (f)	кўриниш	ko'rinish
voo (m)	парвоз	parvoz
altura (f)	баландлик	balandlik
poço (m) de ar	ҳаво ўпқони	havo o'pqoni
assento (m)	ўрин	o'rin
auscultadores (m pl)	наушниклар	naushniklar
mesa (f) rebatível	қайтарма столча	qaytarma stolcha
vigia (f)	иллюминатор	illyuminator
passagem (f)	ўтиш йўли	o'tish yo'li

170. Comboio

comboio (m)	поезд	poezd
comboio (m) suburbano	електр поезди	elektr poezdi
comboio (m) rápido	тезюрар поезд	tezyurar poezd
locomotiva (f) diesel	тепловоз	teplovoz
locomotiva (f) a vapor	паровоз	parovoz
carruagem (f)	вагон	vagon
carruagem restaurante (f)	вагон-ресторан	vagon-restoran
carris (m pl)	релслар	relslar
caminho de ferro (m)	темир йўл	temir yo'l
travessa (f)	шпала	shpala
plataforma (f)	платформа	platforma
linha (f)	йўл	yo'l
semáforo (m)	семафор	semafor
estação (f)	станция	stantsiya
maquinista (m)	машинист	mashinist
bagageiro (m)	ҳаммол	hammol
hospedeiro, -a (da carruagem)	проводник	provodnik
passageiro (m)	йўловчи	yo'lovchi
revisor (m)	назоратчи	nazoratchi
corredor (m)	йўлак	yo'lak
freio (m) de emergência	стоп-кран	stop-kran
compartimento (m)	купе	kupe
cama (f)	полка	polka
cama (f) de cima	юқори полка	yuqori polka
cama (f) de baixo	пастки полка	pastki polka
roupa (f) de cama	чойшаб	choyshab
bilhete (m)	чипта	chipta
horário (m)	жадвал	jadval
painel (m) de informação	табло	tablo
partir (vt)	жўнамоқ	jo'namoq
partida (f)	жўнаш	jo'nash
chegar (vi)	етиб келмоқ	etib kelmoq
chegada (f)	етиб келиш	etib kelish
chegar de comboio	поезда келмоқ	poezda kelmoq
apanhar o comboio	поедга ўтирмоқ	poedga o'tirmoq
sair do comboio	поездан тушмоқ	poezddan tushmoq
acidente (m) ferroviário	ҳалокат	halokat
descarrilar (vi)	релслардан чиқиб кетмоқ	relslardan chiqib ketmoq
locomotiva (f) a vapor	паровоз	parovoz
fogueiro (m)	ўтёқар	o'tyoqar
fornalha (f)	ўтхона	o'txona
carvão (m)	кўмир	ko'mir

171. Barco

navio (m)	кема	kema
embarcação (f)	кема	kema
vapor (m)	пароход	paroxod
navio (m)	теплоход	teploxod
transatlântico (m)	лайнер	layner
cruzador (m)	крейсер	kreyser
iate (m)	яхта	yaxta
rebocador (m)	шатакчи кема	shatakchi kema
barcaça (f)	баржа	barja
ferry (m)	паром	parom
veleiro (m)	елканли кема	elkanli kema
bergantim (m)	бригантина	brigantina
quebra-gelo (m)	музёрар	muzyorar
submarino (m)	сув ости кемаси	suv osti kemasi
bote, barco (m)	қайиқ	qayiq
bote, dingue (m)	шлюпка	shlyupka
bote (m) salva-vidas	қутқарув шлюпкаси	qutqaruv shlyupkasi
lancha (f)	катер	kater
capitão (m)	капитан	kapitan
marinheiro (m)	матрос	matros
marujo (m)	денгизчи	dengizchi
tripulação (f)	екипаж	ekipaj
contramestre (m)	боцман	botsman
grumete (m)	юнга	yunga
cozinheiro (m) de bordo	кок	kok
médico (m) de bordo	кема врачи	kema vrachi
convés (m)	палуба	paluba
mastro (m)	мачта	machta
vela (f)	елкан	elkan
porão (m)	трюм	tryum
proa (f)	тумшуқ	tumshuq
popa (f)	қуйруқ	quyruq
remo (m)	ешкак	eshkak
hélice (f)	винт	vint
camarote (m)	каюта	kayuta
sala (f) dos oficiais	кают-компания	kayut-kompaniya
sala (f) das máquinas	машина бўлинмаси	mashina bo'linmasi
ponte (m) de comando	капитан кўприкчаси	kapitan ko'prikchasi
sala (f) de comunicações	радиорубка	radiorubka
onda (f) de rádio	тўлқин	to'lqin
diário (m) de bordo	кема журнали	kema jurnali
luneta (f)	узун дурбин	uzun durbin
sino (m)	қўнғироқ	qo'ng'iroq

bandeira (f)	байроқ	bayroq
cabo (m)	йўғон арқон	yo'g'on arqon
nó (m)	тугун	tugun

| corrimão (m) | тутқич | tutqich |
| prancha (f) de embarque | трап | trap |

âncora (f)	лангар	langar
recolher a âncora	лангар кўтармоқ	langar ko'tarmoq
lançar a âncora	лангар ташламоқ	langar tashlamoq
amarra (f)	лангар занжири	langar zanjiri

porto (m)	порт	port
cais, amarradouro (m)	причал	prichal
atracar (vi)	келиб тўхтамоқ	kelib to'xtamoq
desatracar (vi)	жўнамоқ	jo'namoq

viagem (f)	саёхат	sayohat
cruzeiro (m)	денгиз саёхати	dengiz sayohati
rumo (m), rota (f)	курс	kurs
itinerário (m)	маршрут	marshrut

canal (m) navegável	фарватер	farvater
banco (m) de areia	саёзлик	sayozlik
encalhar (vt)	саёзликка ўтирмоқ	sayozlikka o'tirmoq

tempestade (f)	довул	dovul
sinal (m)	сигнал	signal
afundar-se (vr)	чўкмоқ	cho'kmoq
Homem ao mar!	сувда одам бор!	suvda odam bor!
SOS	СОС!	SOS!
boia (f) salva-vidas	қутқариш халқаси	qutqarish halqasi

172. Aeroporto

aeroporto (m)	аэропорт	aeroport
avião (m)	самолёт	samolyot
companhia (f) aérea	авиакомпания	aviakompaniya
controlador (m) de tráfego aéreo	диспетчер	dispetcher

partida (f)	учиб кетиш	uchib ketish
chegada (f)	учиб келиш	uchib kelish
chegar (~ de avião)	учиб келмоқ	uchib kelmoq

| hora (f) de partida | учиб кетиш вақти | uchib ketish vaqti |
| hora (f) de chegada | учиб келиш вақти | uchib kelish vaqti |

| estar atrasado | кечикмоқ | kechikmoq |
| atraso (m) de voo | учиб кетишнинг кечикиши | uchib ketishning kechikishi |

painel (m) de informação	маълумотлар таблоси	ma'lumotlar tablosi
informação (f)	маълумот	ma'lumot
anunciar (vt)	эълон қилмоқ	e'lon qilmoq

voo (m)	рейс	reys
alfândega (f)	божхона	bojxona
funcionário (m) da alfândega	божхона ходими	bojxona xodimi

declaração (f) alfandegária	декларация	deklaratsiya
preencher (vt)	тўлдирмоқ	to'ldirmoq
preencher a declaração	декларация тўлдирмоқ	deklaratsiya to'ldirmoq
controlo (m) de passaportes	паспорт назорати	pasport nazorati

bagagem (f)	юк	yuk
bagagem (f) de mão	қўл юки	qo'l yuki
carrinho (m)	аравача	aravacha

aterragem (f)	қўниш	qo'nish
pista (f) de aterragem	қўниш майдони	qo'nish maydoni
aterrar (vi)	қўнмоқ	qo'nmoq
escada (f) de avião	трап	trap

check-in (m)	рўйхатдан ўтиш	ro'yxatdan o'tish
balcão (m) do check-in	рўйхатдан ўтиш жойи	ro'yxatdan o'tish joyi
fazer o check-in	рўйхатдан ўтмоқ	ro'yxatdan o'tmoq
cartão (m) de embarque	чиқиш талони	chiqish taloni
porta (f) de embarque	чиқиш	chiqish

trânsito (m)	транзит	tranzit
esperar (vi, vt)	кутмоқ	kutmoq
sala (f) de espera	кутиш зали	kutish zali
despedir-se de …	кузатмоқ	kuzatmoq
despedir-se (vr)	хайрлашмоқ	xayrlashmoq

173. Bicicleta. Motocicleta

bicicleta (f)	велосипед	velosiped
scotter, lambreta (f)	мотороллер	motoroller
mota (f)	мотоцикл	mototsikl

ir de bicicleta	велосипедда юрмоқ	velosipedda yurmoq
guiador (m)	рул	rul
pedal (m)	педал	pedal
travões (m pl)	тормозлар	tormozlar
selim (m)	егар	egar

bomba (f) de ar	насос	nasos
porta-bagagens (m)	юкхона	yukxona
lanterna (f)	фонар	fonar
capacete (m)	шлем	shlem

roda (f)	ғилдирак	g'ildirak
guarda-lamas (m)	қанот	qanot
aro (m)	гардиш	gardish
raio (m)	кегай	kegay

Carros

174. Tipos de carros

carro, automóvel (m)	автомобил	avtomobil
carro (m) desportivo	спорт автомобили	sport avtomobili
limusine (f)	лимузин	limuzin
todo o terreno (m)	внедорожник	vnedorojnik
descapotável (m)	кабриолет	kabriolet
minibus (m)	микроавтобус	mikroavtobus
ambulância (f)	тез ёрдам	tez yordam
limpa-neve (m)	қор куровчи машина	qor kurovchi mashina
camião (m)	юк машинаси	yuk mashinasi
camião-cisterna (m)	бензин ташийдиган машина	benzin tashiydigan mashina
carrinha (f)	фургон	furgon
camião-trator (m)	шатакчи машина	shatakchi mashina
atrelado (m)	тиркама	tirkama
confortável	қулай	qulay
usado	тутилган	tutilgan

175. Carros. Carroçaria

capô (m)	капот	kapot
guarda-lamas (m)	қанот	qanot
tejadilho (m)	том	tom
para-brisa (m)	шамол тўсадиган ойна	shamol to'sadigan oyna
espelho (m) retrovisor	орқа кўриниш кўзгуси	orqa ko'rinish ko'zgusi
lavador (m)	ойна ювгич	oyna yuvgich
limpa-para-brisas (m)	ойна тозалагичлар	oyna tozalagichlar
vidro (m) lateral	ён ойна	yon oyna
elevador (m) do vidro	ойна кўтаргич	oyna ko'targich
antena (f)	антенна	antenna
teto solar (m)	люк	lyuk
para-choques (m pl)	бампер	bamper
bagageira (f)	юкхона	yukxona
bagageira (f) de tejadilho	багажник	bagajnik
porta (f)	эшик	eshik
maçaneta (f)	тутқич	tutqich
fechadura (f)	қулф	qulf
matrícula (f)	номер	nomer

silenciador (m)	глушител	glushitel
tanque (m) de gasolina	бензобак	benzobak
tubo (m) de escape	ишланган газлар трубаси	ishlangan gazlar trubasi

acelerador (m)	газ	gaz
pedal (m)	педал	pedal
pedal (m) do acelerador	газ педали	gaz pedali

travão (m)	тормоз	tormoz
pedal (m) do travão	тормоз педали	tormoz pedali
travar (vt)	тормоз бермоқ	tormoz bermoq
travão (m) de mão	тўхтаб туриш тормози	to'xtab turish tormozi

embraiagem (f)	сцепление	stseplenie
pedal (m) da embraiagem	сцепление педали	stseplenie pedali
disco (m) de embraiagem	сцепление диски	stseplenie diski
amortecedor (m)	амортизатор	amortizator

roda (f)	ғилдирак	g'ildirak
pneu (m) sobresselente	заҳира ғилдирак	zahira g'ildirak
pneu (m)	покришка	pokrishka
tampão (m) de roda	қопқоқ	qopqoq

rodas (f pl) motrizes	етакловчи ғилдирак	etaklovchi g'ildirak
de tração dianteira	олдинги узатмали	oldingi uzatmali
de tração traseira	орқа узатмали	orqa uzatmali
de tração às 4 rodas	тўлиқ узатмали	to'liq uzatmali

caixa (f) de mudanças	узатиш қутиси	uzatish qutisi
automático	автоматик	avtomatik
mecânico	механик	mexanik
alavanca (f) das mudanças	узатиш қутиси ричаги	uzatish qutisi richagi

farol (m)	фара	fara
faróis, luzes	фаралар	faralar

médios (m pl)	яқин чироқ	yaqin chiroq
máximos (m pl)	узоқ чироқ	uzoq chiroq
luzes (f pl) de stop	тўхташ сигнали	to'xtash signali

mínimos (m pl)	габарит чироқлари	gabarit chiroqlari
luzes (f pl) de emergência	авария чироқлари	avariya chiroqlari
faróis (m pl) antinevoeiro	туманга қарши фаралар	tumanga qarshi faralar
pisca-pisca (m)	бурилиш чироғи	burilish chirog'i
luz (f) de marcha atrás	орқага юриш чироғи	orqaga yurish chirog'i

176. Carros. Habitáculo

interior (m) do carro	салон	salon
de couro, de pele	чарм	charm
de veludo	велюр	velyur
estofos (m pl)	қоплама	qoplama
indicador (m)	асбоб	asbob
painel (m) de instrumentos	асбоблар шчити	asboblar shchiti

| velocímetro (m) | спидометр | spidometr |
| ponteiro (m) | стрелка | strelka |

conta-quilómetros (m)	счётчик	schyotchik
sensor (m)	датчик	datchik
nível (m)	сатх	sath
luz (f) avisadora	лампочка	lampochka

volante (m)	рул	rul
buzina (f)	сигнал	signal
botão (m)	тугма	tugma
interruptor (m)	переключател	pereklyuchatel

assento (m)	ўриндиқ	o'rindiq
costas (f pl) do assento	суянчиқ	suyanchiq
cabeceira (f)	боштирагич	boshtiragich
cinto (m) de segurança	хавфсизлик камари	xavfsizlik kamari
apertar o cinto	камарни қадамоқ	kamarni qadamoq
regulação (f)	созлаш	sozlash

| airbag (m) | ҳаво ёстиқчаси | havo yostiqchasi |
| ar (m) condicionado | кондиционер | konditsioner |

rádio (m)	радио	radio
leitor (m) de CD	СД-проигривател	CD-proigrivatel
ligar (vt)	ёқмоқ	yoqmoq
antena (f)	антенна	antenna
porta-luvas (m)	бардачок	bardachok
cinzeiro (m)	кулдон	kuldon

177. Carros. Motor

motor (m)	двигател	dvigatel
motor (m)	мотор	motor
diesel	дизел	dizel
a gasolina	бензин	benzin

cilindrada (f)	двигател ҳажми	dvigatel hajmi
potência (f)	қувват	quvvat
cavalo-vapor (m)	от кучи	ot kuchi
pistão (m)	поршен	porshen
cilindro (m)	силиндр	silindr
válvula (f)	клапан	klapan

injetor (m)	инжектор	injektor
gerador (m)	генератор	generator
carburador (m)	карбюратор	karbyurator
óleo (m) para motor	мотор мойи	motor moyi

radiador (m)	радиатор	radiator
refrigerante (m)	совитувчи суюқлик	sovituvchi suyuqlik
ventilador (m)	вентилятор	ventilyator
bateria (f)	аккумулятор	akkumulyator
dispositivo (m) de arranque	стартер	starter

ignição (f)	ўт олдириш тизими	o't oldirish tizimi
vela (f) de ignição	ўт олдириш свечаси	o't oldirish svechasi
borne (m)	клемма	klemma
borne (m) positivo	плюс	plyus
borne (m) negativo	минус	minus
fusível (m)	сақлагич	saqlagich
filtro (m) de ar	ҳаво филтри	havo filtri
filtro (m) de óleo	мой филтри	moy filtri
filtro (m) de combustível	ёқилғи филтри	yoqilg'i filtri

178. Carros. Batidas. Reparação

acidente (m) de carro	авария	avariya
acidente (m) rodoviário	йўл ходисаси	yo'l xodisasi
ir contra ...	урилмоқ	urilmoq
sofrer um acidente	чилпарчин бўлмоқ	chilparchin bo'lmoq
danos (m pl)	шикастланиш	shikastlanish
intato	бутун	butun
avaria (no motor, etc.)	ҳалокат, ишдан чиқиш	halokat, ishdan chiqish
avariar (vi)	бузилмоқ	buzilmoq
cabo (m) de reboque	шатак бурама арқони	shatak burama arqoni
furo (m)	тешилиш	teshilish
estar furado	бўшаб қолмоқ	bo'shab qolmoq
encher (vt)	дам бермоқ	dam bermoq
pressão (f)	босим	bosim
verificar (vt)	текширмоқ	tekshirmoq
reparação (f)	таъмир	ta'mir
oficina (f) de reparação de carros	таъмирлаш устахонаси	ta'mirlash ustaxonasi
peça (f) sobresselente	еҳтиёт қисм	ehtiyot qism
peça (f)	қисм	qism
parafuso (m)	болт	bolt
parafuso (m)	винт	vint
porca (f)	гайка	gayka
anilha (f)	шайба	shayba
rolamento (m)	подшипник	podshipnik
tubo (m)	трубка	trubka
junta (f)	прокладка	prokladka
fio, cabo (m)	сим	sim
macaco (m)	домкрат	domkrat
chave (f) de boca	гайка калити	gayka kaliti
martelo (m)	болға	bolg'a
bomba (f)	насос	nasos
chave (f) de fendas	отвёртка	otvyortka
extintor (m)	ўтўчиргич	o'to'chirgich
triângulo (m) de emergência	авария учбурчаги	avariya uchburchagi

parar (vi) (motor)	ўчиб қолмоқ	o'chib qolmoq
paragem (f)	тўхтаб қолиш	to'xtab qolish
estar quebrado	бузилган бўлмоқ	buzilgan bo'lmoq

superaquecer-se (vr)	қизиб кетмоқ	qizib ketmoq
entupir-se (vr)	ифлосланмоқ	ifloslanmoq
congelar-se (vr)	музламоқ	muzlamoq
rebentar (vi)	ёрилмоқ	yorilmoq

pressão (f)	босим	bosim
nível (m)	сатҳ	sath
frouxo	бўш	bo'sh

mossa (f)	езилган жой	ezilgan joy
ruído (m)	тақиллаш	taqillash
fissura (f)	дарз	darz
arranhão (m)	тирналган жой	tirnalgan joy

179. Carros. Estrada

estrada (f)	йўл	yo'l
autoestrada (f)	автомагистрал	avtomagistral
rodovia (f)	шоссе	shosse
direção (f)	йўналиш	yo'nalish
distância (f)	масофа	masofa

ponte (f)	кўприк	ko'prik
parque (m) de estacionamento	паркинг	parking
praça (f)	майдон	maydon
nó (m) rodoviário	остин-устун чорраҳа	ostin-ustun chorraha
túnel (m)	тоннел	tonnel

posto (m) de gasolina	ёқилғи қуйиш шохобчаси	yoqilg'i quyish shoxobchasi
parque (m) de estacionamento	тўхташ жойи	to'xtash joyi
bomba (f) de gasolina	бензоколонка	benzokolonka
oficina (f) de reparação de carros	гараж	garaj
abastecer (vt)	ёқилғи қуймоқ	yoqilg'i quymoq
combustível (m)	ёқилғи	yoqilg'i
bidão (m) de gasolina	канистра	kanistra

asfalto (m)	асфалт	asfalt
marcação (f) de estradas	белги	belgi
lancil (m)	бордюр	bordyur
proteção (f) guard-rail	тўсиқ	to'siq
valeta (f)	йўл четидаги ариқ	yo'l chetidagi ariq
berma (f) da estrada	йўл чети	yo'l cheti
poste (m) de luz	устун	ustun

conduzir, guiar (vt)	бошқармоқ	boshqarmoq
virar (ex. ~ à direita)	бурмоқ	burmoq
dar retorno	орқага айланмоқ	orqaga aylanmoq
marcha-atrás (f)	орқага юриш	orqaga yurish
buzinar (vi)	сигнал бермоқ	signal bermoq

buzina (f)	товуш сигнали	tovush signali
atolar-se (vr)	тиқилиб қолмоқ	tiqilib qolmoq
patinar (na lama)	шатаксирамоқ	shataksiramoq
desligar (vt)	ўчирмоқ	o'chirmoq
velocidade (f)	тезлик	tezlik
exceder a velocidade	тезликни оширмоқ	tezlikni oshirmoq
multar (vt)	жарима солмоқ	jarima solmoq
semáforo (m)	светофор	svetofor
carta (f) de condução	ҳайдовчилик гувоҳномаси	haydovchilik guvohnomasi
passagem (f) de nível	йўлни кесиб ўтиш жойи	yo'lni kesib o'tish joyi
cruzamento (m)	чорраҳа	chorraha
passadeira (f)	йўловчилар ўтиш жойи	yo'lovchilar o'tish joyi
curva (f)	бурилиш	burilish
zona (f) pedonal	йўловчилар зонаси	yo'lovchilar zonasi

180. Sinais de trânsito

código (m) da estrada	йўл ҳаракати қоидалари	yo'l harakati qoidalari
sinal (m) de trânsito	белги	belgi
ultrapassagem (f)	қувиб ўтиш	quvib o'tish
curva (f)	бурилиш	burilish
inversão (f) de marcha	орқага айланиш	orqaga aylanish
rotunda (f)	айланма ҳаракат	aylanma harakat
sentido proibido	кириш тақиқланган	kirish taqiqlangan
trânsito proibido	ҳаракат тақиқланган	harakat taqiqlangan
proibição de ultrapassar	қувиб ўтиш тақиқланган	quvib o'tish taqiqlangan
estacionamento proibido	тўхтаб туриш тақиқланган	to'xtab turish taqiqlangan
paragem proibida	тўхташ тақиқланган	to'xtash taqiqlangan
curva (f) perigosa	кескин бурилиш	keskin burilish
descida (f) perigosa	тик қиялик	tik qiyalik
trânsito de sentido único	бир томонлама ҳаракат	bir tomonlama harakat
passadeira (f)	йўловчилар ўтиш жойи	yo'lovchilar o'tish joyi
pavimento (m) escorregadio	сирпанчиқ йўл	sirpanchiq yo'l
cedência de passagem	йўлни бўшат	yo'lni bo'shat

PESSOAS. EVENTOS

Eventos

181. Férias. Evento

festa (f)	байрам	bayram
festa (f) nacional	миллий байрам	milliy bayram
feriado (m)	байрам куни	bayram kuni
festejar (vt)	байрам қилмоқ	bayram qilmoq
evento (festa, etc.)	воқеа	voqea
evento (banquete, etc.)	тадбир	tadbir
banquete (m)	банкет	banket
receção (f)	қабул	qabul
festim (m)	базм	bazm
aniversário (m)	йиллик	yillik
jubileu (m)	юбилей	yubiley
celebrar (vt)	нишонламоқ	nishonlamoq
Ano (m) Novo	Янги Йил	Yangi Yil
Feliz Ano Novo!	Янги Йил билан!	Yangi Yil bilan!
Pai (m) Natal	Қор Бобо, Санта Клаус	Qor Bobo, Santa Klaus
Natal (m)	Рождество	Rojdestvo
Feliz Natal!	Қувноқ Рождество тилайман!	Quvnoq Rojdestvo tilayman!
árvore (f) de Natal	Рождество арчаси	Rojdestvo archasi
fogo (m) de artifício	мушак	mushak
boda (f)	никоҳ тўйи	nikoh to'yi
noivo (m)	куёв	kuyov
noiva (f)	келин	kelin
convidar (vt)	таклиф қилмоқ	taklif qilmoq
convite (m)	таклифнома	taklifnoma
convidado (m)	меҳмон	mehmon
visitar (vt)	меҳмонга бормоқ	mehmonga bormoq
receber os hóspedes	меҳмонларни кутмоқ	mehmonlarni kutmoq
presente (m)	совға	sovg'a
oferecer (vt)	совға қилмоқ	sovg'a qilmoq
receber presentes	совға олмоқ	sovg'a olmoq
ramo (m) de flores	даста	dasta
felicitações (f pl)	табрик	tabrik
felicitar (dar os parabéns)	табрикламоқ	tabriklamoq

cartão (m) de parabéns	табрик откриткаси	tabrik otkritkasi
enviar um postal	открытка жўнатмоқ	otkritka jo'natmoq
receber um postal	открытка олмоқ	otkritka olmoq

brinde (m)	қадаҳ сўзи	qadah so'zi
oferecer (vt)	меҳмон қилмоқ	mehmon qilmoq
champanhe (m)	шампан виноси	shampan vinosi

divertir-se (vr)	қувнамоқ	quvnamoq
diversão (f)	қувноқлик	quvnoqlik
alegria (f)	қувонч	quvonch

| dança (f) | рақс | raqs |
| dançar (vi) | рақсга тушмоқ | raqsga tushmoq |

| valsa (f) | валс | vals |
| tango (m) | танго | tango |

182. Funerais. Enterro

cemitério (m)	мозор	mozor
sepultura (f), túmulo (m)	гўр	go'r
cruz (f)	хоч	xoch
lápide (f)	қабр тоши	qabr toshi
cerca (f)	панжара	panjara
capela (f)	бутхона	butxona

morte (f)	ўлим	o'lim
morrer (vi)	ўлмоқ	o'lmoq
defunto (m)	майит	mayit
luto (m)	мотам	motam

enterrar, sepultar (vt)	дафн қилмоқ	dafn qilmoq
agência (f) funerária	дафн бюроси	dafn byurosi
funeral (m)	дафн қилиш маросими	dafn qilish marosimi
coroa (f) de flores	гулчамбар	gulchambar
caixão (m)	тобут	tobut
carro (m) funerário	тобут қўйиладиган арава	tobut qo'yiladigan arava
mortalha (f)	кафан	kafan

procissão (f) funerária	кўмиш маросими	ko'mish marosimi
urna (f) funerária	урна	urna
crematório (m)	крематорий	krematoriy

obituário (m), necrologia (f)	таъзиянома	ta'ziyanoma
chorar (vi)	йиғламоқ	yig'lamoq
soluçar (vi)	хўнграб йиғламоқ	xo'ngrab yig'lamoq

183. Guerra. Soldados

| pelotão (m) | взвод | vzvod |
| companhia (f) | рота | rota |

regimento (m)	полк	polk
exército (m)	армия	armiya
divisão (f)	дивизия	diviziya
destacamento (m)	отряд	otryad
hoste (f)	қўшин	qo'shin
soldado (m)	аскар	askar
oficial (m)	зобит	zobit
soldado (m) raso	оддий аскар	oddiy askar
sargento (m)	сержант	serjant
tenente (m)	лейтенант	leytenant
capitão (m)	капитан	kapitan
major (m)	маёр	mayor
coronel (m)	полковник	polkovnik
general (m)	генерал	general
marujo (m)	денгизчи	dengizchi
capitão (m)	капитан	kapitan
contramestre (m)	боцман	botsman
artilheiro (m)	артиллериячи	artilleriyachi
soldado (m) paraquedista	десантчи	desantchi
piloto (m)	учувчи	uchuvchi
navegador (m)	штурман	shturman
mecânico (m)	механик	mexanik
sapador (m)	сапёр	sapyor
paraquedista (m)	парашютчи	parashyutchi
explorador (m)	разведкачи	razvedkachi
franco-atirador (m)	снайпер	snayper
patrulha (f)	патрул	patrul
patrulhar (vt)	патруллик қилмоқ	patrullik qilmoq
sentinela (f)	соқчи	soqchi
guerreiro (m)	жангчи	jangchi
patriota (m)	ватанпарвар	vatanparvar
herói (m)	қаҳрамон	qahramon
heroína (f)	қаҳрамон	qahramon
traidor (m)	хоин	xoin
trair (vt)	хиёнат қилмоқ	xiyonat qilmoq
desertor (m)	дезертир	dezertir
desertar (vt)	дезертирлик қилмоқ	dezertirlik qilmoq
mercenário (m)	ёлланган	yollangan
recruta (m)	янги олинган аскар	yangi olingan askar
voluntário (m)	кўнгилли аскар	ko'ngilli askar
morto (m)	ўлдирилган	o'ldirilgan
ferido (m)	ярадор	yarador
prisioneiro (m) de guerra	асир	asir

184. Guerra. Ações militares. Parte 1

guerra (f)	уруш	urush
guerrear (vt)	урушмоқ	urushmoq
guerra (f) civil	фуқаролар уруши	fuqarolar urushi
perfidamente	маккорона	makkorona
declaração (f) de guerra	еълон қилиш	e'lon qilish
declarar (vt) guerra	еълон қилмоқ	e'lon qilmoq
agressão (f)	агрессия	agressiya
atacar (vt)	ҳужум қилмоқ	hujum qilmoq
invadir (vt)	босиб олмоқ	bosib olmoq
invasor (m)	босқинчи	bosqinchi
conquistador (m)	истилочи	istilochi
defesa (f)	мудофаа	mudofaa
defender (vt)	мудофааламоқ	mudofaalamoq
defender-se (vr)	мудофааланмоқ	mudofaalanmoq
inimigo, adversário (m)	душман	dushman
inimigo	душман	dushman
estratégia (f)	стратегия	strategiya
tática (f)	тактика	taktika
ordem (f)	буйруқ	buyruq
comando (m)	команда	komanda
ordenar (vt)	буюрмоқ	buyurmoq
missão (f)	топшириқ	topshiriq
secreto	маҳфий	mahfiy
batalha (f), combate (m)	жанг	jang
ataque (m)	ҳужум	hujum
assalto (m)	қаттиқ ҳужум	qattiq hujum
assaltar (vt)	қаттиқ ҳужум қилмоқ	qattiq hujum qilmoq
assédio, sítio (m)	қамал	qamal
ofensiva (f)	ҳужум	hujum
passar à ofensiva	ҳужум қилмоқ	hujum qilmoq
retirada (f)	чекиниш	chekinish
retirar-se (vr)	чекинмоқ	chekinmoq
cerco (m)	қуршов	qurshov
cercar (vt)	қуршовга олмоқ	qurshovga olmoq
bombardeio (m)	бомба ёғдирмоқ	bomba yog'dirmoq
lançar uma bomba	бомба ташламоқ	bomba tashlamoq
bombardear (vt)	бомба ташламоқ	bomba tashlamoq
explosão (f)	портлаш	portlash
tiro (m)	ўқ узиш	o'q uzish
disparar um tiro	ўқ узмоқ	o'q uzmoq
tiroteio (m)	ўқ отиш	o'q otish

apontar para …	нишонга олмоқ	nishonga olmoq
apontar (vt)	мўлжалга тўғриламоқ	mo'ljalga to'g'rilamoq
acertar (vt)	тегмоқ	tegmoq
afundar (um navio)	чўктирмоқ	cho'ktirmoq
brecha (f)	тешик	teshik
afundar-se (vr)	сув остига кетиш	suv ostiga ketish
frente (m)	фронт	front
evacuação (f)	эвакуация	evakuatsiya
evacuar (vt)	эвакуация қилмоқ	evakuatsiya qilmoq
trincheira (f)	окоп, хандак	okop, xandak
arame (m) farpado	тиканли сим	tikanli sim
obstáculo (m) anticarro	тўсиқ	to'siq
torre (f) de vigia	минора	minora
hospital (m)	госпитал	gospital
ferir (vt)	яраламоқ	yaralamoq
ferida (f)	яра	yara
ferido (m)	ярадор	yarador
ficar ferido	яраланмоқ	yaralanmoq
grave (ferida ~)	оғир	og'ir

185. Guerra. Ações militares. Parte 2

cativeiro (m)	асир	asir
capturar (vt)	асирга олмоқ	asirga olmoq
estar em cativeiro	асирда бўлмоқ	asirda bo'lmoq
ser aprisionado	асирга тушмоқ	asirga tushmoq
campo (m) de concentração	концлагер	kontslager
prisioneiro (m) de guerra	асир	asir
escapar (vi)	қочмоқ	qochmoq
trair (vt)	сотмоқ	sotmoq
traidor (m)	хоин	xoin
traição (f)	хоинлик	xoinlik
fuzilar, executar (vt)	отиб ташламоқ	otib tashlamoq
fuzilamento (m)	отиш	otish
equipamento (m)	формали кийим-кечак	formali kiyim-kechak
platina (f)	погон	pogon
máscara (f) antigás	противогаз	protivogaz
rádio (m)	рация	ratsiya
cifra (f), código (m)	шифр	shifr
conspiração (f)	конспирация	konspiratsiya
senha (f)	парол	parol
mina (f)	мина	mina
minar (vt)	миналамоқ	minalamoq
campo (m) minado	мина майдони	mina maydoni

alarme (m) aéreo	ҳаво тревогаси	havo trevogasi
alarme (m)	тревога	trevoga
sinal (m)	сигнал	signal
sinalizador (m)	сигнал ракетаси	signal raketasi
estado-maior (m)	штаб	shtab
reconhecimento (m)	разведка	razvedka
situação (f)	вазият	vaziyat
relatório (m)	рапорт	raport
emboscada (f)	пистирма	pistirma
reforço (m)	қўшимча куч	qo'shimcha kuch
alvo (m)	нишон	nishon
campo (m) de tiro	полигон	poligon
manobras (f pl)	манёврлар	manyovrlar
pânico (m)	саросималик	sarosimalik
devastação (f)	вайронгарчилик	vayrongarchilik
ruínas (f pl)	вайроналиклар	vayronaliklar
destruir (vt)	вайрон қилмоқ	vayron qilmoq
sobreviver (vi)	тирик қолмоқ	tirik qolmoq
desarmar (vt)	қуролсизлантирмоқ	qurolsizlantirmoq
manusear (vt)	фойдаланмоқ	foydalanmoq
Firmes!	Тек тур!	Tek tur!
Descansar!	Еркин!	Erkin!
façanha (f)	жасорат	jasorat
juramento (m)	қасам	qasam
jurar (vi)	қасам ичмоқ	qasam ichmoq
condecoração (f)	мукофот	mukofot
condecorar (vt)	мукофотламоқ	mukofotlamoq
medalha (f)	медал	medal
ordem (f)	орден	orden
vitória (f)	ғалаба	g'alaba
derrota (f)	мағлубият	mag'lubiyat
armistício (m)	сулҳ	sulh
bandeira (f)	байроқ	bayroq
glória (f)	шуҳрат	shuhrat
desfile (m) militar	парад	parad
marchar (vi)	марш қилмоқ	marsh qilmoq

186. Armas

arma (f)	қурол	qurol
arma (f) de fogo	ўқ отадиган қурол	o'q otadigan qurol
arma (f) branca	совуқ қурол	sovuq qurol
arma (f) química	кимёвий қурол	kimyoviy qurol
nuclear	ядро	yadro

arma (f) nuclear	ядро қуроли	yadro quroli
bomba (f)	бомба	bomba
bomba (f) atómica	атом бомбаси	atom bombasi
pistola (f)	тўппонча	to'pponcha
caçadeira (f)	милтиқ	miltiq
pistola-metralhadora (f)	автомат	avtomat
metralhadora (f)	пулемёт	pulemyot
boca (f)	ствол оғзи	stvol og'zi
cano (m)	ствол	stvol
calibre (m)	калибр	kalibr
gatilho (m)	тепки	tepki
mira (f)	нишонга олгич	nishonga olgich
carregador (m)	магазин	magazin
coronha (f)	қўндоқ	qo'ndoq
granada (f) de mão	граната	granata
explosivo (m)	портловчи модда	portlovchi modda
bala (f)	ўқ	o'q
cartucho (m)	патрон	patron
carga (f)	заряд	zaryad
munições (f pl)	ўқ-дори	o'q-dori
bombardeiro (m)	бомбардимончи	bombardimonchi
avião (m) de caça	қирувчи	qiruvchi
helicóptero (m)	вертолёт	vertolyot
canhão (m) antiaéreo	зенит тўпи	zenit to'pi
tanque (m)	танк	tank
canhão (de um tanque)	замбарак	zambarak
artilharia (f)	артиллерия	artilleriya
canhão (m)	замбарак, қурол	zambarak, qurol
fazer a pontaria	мўлжалга тўғриламоқ	mo'ljalga to'g'rilamoq
obus (m)	снаряд	snaryad
granada (f) de morteiro	мина	mina
morteiro (m)	миномёт	minomyot
estilhaço (m)	парча	parcha
submarino (m)	сув ости кемаси	suv osti kemasi
torpedo (m)	торпеда	torpeda
míssil (m)	ракета	raketa
carregar (uma arma)	ўқламоқ	o'qlamoq
atirar, disparar (vi)	отмоқ	otmoq
apontar para ...	нишонга олмоқ	nishonga olmoq
baioneta (f)	найза	nayza
espada (f)	шпага	shpaga
sabre (m)	қилич	qilich
lança (f)	найза	nayza
arco (m)	камон	kamon

flecha (f)	камон ўқи	kamon o'qi
mosquete (m)	мушкет	mushket
besta (f)	арбалет	arbalet

187. Povos da antiguidade

primitivo	ибтидоий	ibtidoiy
pré-histórico	тарихдан илгариги	tarixdan ilgarigi
antigo	қадимги	qadimgi

Idade (f) da Pedra	Тош даври	Tosh davri
Idade (f) do Bronze	Бронза даври	Bronza davri
período (m) glacial	Музлик даври	Muzlik davri

tribo (f)	қабила	qabila
canibal (m)	одамхўр	odamxo'r
caçador (m)	овчи	ovchi
caçar (vi)	ов қилмоқ	ov qilmoq
mamute (m)	мамонт	mamont
caverna (f)	ғор	g'or
fogo (m)	олов	olov
fogueira (f)	гулхан	gulxan
pintura (f) rupestre	қояга чизилган расм	qoyaga chizilgan rasm

ferramenta (f)	меҳнат қуроли	mehnat quroli
lança (f)	найза	nayza
machado (m) de pedra	тош болта	tosh bolta
guerrear (vt)	урушмоқ	urushmoq
domesticar (vt)	қўлга ўргатмоқ	qo'lga o'rgatmoq
ídolo (m)	бут	but
adorar, venerar (vt)	сажда қилмоқ	sajda qilmoq
superstição (f)	хурофот	xurofot
ritual (m)	маросим	marosim

evolução (f)	еволюция	evolyutsiya
desenvolvimento (m)	ривожланиш	rivojlanish
desaparecimento (m)	йўқ бўлиб кетмоқ	yo'q bo'lib ketmoq
adaptar-se (vr)	мослашмоқ	moslashmoq

arqueologia (f)	археология	arxeologiya
arqueólogo (m)	археолог	arxeolog
arqueológico	археологик	arxeologik

local (m) das escavações	қазишлар жойи	qazishlar joyi
escavações (f pl)	қазиш ишлари	qazish ishlari
achado (m)	топилма	topilma
fragmento (m)	парча	parcha

188. Idade média

| povo (m) | халқ | xalq |
| povos (m pl) | халқлар | xalqlar |

tribo (f)	қабила	qabila
tribos (f pl)	қабилалар	qabilalar
bárbaros (m pl)	варварлар	varvarlar
gauleses (m pl)	галлар	gallar
godos (m pl)	готлар	gotlar
eslavos (m pl)	славянлар	slavyanlar
víquingues (m pl)	викинглар	vikinglar
romanos (m pl)	римликлар	rimliklar
romano	Римга оид	Rimga oid
bizantinos (m pl)	византияликлар	vizantiyaliklar
Bizâncio	Византия	Vizantiya
bizantino	Византияга оид	Vizantiyaga oid
imperador (m)	император	imperator
líder (m)	сардор	sardor
poderoso	қудратли	qudratli
rei (m)	қирол	qirol
governante (m)	ҳукмдор	hukmdor
cavaleiro (m)	рицар	ritsar
senhor feudal (m)	феодал	feodal
feudal	феодалларга оид	feodallarga oid
vassalo (m)	вассал	vassal
duque (m)	герцог	gertsog
conde (m)	граф	graf
barão (m)	барон	baron
bispo (m)	епископ	episkop
armadura (f)	яроғ-аслаха	yarog'-aslaxa
escudo (m)	қалқон	qalqon
espada (f)	қилич	qilich
viseira (f)	дубулға пардаси	dubulg'a pardasi
cota (f) de malha	совут	sovut
cruzada (f)	салб юриши	salb yurishi
cruzado (m)	салб юриши қатнашчиси	salb yurishi qatnashchisi
território (m)	ҳудуд	hudud
atacar (vt)	ҳужум қилмоқ	hujum qilmoq
conquistar (vt)	забт етмоқ	zabt etmoq
ocupar, invadir (vt)	босиб олмоқ	bosib olmoq
assédio, sítio (m)	қамал	qamal
sitiado	қамал қилинган	qamal qilingan
assediar, sitiar (vt)	қамал қилмоқ	qamal qilmoq
inquisição (f)	инквизиция	inkvizitsiya
inquisidor (m)	инквизитор	inkvizitor
tortura (f)	қийноқ	qiynoq
cruel	бераҳм	berahm
herege (m)	бидъатчи	bid'atchi
heresia (f)	бидъат	bid'at

navegação (f) marítima	денгизда кема юриши	dengizda kema yurishi
pirata (m)	денгиз қароқчиси	dengiz qaroqchisi
pirataria (f)	денгиз қароқчилиги	dengiz qaroqchiligi
abordagem (f)	абордаж	abordaj
presa (f), butim (m)	ўлжа	o'lja
tesouros (m pl)	хазина	xazina

descobrimento (m)	кашфиёт	kashfiyot
descobrir (novas terras)	кашф қилмоқ	kashf qilmoq
expedição (f)	експедиция	ekspeditsiya

mosqueteiro (m)	мушкетёр	mushketyor
cardeal (m)	кардинал	kardinal
heráldica (f)	гералдика	geraldika
heráldico	гералдик	geraldik

189. Líder. Chefe. Autoridades

rei (m)	қирол	qirol
rainha (f)	қиролича	qirolicha
real	қиролга оид	qirolga oid
reino (m)	қироллик	qirollik

| príncipe (m) | шаҳзода | shahzoda |
| princesa (f) | малика | malika |

presidente (m)	президент	prezident
vice-presidente (m)	вице-президент	vitse-prezident
senador (m)	сенатор	senator

monarca (m)	монарх	monarx
governante (m)	ҳукмдор	hukmdor
ditador (m)	диктатор	diktator
tirano (m)	золим ҳукмдор	zolim hukmdor
magnata (m)	магнат	magnat

diretor (m)	директор	direktor
chefe (m)	бошлиқ	boshliq
dirigente (m)	бошқарувчи	boshqaruvchi
patrão (m)	босс	boss
dono (m)	хўжайин	xo'jayin

líder, chefe (m)	доҳий, етакчи	dohiy, etakchi
chefe (~ de delegação)	раҳбар	rahbar
autoridades (f pl)	ҳокимият	hokimiyat
superiores (m pl)	бошлиқлар	boshliqlar

governador (m)	губернатор	gubernator
cônsul (m)	консул	konsul
diplomata (m)	дипломат	diplomat
Presidente (m) da Câmara	мер	mer
xerife (m)	шериф	sherif
imperador (m)	император	imperator
czar (m)	подшо	podsho

| faraó (m) | фиръавн | fir'avn |
| cã (m) | хон | xon |

190. Estrada. Caminho. Direções

| estrada (f) | йўл | yo'l |
| caminho (m) | йўл | yo'l |

rodovia (f)	шоссе	shosse
autoestrada (f)	автомагистрал	avtomagistral
estrada (f) nacional	миллий йўл	milliy yo'l

| estrada (f) principal | бош йўл | bosh yo'l |
| caminho (m) de terra batida | тупроқ йўл | tuproq yo'l |

| trilha (f) | сўқмоқ | so'qmoq |
| vereda (f) | сўқмоқча | so'qmoqcha |

Onde?	Қаерда?	Qaerda?
Para onde?	Қаерга?	Qaerga?
De onde?	Қаердан?	Qaerdan?

| direção (f) | йўналиш | yo'nalish |
| indicar (orientar) | кўрсатмоқ | ko'rsatmoq |

para esquerda	чапга	chapga
para direita	ўнгга	o'ngga
em frente	тўғрига	to'g'riga
para trás	орқага	orqaga

curva (f)	бурилиш	burilish
virar (ex. ~ à direita)	бурилмоқ	burilmoq
dar retorno	орқага бурилмоқ	orqaga burilmoq

| estar visível | кўринмоқ | ko'rinmoq |
| aparecer (vi) | кўринмоқ | ko'rinmoq |

paragem (pausa)	тўхташ	to'xtash
descansar (vi)	дам олмоқ	dam olmoq
descanso (m)	дам олиш	dam olish

perder-se (vr)	адашиб қолмоқ	adashib qolmoq
conduzir (caminho)	... га олиб бормоқ	... ga olib bormoq
chegar a ...	... га чиқмоқ	... ga chiqmoq
trecho (m)	қисм	qism

asfalto (m)	асфалт	asfalt
lancil (m)	бордюр	bordyur
valeta (f)	ариқ	ariq
tampa (f) de esgoto	люк	lyuk
berma (f) da estrada	йўл чети	yo'l cheti
buraco (m)	чуқур	chuqur
ir (a pé)	юрмоқ	yurmoq
ultrapassar (vt)	ўзиб ўтмоқ	o'zib o'tmoq

| passo (m) | қадам | qadam |
| a pé | пиёда | piyoda |

bloquear (vt)	тўсмоқ	to'smoq
cancela (f)	шлагбаум	shlagbaum
beco (m) sem saída	боши берк	boshi berk

191. Viloação da lei. Criminosos. Parte 1

bandido (m)	босқинчи	bosqinchi
crime (m)	жиноят	jinoyat
criminoso (m)	жиноятчи	jinoyatchi

ladrão (m)	ўғри	o'g'ri
roubar (vt)	ўғирламоқ	o'g'irlamoq
furto (m)	ўғрилик	o'g'rilik
furto (m)	ўғирлаш	o'g'irlash

raptar (ex. ~ uma criança)	ўғирлаб кетмоқ	o'g'irlab ketmoq
rapto (m)	одам ўғирлаш	odam o'g'irlash
raptor (m)	ўғри	o'g'ri

| resgate (m) | еваз | evaz |
| pedir resgate | пул талаб қилмоқ | pul talab qilmoq |

roubar (vt)	таламоқ	talamoq
assalto, roubo (m)	талон-тарож	talon-taroj
assaltante (m)	талончи	talonchi

extorquir (vt)	товламоқ	tovlamoq
extorsionário (m)	товламачи	tovlamachi
extorsão (f)	товламачилик	tovlamachilik

matar, assassinar (vt)	ўлдирмоқ	o'ldirmoq
homicídio (m)	қотиллик	qotillik
homicida, assassino (m)	қотил	qotil

tiro (m)	ўқ узиш	o'q uzish
dar um tiro	ўқ узмоқ	o'q uzmoq
matar a tiro	отиб ўлдирмоқ	otib o'ldirmoq
atirar, disparar (vi)	отмоқ	otmoq
tiroteio (m)	ўқ отиш	o'q otish

incidente (m)	ходиса	xodisa
briga (~ de rua)	муштлашиш	mushtlashish
Socorro!	Ёрдам беринг! Қутқаринг!	Yordam bering! Qutqaring!
vítima (f)	қурбон	qurbon

danificar (vt)	шикастламоқ	shikastlamoq
dano (m)	зарар	zarar
cadáver (m)	мурда	murda
grave	оғир	og'ir
atacar (vt)	ҳужум қилмоқ	hujum qilmoq
bater (espancar)	урмоқ	urmoq

espancar (vt)	калтакламоқ	kaltaklamoq
tirar, roubar (dinheiro)	олиб қўймоқ	olib qo'ymoq
esfaquear (vt)	сўймоқ	so'ymoq
mutilar (vt)	майиб қилмоқ	mayib qilmoq
ferir (vt)	яраламоқ	yaralamoq
chantagem (f)	қўрқитиб товлаш	qo'rqitib tovlash
chantagear (vt)	қўрқитиб товламоқ	qo'rqitib tovlamoq
chantagista (m)	қўрқитиб товловчи	qo'rqitib tovlovchi
extorsão (em troca de proteção)	рекет	reket
extorsionário (m)	рекетчи	reketchi
gângster (m)	гангстер	gangster
máfia (f)	мафия	mafiya
carteirista (m)	чўнтак ўғриси	cho'ntak o'g'risi
assaltante, ladrão (m)	қулфбузар	qulfbuzar
contrabando (m)	контрабанда	kontrabanda
contrabandista (m)	контрабанда билан шуғулланувчи	kontrabanda bilan shug'ullanuvchi
falsificação (f)	қалбаки нарса	qalbaki narsa
falsificar (vt)	қалбакилаштирмоқ	qalbakilashtirmoq
falsificado	сохта	soxta

192. Viloação da lei. Criminosos. Parte 2

violação (f)	зўрлаш	zo'rlash
violar (vt)	зўрламоқ	zo'rlamoq
violador (m)	зўравон	zo'ravon
maníaco (m)	савдойи	savdoyi
prostituta (f)	фоҳиша	fohisha
prostituição (f)	фоҳишабозлик	fohishabozlik
chulo (m)	даюс	dayus
toxicodependente (m)	гиёҳванд	giyohvand
traficante (m)	наркотик моддаларни сотувчи	narkotik moddalarni sotuvchi
explodir (vt)	портлатмоқ	portlatmoq
explosão (f)	портлаш	portlash
incendiar (vt)	ёндирмоқ	yondirmoq
incendiário (m)	қасддан ўт қўйган одам	qasddan o't qo'ygan odam
terrorismo (m)	терроризм	terrorizm
terrorista (m)	террорчи	terrorchi
refém (m)	гаровга олинган	garovga olingan
enganar (vt)	алдамоқ	aldamoq
engano (m)	алдаш	aldash
vigarista (m)	муттаҳам	muttaham
subornar (vt)	пора бериб сотиб олмоқ	pora berib sotib olmoq

suborno (atividade)	пора бериб сотиб олиш	pora berib sotib olish
suborno (dinheiro)	пора	pora
veneno (m)	заҳар	zahar
envenenar (vt)	заҳарламоқ	zaharlamoq
envenenar-se (vr)	заҳарланмоқ	zaharlanmoq
suicídio (m)	ўзини ўзи ўлдириш	o'zini o'zi o'ldirish
suicida (m)	ўз жонига қасд қилган	o'z joniga qasd qilgan
ameaçar (vt)	пўписа қилмоқ	po'pisa qilmoq
ameaça (f)	пўписа	po'pisa
atentar contra a vida de ...	суиқасд қилмоқ	suiqasd qilmoq
atentado (m)	суиқасд	suiqasd
roubar (o carro)	ўғирлаб кетмоқ	o'g'irlab ketmoq
desviar (o avião)	олиб қочмоқ	olib qochmoq
vingança (f)	қасос	qasos
vingar (vt)	қасос олмоқ	qasos olmoq
torturar (vt)	қийнамоқ	qiynamoq
tortura (f)	қийноқ	qiynoq
atormentar (vt)	азобламоқ	azoblamoq
pirata (m)	денгиз қароқчиси	dengiz qaroqchisi
desordeiro (m)	безори	bezori
armado	қуролланган	qurollangan
violência (f)	зўрлаш	zo'rlash
ilegal	нолегал	nolegal
espionagem (f)	жосуслик	josuslik
espionar (vi)	жосуслик қилмоқ	josuslik qilmoq

193. Polícia. Lei. Parte 1

justiça (f)	адлия	adliya
tribunal (m)	суд	sud
juiz (m)	судя	sudya
jurados (m pl)	суд маслаҳатчиси	sud maslahatchisi
tribunal (m) do júri	маслаҳатчилар суди	maslahatchilar sudi
julgar (vt)	судламоқ	sudlamoq
advogado (m)	адвокат	advokat
réu (m)	судланувчи	sudlanuvchi
banco (m) dos réus	судланувчилар курсиси	sudlanuvchilar kursisi
acusação (f)	айблов	ayblov
acusado (m)	айбланувчи	ayblanuvchi
sentença (f)	ҳукм	hukm
sentenciar (vt)	ҳукм чиқармоқ	hukm chiqarmoq
culpado (m)	айбдор	aybdor

punir (vt)	жазоламоқ	jazolamoq
punição (f)	жазо	jazo
multa (f)	жарима	jarima
prisão (f) perpétua	умрбод қамоқ	umrbod qamoq
pena (f) de morte	ўлим жазоси	o'lim jazosi
cadeira (f) elétrica	електр стул	elektr stul
forca (f)	дор	dor
executar (vt)	қатл қилмоқ	qatl qilmoq
execução (f)	қатл	qatl
prisão (f)	қамоқ	qamoq
cela (f) de prisão	камера	kamera
escolta (f)	конвой	konvoy
guarda (m) prisional	назоратчи	nazoratchi
preso (m)	маҳбус	mahbus
algemas (f pl)	кишан	kishan
algemar (vt)	кишан кийгизмоқ	kishan kiygizmoq
fuga, evasão (f)	қочиш	qochish
fugir (vi)	қочиб кетмоқ	qochib ketmoq
desaparecer (vi)	ғойиб бўлмоқ	g'oyib bo'lmoq
soltar, libertar (vt)	озод қилмоқ	ozod qilmoq
amnistia (f)	амнистия	amnistiya
polícia (instituição)	полиция	politsiya
polícia (m)	полициячи	politsiyachi
esquadra (f) de polícia	полиция маҳкамаси	politsiya mahkamasi
cassetete (m)	резина тўқмоқ	rezina to'qmoq
megafone (m)	карнай	karnay
carro (m) de patrulha	патрул машинаси	patrul mashinasi
sirene (f)	сирена	sirena
ligar a sirene	сиренани ёқмоқ	sirenani yoqmoq
toque (m) da sirene	сирена увиллаши	sirena uvillashi
cena (f) do crime	ходиса рўй берган жой	xodisa ro'y bergan joy
testemunha (f)	гувоҳ	guvoh
liberdade (f)	еркинлик	erkinlik
cúmplice (m)	жиноятчининг шериги	jinoyatchining sherigi
escapar (vi)	ғойиб бўлмоқ	g'oyib bo'lmoq
traço (não deixar ~s)	из	iz

194. Polícia. Lei. Parte 2

procura (f)	қидирув	qidiruv
procurar (vt)	қидирмоқ	qidirmoq
suspeita (f)	шубҳа	shubha
suspeito	шубҳали	shubhali
parar (vt)	тўхтатмоқ	to'xtatmoq
deter (vt)	тутмоқ	tutmoq

caso (criminal)	иш	ish
investigação (f)	тергов	tergov
detetive (m)	детектив	detektiv
investigador (m)	терговчи	tergovchi
versão (f)	тахминий фикр	taxminiy fikr

motivo (m)	сабаб	sabab
interrogatório (m)	сўроқ	so'roq
interrogar (vt)	сўроқ қилмоқ	so'roq qilmoq
questionar (vt)	сўроқламоқ	so'roqlamoq
verificação (f)	текширув	tekshiruv

batida (f) policial	қуршаб олиб тутиш	qurshab olib tutish
busca (f)	тинтув	tintuv
perseguição (f)	қувиш	quvish
perseguir (vt)	таъқиб қилмоқ	ta'qib qilmoq
seguir (vt)	изига тушмоқ	iziga tushmoq

prisão (f)	қамоққа олиш	qamoqqa olish
prender (vt)	қамоққа олмоқ	qamoqqa olmoq
pegar, capturar (vt)	тутмоқ	tutmoq
captura (f)	қўлга тушириш	qo'lga tushirish

documento (m)	ҳужжат	hujjat
prova (f)	исбот	isbot
provar (vt)	исботламоқ	isbotlamoq
pegada (f)	из	iz
impressões (f pl) digitais	бармоқ излари	barmoq izlari
prova (f)	далил	dalil

álibi (m)	алиби	alibi
inocente	бегуноҳ	begunoh
injustiça (f)	адолацизлик	adolatsizlik
injusto	адолациз	adolatsiz

criminal	жиноий	jinoiy
confiscar (vt)	мусодара қилмоқ	musodara qilmoq
droga (f)	наркотик	narkotik
arma (f)	қурол	qurol
desarmar (vt)	қуролсизлантирмоқ	qurolsizlantirmoq
ordenar (vt)	буюрмоқ	buyurmoq
desaparecer (vi)	ғойиб бўлмоқ	g'oyib bo'lmoq

lei (f)	қонун	qonun
legal	қонуний	qonuniy
ilegal	ноқонуний	noqonuniy

| responsabilidade (f) | масъулият | mas'uliyat |
| responsável | маъсулиятли | ma'suliyatli |

NATUREZA

A Terra. Parte 1

195. Espaço sideral

cosmos (m)	космос	kosmos
cósmico	космик	kosmik
espaço (m) cósmico	космик фазо	kosmik fazo
mundo (m)	олам	olam
universo (m)	коинот	koinot
galáxia (f)	галактика	galaktika
estrela (f)	юлдуз	yulduz
constelação (f)	юлдузлар туркуми	yulduzlar turkumi
planeta (m)	планета	planeta
satélite (m)	йўлдош	yo'ldosh
meteorito (m)	метеорит	meteorit
cometa (m)	комета	kometa
asteroide (m)	астероид	asteroid
órbita (f)	орбита	orbita
girar (vi)	айланмоқ	aylanmoq
atmosfera (f)	атмосфера	atmosfera
Sol (m)	Қуёш	Quyosh
Sistema (m) Solar	Қуёш системаси	Quyosh sistemasi
eclipse (m) solar	Қуёш тутилиши	Quyosh tutilishi
Terra (f)	Ер	Er
Lua (f)	Ой	Oy
Marte (m)	Марс	Mars
Vénus (f)	Венера	Venera
Júpiter (m)	Юпитер	Yupiter
Saturno (m)	Сатурн	Saturn
Mercúrio (m)	Меркурий	Merkuriy
Urano (m)	Уран	Uran
Neptuno (m)	Нептун	Neptun
Plutão (m)	Плутон	Pluton
Via Láctea (f)	Сомон йўли	Somon Yo'li
Ursa Maior (f)	Катта айиқ	Katta ayiq
Estrela Polar (f)	Қутб Юлдузи	Qutb Yulduzi
marciano (m)	марслик	marslik
extraterrestre (m)	ўзга сайёралик	o'zga sayyoralik

alienígena (m)	бегона	begona
disco (m) voador	учар ликопча	uchar likopcha
nave (f) espacial	космик кема	kosmik kema
estação (f) orbital	орбитал станция	orbital stantsiya
lançamento (m)	старт	start
motor (m)	двигател	dvigatel
bocal (m)	сопло	soplo
combustível (m)	ёқилғи	yoqilg'i
cabine (f)	кабина	kabina
antena (f)	антенна	antenna
vigia (f)	иллюминатор	illyuminator
bateria (f) solar	қуёш батареяси	quyosh batareyasi
traje (m) espacial	скафандр	skafandr
imponderabilidade (f)	вазнсизлик	vaznsizlik
oxigénio (m)	кислород	kislorod
acoplagem (f)	туташтириш	tutashtirish
fazer uma acoplagem	туташтирмоқ	tutashtirmoq
observatório (m)	обсерватория	observatoriya
telescópio (m)	телескоп	teleskop
observar (vt)	кузатмоқ	kuzatmoq
explorar (vt)	тадқиқ қилмоқ	tadqiq qilmoq

196. A Terra

Terra (f)	Ер	Er
globo terrestre (Terra)	ер шари	er shari
planeta (m)	планета	planeta
atmosfera (f)	атмосфера	atmosfera
geografia (f)	география	geografiya
natureza (f)	табиат	tabiat
globo (mapa esférico)	глобус	globus
mapa (m)	харита	xarita
atlas (m)	атлас	atlas
Europa (f)	Европа	Evropa
Ásia (f)	Осиё	Osiyo
África (f)	Африка	Afrika
Austrália (f)	Австралия	Avstraliya
América (f)	Америка	Amerika
América (f) do Norte	Шимолий Америка	Shimoliy Amerika
América (f) do Sul	Жанубий Америка	Janubiy Amerika
Antártida (f)	Антарктида	Antarktida
Ártico (m)	Арктика	Arktika

197. Pontos cardeais

norte (m)	шимол	shimol
para norte	шимолга	shimolga
no norte	шимолда	shimolda
do norte	шимолий	shimoliy
sul (m)	жануб	janub
para sul	жанубга	janubga
no sul	жанубда	janubda
do sul	жанубий	janubiy
oeste, ocidente (m)	ғарб	g'arb
para oeste	ғарбга	g'arbga
no oeste	ғарбда	g'arbda
ocidental	ғарбий	g'arbiy
leste, oriente (m)	шарқ	sharq
para leste	шарққа	sharqga
no leste	шарқда	sharqda
oriental	шарқий	sharqiy

198. Mar. Oceano

mar (m)	денгиз	dengiz
oceano (m)	океан	okean
golfo (m)	кўрфаз	ko'rfaz
estreito (m)	бўғоз	bo'g'oz
terra (f) firme	йер, қуруқлик	yer, quruqlik
continente (m)	материк	materik
ilha (f)	орол	orol
península (f)	ярим орол	yarim orol
arquipélago (m)	архипелаг	arxipelag
baía (f)	кўрфаз	ko'rfaz
porto (m)	бандаргоҳ	bandargoh
lagoa (f)	лагуна	laguna
cabo (m)	бурун	burun
atol (m)	атолл	atoll
recife (m)	сув ичидаги қоя	suv ichidagi qoya
coral (m)	маржон	marjon
recife (m) de coral	маржон қоялари	marjon qoyalari
profundo	чуқур	chuqur
profundidade (f)	чуқурлик	chuqurlik
abismo (m)	тагсиз чуқурлик	tagsiz chuqurlik
fossa (f) oceânica	камгак	kamgak
corrente (f)	оқим	oqim
banhar (vt)	ювмоқ	yuvmoq
litoral (m)	қирғоқ	qirg'oq

costa (f)	қирғоқ бўйи	qirg'oq bo'yi
maré (f) alta	сувнинг кўтарилиши	suvning ko'tarilishi
refluxo (m), maré (f) baixa	сувнинг пасайиши	suvning pasayishi
restinga (f)	саёзлик	sayozlik
fundo (m)	туб	tub
onda (f)	тўлқин	to'lqin
crista (f) da onda	тўлқин ўркачи	to'lqin o'rkachi
espuma (f)	кўпик	ko'pik
tempestade (f)	довул	dovul
furacão (m)	бўрон	bo'ron
tsunami (m)	сунами	sunami
calmaria (f)	штил	shtil
calmo	тинч	tinch
polo (m)	қутб	qutb
polar	қутбий	qutbiy
latitude (f)	кенглик	kenglik
longitude (f)	узунлик	uzunlik
paralela (f)	параллел	parallel
equador (m)	екватор	ekvator
céu (m)	осмон	osmon
horizonte (m)	уфқ	ufq
ar (m)	ҳаво	havo
farol (m)	маёқ	mayoq
mergulhar (vi)	шўнғимоқ	sho'ng'imoq
afundar-se (vr)	чўкиб кетмоқ	cho'kib ketmoq
tesouros (m pl)	хазина	xazina

199. Nomes de Mares e Oceanos

Oceano (m) Atlântico	Атлантика океани	Atlantika okeani
Oceano (m) Índico	Ҳинд океани	Hind okeani
Oceano (m) Pacífico	Тинч океани	Tinch okeani
Oceano (m) Ártico	Шимолий Муз океани	Shimoliy Muz okeani
Mar (m) Negro	Қора денгиз	Qora dengiz
Mar (m) Vermelho	Қизил денгиз	Qizil dengiz
Mar (m) Amarelo	Сариқ денгиз	Sariq dengiz
Mar (m) Branco	Оқ денгиз	Oq dengiz
Mar (m) Cáspio	Каспий денгизи	Kaspiy dengizi
Mar (m) Morto	ўлик денгиз	o'lik dengiz
Mar (m) Mediterrâneo	ўрта ер денгизи	o'rta er dengizi
Mar (m) Egeu	Егей денгизи	Egey dengizi
Mar (m) Adriático	Адриатика денгизи	Adriatika dengizi
Mar (m) Arábico	Араб денгизи	Arab dengizi
Mar (m) do Japão	Япон денгизи	Yapon dengizi

Mar (m) de Bering	Беринг денгизи	Bering dengizi
Mar (m) da China Meridional	Жанубий-Хитой денгизи	Janubiy-Xitoy dengizi
Mar (m) de Coral	Маржон денгизи	Marjon dengizi
Mar (m) de Tasman	Тасман денгизи	Tasman dengizi
Mar (m) do Caribe	Кариб денгизи	Karib dengizi
Mar (m) de Barents	Баренц денгизи	Barents dengizi
Mar (m) de Kara	Кара денгизи	Kara dengizi
Mar (m) do Norte	Шимолий денгиз	Shimoliy dengiz
Mar (m) Báltico	Болтиқ денгизи	Boltiq dengizi
Mar (m) da Noruega	Норвегия денгизи	Norvegiya dengizi

200. Montanhas

montanha (f)	тоғ	tog'
cordilheira (f)	тоғ тизмалари	tog' tizmalari
serra (f)	тоғ тизмаси	tog' tizmasi
cume (m)	чўққи	cho'qqi
pico (m)	чўққи	cho'qqi
sopé (m)	етак	etak
declive (m)	ёнбағир	yonbag'ir
vulcão (m)	вулқон	vulqon
vulcão (m) ativo	ҳаракатдаги вулқон	harakatdagi vulqon
vulcão (m) extinto	ўчган вулқон	o'chgan vulqon
erupção (f)	отилиш	otilish
cratera (f)	кратер	krater
magma (m)	магма	magma
lava (f)	лава	lava
fundido (lava ~a)	қизиган	qizigan
desfiladeiro (m)	канён	kanyon
garganta (f)	дара	dara
fenda (f)	тоғ оралиғи	tog' oralig'i
precipício (m)	жарлик, тик жар	jarlik, tik jar
passo, colo (m)	довон	dovon
planalto (m)	ясси тоғ	yassi tog'
falésia (f)	қоя	qoya
colina (f)	тепалик	tepalik
glaciar (m)	музлик	muzlik
queda (f) d'água	шаршара	sharshara
géiser (m)	гейзер	geyzer
lago (m)	кўл	ko'l
planície (f)	текислик	tekislik
paisagem (f)	манзара	manzara
eco (m)	акс-садо	aks-sado
alpinista (m)	алпинист	alpinist

escalador (m)   қояларга чиқувчи спортчи   qoyalarga chiquvchi sportchi
conquistar (vt)   забт етмоқ   zabt etmoq
subida, escalada (f)   тоққа чиқиш   toqqa chiqish

201. Nomes de montanhas

Português	Uzbeque (cirílico)	Uzbeque
Alpes (m pl)	Алп тоғлари	Alp tog'lari
monte Branco (m)	Монблан	Monblan
Pirineus (m pl)	Пиреней тоғлари	Pireney tog'lari
Cárpatos (m pl)	Карпат тоғлари	Karpat tog'lari
montes (m pl) Urais	Урал тоғлари	Ural tog'lari
Cáucaso (m)	Кавказ	Kavkaz
Elbrus (m)	Елбрус	Elbrus
Altai (m)	Олтой тоғлари	Oltoy tog'lari
Tian Shan (m)	Тян-Шан	Tyan-Shan
Pamir (m)	Помир	Pomir
Himalaias (m pl)	Ҳималай тоғлари	Himalay tog'lari
monte (m) Everest	Еверест	Everest
Cordilheira (f) dos Andes	Анд тоғлари	And tog'lari
Kilimanjaro (m)	Килиманжаро	Kilimanjaro

202. Rios

Português	Uzbeque (cirílico)	Uzbeque
rio (m)	дарё	daryo
fonte, nascente (f)	булоқ	buloq
leito (m) do rio	ўзан	o'zan
bacia (f)	ҳовуз	hovuz
desaguar no ...	... га қўшилмоқ	... ga qo'shilmoq
afluente (m)	ирмоқ	irmoq
margem (do rio)	қирғоқ	qirg'oq
corrente (f)	оқим	oqim
rio abaixo	оқимнинг қуйиси бўйича	oqimning quyisi bo'yicha
rio acima	оқимнинг юқориси бўйича	oqimning yuqorisi bo'yicha
inundação (f)	сув босиши	suv bosishi
cheia (f)	сув тошқини	suv toshqini
transbordar (vi)	дарёнинг тошиши	daryoning toshishi
inundar (vt)	сув бостирмоқ	suv bostirmoq
banco (m) de areia	саёзлик	sayozlik
rápidos (m pl)	остонатош	ostonatosh
barragem (f)	тўғон	to'g'on
canal (m)	канал	kanal
reservatório (m) de água	сув омбори	suv ombori
eclusa (f)	шлюз	shlyuz
corpo (m) de água	ҳавза	havza

pântano (m)	ботқоқ	botqoq
tremedal (m)	ботқоқлик	botqoqlik
remoinho (m)	гирдоб	girdob

arroio, regato (m)	жилға	jilg'a
potável	ичиладиган	ichiladigan
doce (água)	чучук	chuchuk

| gelo (m) | муз | muz |
| congelar-se (vr) | музлаб қолмоқ | muzlab qolmoq |

203. Nomes de rios

| rio Sena (m) | Сена | Sena |
| rio Loire (m) | Луара | Luara |

rio Tamisa (m)	Темза	Temza
rio Reno (m)	Рейн	Reyn
rio Danúbio (m)	Дунай	Dunay

rio Volga (m)	Волга	Volga
rio Don (m)	Дон	Don
rio Lena (m)	Лена	Lena

rio Amarelo (m)	Хуанхе	Xuanxe
rio Yangtzé (m)	Янцзи	Yantszi
rio Mekong (m)	Меконг	Mekong
rio Ganges (m)	Ганг	Gang

rio Nilo (m)	Нил	Nil
rio Congo (m)	Конго	Kongo
rio Cubango (m)	Окаванго	Okavango
rio Zambeze (m)	Замбези	Zambezi
rio Limpopo (m)	Лимпопо	Limpopo
rio Mississípi (m)	Миссисипи	Missisipi

204. Floresta

| floresta (f), bosque (m) | ўрмон | o'rmon |
| florestal | ўрмон | o'rmon |

mata (f) cerrada	чангалзор	changalzor
arvoredo (m)	дарахтзор	daraxtzor
clareira (f)	яланглик	yalanglik

| matagal (m) | чангалзор | changalzor |
| mato (m) | бутазор | butazor |

vereda (f)	сўқмоқча	so'qmoqcha
ravina (f)	жарлик	jarlik
árvore (f)	дарахт	daraxt
folha (f)	барг	barg

folhagem (f)	барглар	barglar
queda (f) das folhas	хазонрезгилик	xazonrezgilik
cair (vi)	тўкилмоқ	to'kilmoq
topo (m)	уч	uch

ramo (m)	шох	shox
galho (m)	бутоқ	butoq
botão, rebento (m)	куртак	kurtak
agulha (f)	игна	igna
pinha (f)	ғудда	g'udda

buraco (m) de árvore	ковак	kovak
ninho (m)	уя	uya
toca (f)	ин	in

tronco (m)	тана	tana
raiz (f)	илдиз	ildiz
casca (f) de árvore	пўстлоқ	po'stloq
musgo (m)	мох	mox

arrancar pela raiz	кавламоқ	kavlamoq
cortar (vt)	чопмоқ	chopmoq
desflorestar (vt)	кесиб ташламоқ	kesib tashlamoq
toco, cepo (m)	тўнка	to'nka

fogueira (f)	гулхан	gulxan
incêndio (m) florestal	ёнғин	yong'in
apagar (vt)	ўчирмоқ	o'chirmoq

guarda-florestal (m)	ўрмончи	o'rmonchi
proteção (f)	муҳофаза	muhofaza
proteger (a natureza)	муҳофаза қилмоқ	muhofaza qilmoq
caçador (m) furtivo	браконер	brakoner
armadilha (f)	қопқон	qopqon

| colher (cogumelos, bagas) | термоқ | termoq |
| perder-se (vr) | адашиб қолмоқ | adashib qolmoq |

205. Recursos naturais

recursos (m pl) naturais	табиий ресурслар	tabiiy resurslar
minerais (m pl)	фойдали қазилмалар	foydali qazilmalar
depósitos (m pl)	қатлам бўлиб ётган конлар	qatlam bo'lib yotgan konlar
jazida (f)	кон	kon

extrair (vt)	қазиб олмоқ	qazib olmoq
extração (f)	кончилик	konchilik
minério (m)	руда	ruda
mina (f)	кон	kon
poço (m) de mina	шахта	shaxta
mineiro (m)	кончи	konchi
gás (m)	газ	gaz
gasoduto (m)	газ қувури	gaz quvuri

petróleo (m)	нефт	neft
oleoduto (m)	нефт қувури	neft quvuri
poço (m) de petróleo	нефт минораси	neft minorasi
torre (f) petrolífera	бурғилаш минораси	burg'ilash minorasi
petroleiro (m)	танкер	tanker
areia (f)	қум	qum
calcário (m)	оҳактош	ohaktosh
cascalho (m)	шағал	shag'al
turfa (f)	торф	torf
argila (f)	лой	loy
carvão (m)	кўмир	ko'mir
ferro (m)	темир	temir
ouro (m)	олтин	oltin
prata (f)	кумуш	kumush
níquel (m)	никел	nikel
cobre (m)	мис	mis
zinco (m)	рух	rux
manganês (m)	марганец	marganets
mercúrio (m)	симоб	simob
chumbo (m)	қўрғошин	qo'rg'oshin
mineral (m)	минерал	mineral
cristal (m)	кристалл	kristall
mármore (m)	мармар	marmar
urânio (m)	уран	uran

A Terra. Parte 2

206. Tempo

tempo (m)	об-ҳаво	ob-havo
previsão (f) do tempo	об-ҳаво маълумоти	ob-havo ma'lumoti
temperatura (f)	ҳарорат	harorat
termómetro (m)	термометр	termometr
barómetro (m)	барометр	barometr
húmido	нам	nam
humidade (f)	намлик	namlik
calor (m)	иссиқ	issiq
cálido	жазирама	jazirama
está muito calor	иссиқ	issiq
está calor	илиқ	iliq
quente	илиқ	iliq
está frio	совуқ	sovuq
frio	совуқ	sovuq
sol (m)	қуёш	quyosh
brilhar (vi)	нур сочмоқ	nur sochmoq
de sol, ensolarado	қуёшли	quyoshli
nascer (vi)	чиқмоқ	chiqmoq
pôr-se (vr)	ўтирмоқ	o'tirmoq
nuvem (f)	булут	bulut
nublado	булутли	bulutli
nuvem (f) preta	булут	bulut
escuro, cinzento	булутли	bulutli
chuva (f)	ёмғир	yomg'ir
está a chover	ёмғир ёғапти	yomg'ir yog'yapti
chuvoso	ёмғирли	yomg'irli
chuviscar (vi)	майдалаб ёғмоқ	maydalab yog'moq
chuva (f) torrencial	шаррос ёмғир	sharros yomg'ir
chuvada (f)	жала	jala
forte (chuva)	кучли	kuchli
poça (f)	кўлмак	ko'lmak
molhar-se (vr)	хўл бўлмоқ	xo'l bo'lmoq
nevoeiro (m)	туман	tuman
de nevoeiro	туманли	tumanli
neve (f)	қор	qor
está a nevar	қор ёғапти	qor yog'yapti

207. Tempo extremo. Catástrofes naturais

trovoada (f)	момақалдироқ	momaqaldiroq
relâmpago (m)	чақмоқ	chaqmoq
relampejar (vi)	чарақламоқ	charaqlamoq
trovão (m)	момақалдироқ	momaqaldiroq
trovejar (vi)	гумбурламоқ	gumburlamoq
está a trovejar	момақалдироқ	momaqaldiroq
	гумбурлаяпти	gumburlayapti
granizo (m)	дўл	do'l
está a cair granizo	дўл ёғяпти	do'l yog'yapti
inundar (vt)	сув бостирмоқ	suv bostirmoq
inundação (f)	сув босиши	suv bosishi
terremoto (m)	зилзила	zilzila
abalo, tremor (m)	силкиниш	silkinish
epicentro (m)	епицентр	epitsentr
erupção (f)	отилиш	otilish
lava (f)	лава	lava
turbilhão (m)	қуюн	quyun
tornado (m)	торнадо	tornado
tufão (m)	тўфон	to'fon
furacão (m)	бўрон	bo'ron
tempestade (f)	довул	dovul
tsunami (m)	сунами	sunami
ciclone (m)	сиклон	siklon
mau tempo (m)	ёғингарчилик	yog'ingarchilik
incêndio (m)	ёнғин	yong'in
catástrofe (f)	ҳалокат	halokat
meteorito (m)	метеорит	meteorit
avalanche (f)	кўчки	ko'chki
deslizamento (m) de neve	қор кўчкиси	qor ko'chkisi
nevasca (f)	қор бўрони	qor bo'roni
tempestade (f) de neve	қор бўралаши	qor bo'ralashi

208. Ruídos. Sons

silêncio (m)	сукунат	sukunat
som (m)	товуш	tovush
ruído, barulho (m)	шовқин	shovqin
fazer barulho	шовқин қилмоқ	shovqin qilmoq
ruidoso, barulhento	шовқинли	shovqinli
alto (adv)	қаттиқ, баланд	qattiq, baland
alto (adj)	қаттиқ, баланд	qattiq, baland

constante (ruído, etc.)	доимий	doimiy
grito (m)	бақириқ	baqiriq
gritar (vi)	бақирмоқ	baqirmoq
sussurro (m)	пичирлаш	pichirlash
sussurrar (vt)	пичирламоқ	pichirlamoq
latido (m)	вовиллаш	vovillash
latir (vi)	вовилламоқ	vovillamoq
gemido (m)	инграш	ingrash
gemer (vi)	инграмоқ	ingramoq
tosse (f)	йўтал	yo'tal
tossir (vi)	йўталмоқ	yo'talmoq
assobio (m)	ҳуштак	hushtak
assobiar (vi)	ҳуштак чалмоқ	hushtak chalmoq
batida (f)	тақиллаш	taqillash
bater (vi)	тақиллатмоқ	taqillatmoq
estalar (vi)	қарсилламоқ	qarsillamoq
estalido (m)	қасир-қусур	qasir-qusur
sirene (f)	сирена	sirena
apito (m)	гудок	gudok
apitar (vi)	гудок чалмоқ	gudok chalmoq
buzina (f)	сигнал	signal
buzinar (vi)	сигнал чалмоқ	signal chalmoq

209. Inverno

inverno (m)	қиш	qish
de inverno	қишки	qishki
no inverno	қишда	qishda
neve (f)	қор	qor
está a nevar	қор ёғяпти	qor yog'yapti
queda (f) de neve	қор ёғиши	qor yog'ishi
amontoado (m) de neve	қортепа	qortepa
floco (m) de neve	қор учқуни	qor uchquni
bola (f) de neve	юмалоқланган қор	yumaloqlangan qor
boneco (m) de neve	қордан ясалган одам	qordan yasalgan odam
sincelo (m)	сумалак	sumalak
dezembro (m)	декабр	dekabr
janeiro (m)	январ	yanvar
fevereiro (m)	феврал	fevral
gelo (m)	аёз	ayoz
gelado, glacial	аёзли	ayozli
abaixo de zero	нолдан паст	noldan past
geada (f)	дастлабки совуқ	dastlabki sovuq
geada (f) branca	қиров	qirov

| frio (m) | совук | sovuq |
| está frio | совук | sovuq |

| casaco (m) de peles | пўстин | po'stin |
| mitenes (f pl) | бошмалдокли кўлкоплар | boshmaldoqli qo'lqoplar |

adoecer (vi)	касал бўлмок	kasal bo'lmoq
constipação (f)	шамоллаш	shamollash
constipar-se (vr)	шамолламок	shamollamoq

gelo (m)	муз	muz
gelo (m) na estrada	яхвонлик	yaxvonlik
congelar-se (vr)	музлаб колмок	muzlab qolmoq
bloco (m) de gelo	катта муз парчаси	katta muz parchasi

esqui (m)	чанғи	chang'i
esquiador (m)	чанғичи	chang'ichi
esquiar (vi)	чанғида учмок	chang'ida uchmoq
patinar (vi)	конкида учмок	konkida uchmoq

Fauna

210. Mamíferos. Predadores

predador (m)	йирткич	yirtqich
tigre (m)	йўлбарс	yo'lbars
leão (m)	шер	sher
lobo (m)	бўри	bo'ri
raposa (f)	тулки	tulki
jaguar (m)	ягуар	yaguar
leopardo (m)	коплон	qoplon
chita (f)	гепард	gepard
pantera (f)	кора коплон	qora qoplon
puma (m)	пума	puma
leopardo-das-neves (m)	кор коплони	qor qoploni
lince (m)	силовсин	silovsin
coiote (m)	коёт	koyot
chacal (m)	шокол	shoqol
hiena (f)	сиртлон	sirtlon

211. Animais selvagens

animal (m)	жонивор	jonivor
besta (f)	ҳайвон	hayvon
esquilo (m)	олмахон	olmaxon
ouriço (m)	типратикан	tipratikan
lebre (f)	куён	quyon
coelho (m)	куён	quyon
texugo (m)	бўрсик	bo'rsiq
guaxinim (m)	енот	enot
hamster (m)	огмахон	og'maxon
marmota (f)	суғур	sug'ur
toupeira (f)	кўр каламуш	ko'r kalamush
rato (m)	сичкон	sichqon
ratazana (f)	каламуш	kalamush
morcego (m)	кўршапалак	ko'rshapalak
arminho (m)	оксувсар	oqsuvsar
zibelina (f)	собол	sobol
marta (f)	сувсар	suvsar
doninha (f)	латча	latcha
vison (m)	коракўзан	qorako'zan

castor (m)	сув қундузи	suv qunduzi
lontra (f)	қундуз	qunduz
cavalo (m)	от	ot
alce (m)	лос	los
veado (m)	буғу	bug'u
camelo (m)	туя	tuya
bisão (m)	бизон	bizon
auroque (m)	зубр	zubr
búfalo (m)	буйвол	buyvol
zebra (f)	зебра	zebra
antílope (m)	антилопа	antilopa
corça (f)	кичик буғу	kichik bug'u
gamo (m)	кийик	kiyik
camurça (f)	тоғ кийик	tog' kiyik
javali (m)	тўнғиз	to'ng'iz
baleia (f)	кит	kit
foca (f)	тюлен	tyulen
morsa (f)	морж	morj
urso-marinho (m)	денгиз мушуги	dengiz mushugi
golfinho (m)	делфин	delfin
urso (m)	айиқ	ayiq
urso (m) branco	оқ айиқ	oq ayiq
panda (m)	панда	panda
macaco (em geral)	маймун	maymun
chimpanzé (m)	шимпанзе	shimpanze
orangotango (m)	орангутанг	orangutang
gorila (m)	горилла	gorilla
macaco (m)	макака	makaka
gibão (m)	гиббон	gibbon
elefante (m)	фил	fil
rinoceronte (m)	каркидон	karkidon
girafa (f)	жираф	jiraf
hipopótamo (m)	бегемот	begemot
canguru (m)	кенгуру	kenguru
coala (m)	коала	koala
mangusto (m)	мангуст	mangust
chinchila (m)	шиншилла	shinshilla
doninha-fedorenta (f)	сассиқ кўзан	sassiq ko'zan
porco-espinho (m)	жайра	jayra

212. Animais domésticos

gata (f)	мушук	mushuk
gato (m) macho	мушук	mushuk
cão (m)	ит	it

cavalo (m)	от	ot
garanhão (m)	айғир	ayg'ir
égua (f)	бия	biya
vaca (f)	мол	mol
touro (m)	буқа	buqa
boi (m)	ҳўкиз	ho'kiz
ovelha (f)	кўй	qo'y
carneiro (m)	кўчқор	qo'chqor
cabra (f)	ечки	echki
bode (m)	така	taka
burro (m)	ешак	eshak
mula (f)	хачир	xachir
porco (m)	чўчқа	cho'chqa
leitão (m)	чўчқа боласи	cho'chqa bolasi
coelho (m)	қуён	quyon
galinha (f)	товуқ	tovuq
galo (m)	хўроз	xo'roz
pata (f)	ўрдак	o'rdak
pato (macho)	ўрдак	o'rdak
ganso (m)	ғоз	g'oz
peru (m)	курка	kurka
perua (f)	курка	kurka
animais (m pl) domésticos	уй ҳайвонлари	uy hayvonlari
domesticado	қўлга ўргатилган	qo'lga o'rgatilgan
domesticar (vt)	қўлга ўргатмоқ	qo'lga o'rgatmoq
criar (vt)	боқмоқ	boqmoq
quinta (f)	ферма	ferma
aves (f pl) domésticas	уй паррандаси	uy parrandasi
gado (m)	мол	mol
rebanho (m), manada (f)	пода	poda
estábulo (m)	отхона	otxona
pocilga (f)	чўчқахона	cho'chqaxona
estábulo (m)	молхона	molxona
coelheira (f)	қуёнхона	quyonxona
galinheiro (m)	товуқхона	tovuqxona

213. Cães. Raças de cães

cão (m)	ит	it
cão pastor (m)	овчарка	ovcharka
pastor-alemão (m)	немис овчаркаси	nemis ovcharkasi
caniche (m)	пудел	pudel
teckel (m)	такса	taksa
buldogue (m)	булдог	buldog

boxer (m)	боксёр	boksyor
mastim (m)	мастиф	mastif
rottweiler (m)	ротвейлер	rotveyler
dobermann (m)	доберман	doberman
basset (m)	бассет	basset
pastor inglês (m)	бобтейл	bobteyl
dálmata (m)	далматин	dalmatin
cocker spaniel (m)	кокер-спаниел	koker-spaniel
terra-nova (m)	нюфаундленд	nyufaundlend
são-bernardo (m)	сенбернар	senbernar
husky (m)	хаски	xaski
Chow-chow (m)	чау-чау	chau-chau
spitz alemão (m)	шпиц	shpits
carlindogue (m)	мопс	mops

214. Sons produzidos pelos animais

latido (m)	вовиллаш	vovillash
latir (vi)	вовилламоқ	vovillamoq
miar (vi)	миёвламоқ	miyovlamoq
ronronar (vi)	хурилламоқ	xurillamoq
mugir (vaca)	маърамоқ	ma'ramoq
bramir (touro)	ўкирмоқ	o'kirmoq
rosnar (vi)	ирилламоқ	irillamoq
uivo (m)	увиллаш	uvillash
uivar (vi)	увламоқ	uvlamoq
ganir (vi)	ангилламоқ	angillamoq
balir (vi)	баъламоқ	ba'lamoq
grunhir (porco)	хурхурламоқ	xurxurlamoq
guinchar (vi)	чийилламоқ	chiyillamoq
coaxar (sapo)	вақвақламоқ	vaqvaqlamoq
zumbir (inseto)	визилламоқ	vizillamoq
estridular, ziziar (vi)	чирилламоқ	chirillamoq

215. Animais jovens

cria (f), filhote (m)	ҳайвонларнинг боласи	hayvonlarning bolasi
gatinho (m)	мушукча	mushukcha
ratinho (m)	сичқонча	sichqoncha
cãozinho (m)	кучук	kuchuk
filhote (m) de lebre	қуёнча	quyoncha
coelhinho (m)	қуёнча	quyoncha
lobinho (m)	бўри боласи	bo'ri bolasi
raposinho (m)	тулки боласи	tulki bolasi

ursinho (m)	айиқча	ayiqcha
leãozinho (m)	арслон боласи	arslon bolasi
filhote (m) de tigre	йўлбарс боласи	yo'lbars bolasi
filhote (m) de elefante	фил боласи	fil bolasi

leitão (m)	чўчқа боласи	cho'chqa bolasi
bezerro (m)	бузоқ	buzoq
cabrito (m)	ечки боласи	echki bolasi
cordeiro (m)	қўзичоқ	qo'zichoq
cria (f) de veado	кийик боласи	kiyik bolasi
cria (f) de camelo	бўталоқ	bo'taloq

| filhote (m) de serpente | илон боласи | ilon bolasi |
| cria (f) de rã | бақача | baqacha |

cria (f) de ave	полапон	polapon
pinto (m)	жўжа	jo'ja
patinho (m)	ўрдакча	o'rdakcha

216. Pássaros

pássaro (m), ave (f)	қуш	qush
pombo (m)	каптар	kaptar
pardal (m)	чумчуқ	chumchuq
chapim-real (m)	читтак	chittak
pega-rabuda (f)	ҳакка	hakka

corvo (m)	қарға	qarg'a
gralha (f) cinzenta	қарға	qarg'a
gralha-de-nuca-cinzenta (f)	зоғча	zog'cha
gralha-calva (f)	гўнгқарға	go'ngqarg'a

pato (m)	ўрдак	o'rdak
ganso (m)	ғоз	g'oz
faisão (m)	қирғовул	qirg'ovul

águia (f)	бургут	burgut
açor (m)	қирғий	qirg'iy
falcão (m)	лочин	lochin
abutre (m)	калхат	kalxat
condor (m)	кондор	kondor

cisne (m)	оққуш	oqqush
grou (m)	турна	turna
cegonha (f)	лайлак	laylak

papagaio (m)	тўтиқуш	to'tiqush
beija-flor (m)	колибри	kolibri
pavão (m)	товус	tovus

avestruz (m)	туяқуш	tuyaqush
garça (f)	қарқара	qarqara
flamingo (m)	фламинго	flamingo
pelicano (m)	сақоқуш	saqoqush

rouxinol (m)	булбул	bulbul
andorinha (f)	қалдирғоч	qaldirg'och
tordo-zornal (m)	қораялоқ	qorayaloq
tordo-músico (m)	сайроқи қораялоқ	sayroqi qorayaloq
melro-preto (m)	қора қораялоқ	qora qorayaloq
andorinhão (m)	жарқалдирғоч	jarqaldirg'och
cotovia (f)	тўрғай	to'rg'ay
codorna (f)	бедана	bedana
pica-pau (m)	қизилиштон	qizilishton
cuco (m)	какку	kakku
coruja (f)	бойқуш	boyqush
corujão, bufo (m)	укки	ukki
tetraz-grande (m)	карқуш	karqush
tetraz-lira (m)	қур	qur
perdiz-cinzenta (f)	каклик	kaklik
estorninho (m)	чуғурчиқ	chug'urchiq
canário (m)	канарейка	kanareyka
galinha-do-mato (f)	булдуруқ	bulduruq
tentilhão (m)	зяблик	zyablik
dom-fafe (m)	снегир	snegir
gaivota (f)	чайка	chayka
albatroz (m)	албатрос	albatros
pinguim (m)	пингвин	pingvin

217. Pássaros. Canto e sons

cantar (vi)	куйламоқ	kuylamoq
gritar (vi)	бақирмоқ	baqirmoq
cantar (o galo)	қичқирмоқ	qichqirmoq
cocorocó (m)	қичқириқ	qichqiriq
cacarejar (vi)	қақағламоқ	qaqag'lamoq
crocitar (vi)	қағилламоқ	qag'illamoq
grasnar (vi)	ғақғақламоқ	g'aqg'aqlamoq
piar (vi)	чийилламоқ	chiyillamoq
chilrear, gorjear (vi)	чирқилламоқ	chirqillamoq

218. Peixes. Animais marinhos

brema (f)	лешч	leshch
carpa (f)	зоғорабалиқ	zog'orabaliq
perca (f)	олабуға	olabug'a
siluro (m)	лаққа балиқ	laqqa baliq
lúcio (m)	чўртанбалиқ	cho'rtanbaliq
salmão (m)	лосос	losos
esturjão (m)	осётр	osyotr

arenque (m)	селд	seld
salmão (m)	сёмга	syomga
cavala, sarda (f)	скумбрия	skumbriya
solha (f)	камбала	kambala
lúcio perca (m)	судак	sudak
bacalhau (m)	треска	treska
atum (m)	тунец	tunets
truta (f)	форел	forel
enguia (f)	илонбалиқ	ilonbaliq
raia elétrica (f)	електр скат	elektr skat
moreia (f)	мурена	murena
piranha (f)	пираня	piranya
tubarão (m)	акула	akula
golfinho (m)	делфин	delfin
baleia (f)	кит	kit
caranguejo (m)	қисқичбақа	qisqichbaqa
medusa, alforreca (f)	медуза	meduza
polvo (m)	саккизоёқ	sakkizoyoq
estrela-do-mar (f)	денгиз юлдузи	dengiz yulduzi
ouriço-do-mar (m)	денгиз кирписи	dengiz kirpisi
cavalo-marinho (m)	денгиз оти	dengiz oti
ostra (f)	устрица	ustritsa
camarão (m)	креветка	krevetka
lavagante (m)	омар	omar
lagosta (f)	лангуст	langust

219. Amfíbios. Répteis

serpente, cobra (f)	илон	ilon
venenoso	заҳарли	zaharli
víbora (f)	қора илон	qora ilon
cobra-capelo, naja (f)	кобра	kobra
pitão (m)	питон	piton
jiboia (f)	бўғма илон	bo'g'ma ilon
cobra-de-água (f)	сувилон	suvilon
cascavel (f)	шақилдоқ илон	shaqildoq ilon
anaconda (f)	анаконда	anakonda
lagarto (m)	калтакесак	kaltakesak
iguana (f)	игуана	iguana
varano (m)	ечкиемар	echkiemar
salamandra (f)	саламандра	salamandra
camaleão (m)	хамелеон	xameleon
escorpião (m)	чаён	chayon
tartaruga (f)	тошбақа	toshbaqa
rã (f)	бақа	baqa

| sapo (m) | қурбақа | qurbaqa |
| crocodilo (m) | тимсоҳ | timsoh |

220. Insetos

inseto (m)	ҳашарот	hasharot
borboleta (f)	капалак	kapalak
formiga (f)	чумоли	chumoli
mosca (f)	пашша	pashsha
mosquito (m)	чивин	chivin
escaravelho (m)	қўнғиз	qo'ng'iz

vespa (f)	ари	ari
abelha (f)	асалари	asalari
mamangava (f)	қовоқари	qovoqari
moscardo (m)	сўна	so'na

| aranha (f) | ўргимчак | o'rgimchak |
| teia (f) de aranha | ўргимчак ини | o'rgimchak ini |

libélula (f)	ниначи	ninachi
gafanhoto-do-campo (m)	чигиртка	chigirtka
traça (f)	парвона	parvona

barata (f)	суварак	suvarak
carraça (f)	кана	kana
pulga (f)	бурга	burga
borrachudo (m)	майда чивин	mayda chivin

gafanhoto (m)	чигиртка	chigirtka
caracol (m)	шиллиқ қурт	shilliq qurt
grilo (m)	қора чигиртка	qora chigirtka
pirilampo (m)	ялтироқ қўнғиз	yaltiroq qo'ng'iz
joaninha (f)	хонқизи	xonqizi
besouro (m)	тиллақўнғиз	tillaqo'ng'iz

sanguessuga (f)	зулук	zuluk
lagarta (f)	капалак қурти	kapalak qurti
minhoca (f)	чувалчанг	chuvalchang
larva (f)	қурт	qurt

221. Animais. Partes do corpo

bico (m)	тумшуқ	tumshuq
asas (f pl)	қанотлар	qanotlar
pata (f)	панжа	panja
plumagem (f)	қуш патлари	qush patlari
pena, pluma (f)	пат	pat
crista (f)	кокилча	kokilcha

| brânquias, guelras (f pl) | ойқулоқ | oyquloq |
| ovas (f pl) | увилдириқ | uvildiriq |

larva (f)	курт	qurt
barbatana (f)	сузгич	suzgich
escama (f)	тангача	tangacha

canino (m)	қозиқ тиш	qoziq tish
pata (f)	панжа	panja
focinho (m)	тумшуқ	tumshuq
boca (f)	оғиз	og'iz
cauda (f), rabo (m)	дум	dum
bigodes (m pl)	мўйлов	mo'ylov

| casco (m) | туёқ | tuyoq |
| corno (m) | шох | shox |

carapaça (f)	зирҳ	zirh
concha (f)	чиғаноқ	chig'anoq
casca (f) de ovo	қобиқ	qobiq

| pelo (m) | юнг | yung |
| pele (f), couro (m) | тери | teri |

222. Ações dos animais

| voar (vi) | учмоқ | uchmoq |
| dar voltas | айланмоқ | aylanmoq |

| voar (para longe) | учиб кетмоқ | uchib ketmoq |
| bater as asas | қоқмоқ | qoqmoq |

| bicar (vi) | чўқимоқ | cho'qimoq |
| incubar (vt) | тухум босмоқ | tuxum bosmoq |

| sair do ovo | тухумдан чиқмоқ | tuxumdan chiqmoq |
| fazer o ninho | тўқимоқ | to'qimoq |

rastejar (vi)	ўрмаламоқ	o'rmalamoq
picar (vt)	чақмоқ	chaqmoq
morder (vt)	тишлаб олмоқ	tishlab olmoq

cheirar (vt)	ҳидламоқ	hidlamoq
latir (vi)	вовилламоқ	vovillamoq
silvar (vi)	вишилламоқ	vishillamoq

| assustar (vt) | қўрқитмоқ | qo'rqitmoq |
| atacar (vt) | ҳамла қилмоқ | hamla qilmoq |

roer (vt)	ғажимоқ	g'ajimoq
arranhar (vt)	тимдаламоқ	timdalamoq
esconder-se (vr)	беркинмоқ	berkinmoq

brincar (vi)	ўйнамоқ	o'ynamoq
caçar (vi)	ов қилмоқ	ov qilmoq
hibernar (vi)	уйқуда бўлмоқ	uyquda bo'lmoq
extinguir-se (vr)	қирилиб кетмоқ	qirilib ketmoq

223. Animais. Habitats

hábitat	яшаш муҳити	yashash muhiti
migração (f)	миграция	migratsiya
montanha (f)	тоғ	tog'
recife (m)	сув ичидаги қоя	suv ichidagi qoya
falésia (f)	қоя	qoya
floresta (f)	ўрмон	o'rmon
selva (f)	жунгли	jungli
savana (f)	саванна	savanna
tundra (f)	тундра	tundra
estepe (f)	чўл	cho'l
deserto (m)	саҳро	sahro
oásis (m)	воҳа	voha
mar (m)	денгиз	dengiz
lago (m)	кўл	ko'l
oceano (m)	океан	okean
pântano (m)	ботқоқ	botqoq
de água doce	чучук сувли	chuchuk suvli
lagoa (f)	ҳовуз	hovuz
rio (m)	дарё	daryo
toca (f) do urso	айиқ ини	ayiq ini
ninho (m)	уя	uya
buraco (m) de árvore	ковак	kovak
toca (f)	ин	in
formigueiro (m)	чумоли ини	chumoli ini

224. Cuidados com os animais

jardim (m) zoológico	ҳайвонот боғи	hayvonot bog'i
reserva (f) natural	қўриқхона	qo'riqxona
viveiro (m)	питомник	pitomnik
jaula (f) de ar livre	волер	voler
jaula, gaiola (f)	қафас	qafas
casinha (f) de cão	каталак	katalak
pombal (m)	каптархона	kaptarxona
aquário (m)	аквариум	akvarium
delfinário (m)	делфинарий	delfinariy
criar (vt)	кўпайтирмоқ	ko'paytirmoq
ninhada (f)	насл	nasl
domesticar (vt)	қўлга ўргатмоқ	qo'lga o'rgatmoq
adestrar (vt)	ҳайвонларни ўргатмоқ	hayvonlarni o'rgatmoq
ração (f)	ем	em
alimentar (vt)	ем бермоқ	em bermoq

loja (f) de animais	зоомагазин	zoomagazin
açaime (m)	тумшуқбоғ	tumshuqbog'
coleira (f)	бўйинбоғ	bo'yinbog'
nome (m)	лақаб	laqab
pedigree (m)	шажара	shajara

225. Animais. Diversos

alcateia (f)	тўда	to'da
bando (pássaros)	гала	gala
cardume (peixes)	гала	gala
manada (cavalos)	уюр	uyur

| macho (m) | нар | nar |
| fêmea (f) | мода | moda |

faminto	оч	och
selvagem	ёввойи	yovvoyi
perigoso	хавфли	xavfli

226. Cavalos

| cavalo (m) | от | ot |
| raça (f) | зот | zot |

| potro (m) | тойча | toycha |
| égua (f) | бия | biya |

mustangue (m)	мустанг	mustang
pónei (m)	пастак от	pastak ot
cavalo (m) de tiro	оғир юк ташувчи от	og'ir yuk tashuvchi ot

| crina (f) | ёл | yol |
| cauda (f) | дум | dum |

casco (m)	туёқ	tuyoq
ferradura (f)	тақа	taqa
ferrar (vt)	тақаламоқ	taqalamoq
ferreiro (m)	темирчи	temirchi

sela (f)	эгар	egar
estribo (m)	узанги	uzangi
brida (f)	юган	yugan
rédeas (f pl)	тизгин	tizgin
chicote (m)	қамчи	qamchi

cavaleiro (m)	чавандоз	chavandoz
colocar sela	эгарламоқ	egarlamoq
montar no cavalo	эгарга ўтирмоқ	egarga o'tirmoq

| galope (m) | сакраб чопиш | sakrab chopish |
| galopar (vi) | йелдирмоқ | yeldirmoq |

trote (m)	йўртиб чопиш	yo'rtib chopish
a trote	йўртиб	yo'rtib
ir a trote	отда йўртиб бориш	otda yo'rtib borish
cavalo (m) de corrida	пойгачи от	poygachi ot
corridas (f pl)	пойга	poyga
estábulo (m)	отхона	otxona
alimentar (vt)	ем бермоқ	em bermoq
feno (m)	хашак	xashak
dar água	суғормоқ	sug'ormoq
limpar (vt)	тозаламоқ	tozalamoq
carroça (f)	юкли арава, арава	yukli arava, arava
pastar (vi)	ўтламоқ	o'tlamoq
relinchar (vi)	кишнамоқ	kishnamoq
dar um coice	тепиб олмоқ	tepib olmoq

Flora

227. Árvores

árvore (f)	дарахт	daraxt
decídua	баргли	bargli
conífera	игнабаргли	ignabargli
perene	доимяшил	doimyashil
macieira (f)	олма	olma
pereira (f)	нок	nok
cerejeira (f)	гилос	gilos
ginjeira (f)	олча	olcha
ameixeira (f)	олхўри	olxo'ri
bétula (f)	оқ қайин	oq qayin
carvalho (m)	еман	eman
tília (f)	жўка дарахти	jo'ka daraxti
choupo-tremedor (m)	тоғтерак	tog'terak
bordo (m)	заранг дарахти	zarang daraxti
espruce-europeu (m)	қорақарағай	qoraqarag'ay
pinheiro (m)	қарағай	qarag'ay
alerce, lariço (m)	тилоғоч	tilog'och
abeto (m)	оққарағай	oqqarag'ay
cedro (m)	кедр	kedr
choupo, álamo (m)	терак	terak
tramazeira (f)	четан	chetan
salgueiro (m)	мажнунтол	majnuntol
amieiro (m)	олха	olxa
faia (f)	қора қайин	qora qayin
ulmeiro (m)	қайрағоч	qayrag'och
freixo (m)	шумтол	shumtol
castanheiro (m)	каштан	kashtan
magnólia (f)	магнолия	magnoliya
palmeira (f)	палма	palma
cipreste (m)	кипарис	kiparis
mangue (m)	мангро дарахти	mangro daraxti
embondeiro, baobá (m)	баобаб	baobab
eucalipto (m)	евкалипт	evkalipt
sequoia (f)	секвойя	sekvoyya

228. Arbustos

arbusto (m)	бута	buta
arbusto (m), moita (f)	бутазор	butazor

| videira (f) | узум | uzum |
| vinhedo (m) | узумзор | uzumzor |

framboeseira (f)	малина	malina
groselheira-preta (f)	қора смородина	qora smorodina
groselheira-vermelha (f)	қизил смородина	qizil smorodina
groselheira (f) espinhosa	крижовник	krijovnik

acácia (f)	акация	akatsiya
bérberis (f)	зирк	zirk
jasmim (m)	ясмин	yasmin

junípero (m)	қора арча	qora archa
roseira (f)	атиргул тупи	atirgul tupi
roseira (f) brava	наъматак	na'matak

229. Cogumelos

cogumelo (m)	қўзиқорин	qo'ziqorin
cogumelo (m) comestível	еса бўладиган қўзиқорин	esa bo'ladigan qo'ziqorin
cogumelo (m) venenoso	заҳарли қўзиқорин	zaharli qo'ziqorin
chapéu (m)	салла	salla
pé, caule (m)	оёқча	oyoqcha

boleto (m)	оқ қўзиқорин	oq qo'ziqorin
boleto (m) alaranjado	қизил қўзиқорин	qizil qo'ziqorin
míscaro (m) das bétulas	подберёзовик	podberyozovik
cantarela (f)	лисичка	lisichka
rússula (f)	сироежка	siroejka

morchella (f)	сморчок	smorchok
agário-das-moscas (m)	мухомор	muxomor
cicuta (f) verde	қурбақасалла	qurbaqasalla

230. Frutos. Bagas

fruta (f)	мева	meva
frutas (f pl)	мевалар	mevalar
maçã (f)	олма	olma
pera (f)	нок	nok
ameixa (f)	олхўри	olxo'ri

morango (m)	қулупнай	qulupnay
ginja (f)	олча	olcha
cereja (f)	гилос	gilos
uva (f)	узум	uzum

framboesa (f)	малина	malina
groselha (f) preta	қора смородина	qora smorodina
groselha (f) vermelha	қизил смородина	qizil smorodina
groselha (f) espinhosa	крижовник	krijovnik
oxicoco (m)	клюква	klyukva

laranja (f)	апелсин	apelsin
tangerina (f)	мандарин	mandarin
ananás (m)	ананас	ananas
banana (f)	банан	banan
tâmara (f)	хурмо	xurmo

limão (m)	лимон	limon
damasco (m)	ўрик	o'rik
pêssego (m)	шафтоли	shaftoli
kiwi (m)	киви	kivi
toranja (f)	грейпфрут	greypfrut

baga (f)	реза мева	reza meva
bagas (f pl)	реза мевалар	reza mevalar
arando (m) vermelho	брусника	brusnika
morango-silvestre (m)	йертут	yertut
mirtilo (m)	черника	chernika

231. Flores. Plantas

| flor (f) | гул | gul |
| ramo (m) de flores | даста | dasta |

rosa (f)	атиргул	atirgul
tulipa (f)	лола	lola
cravo (m)	чиннигул	chinnigul
gladíolo (m)	гладиолус	gladiolus

centáurea (f)	бўтакўз	bo'tako'z
campânula (f)	қўнғироқгул	qo'ng'iroqgul
dente-de-leão (m)	момақаймоқ	momaqaymoq
camomila (f)	мойчечак	moychechak

aloé (m)	алое	aloe
cato (m)	кактус	kaktus
fícus (m)	фикус	fikus

lírio (m)	лилия	liliya
gerânio (m)	ёронгул	yorongul
jacinto (m)	сунбул	sunbul

mimosa (f)	мимоза	mimoza
narciso (m)	наргис	nargis
capuchinha (f)	лотин чечаги	lotin chechagi

orquídea (f)	орхидея	orxideya
peónia (f)	саллагул	sallagul
violeta (f)	бинафша	binafsha

amor-perfeito (m)	капалакгул	kapalakgul
não-me-esqueças (m)	бўтакўз	bo'tako'z
margarida (f)	дасторгул	dastorgul
papoula (f)	кўкнор	ko'knor
cânhamo (m)	наша ўсимлиги	nasha o'simligi

hortelã (f)	ялпиз	yalpiz
lírio-do-vale (m)	марваридгул	marvaridgul
campânula-branca (f)	бойчечак	boychechak
urtiga (f)	қичитқи ўт	qichitqi o't
azeda (f)	шовул	shovul
nenúfar (m)	нилфия	nilfiya
feto (m), samambaia (f)	қирққулоқ	qirqquloq
líquen (m)	лишайник	lishaynik
estufa (f)	оранжерея	oranjereya
relvado (m)	газон	gazon
canteiro (m) de flores	клумба	klumba
planta (f)	ўсимлик	o'simlik
erva (f)	ўт	o't
folha (f) de erva	ўт пояси	o't poyasi
folha (f)	барг	barg
pétala (f)	гулбарг	gulbarg
talo (m)	поя	poya
tubérculo (m)	тугунак	tugunak
broto, rebento (m)	куртак	kurtak
espinho (m)	тиканак	tikanak
florescer (vi)	гулламоқ	gullamoq
murchar (vi)	сўлимоқ	so'limoq
cheiro (m)	хид	hid
cortar (flores)	кесиб олмоқ	kesib olmoq
colher (uma flor)	узмоқ, узиб олмоқ	uzmoq, uzib olmoq

232. Cereais, grãos

grão (m)	ғалла	g'alla
cereais (plantas)	ғалла ўсимликлари	g'alla o'simliklari
espiga (f)	бошоқ	boshoq
trigo (m)	буғдой	bug'doy
centeio (m)	жавдар	javdar
aveia (f)	сули	suli
milho-miúdo (m)	тариқ	tariq
cevada (f)	арпа	arpa
milho (m)	маккажўхори	makkajo'xori
arroz (m)	шоли	sholi
trigo-sarraceno (m)	гречиха	grechixa
ervilha (f)	нўхат	no'xat
feijão (m)	ловия	loviya
soja (f)	соя	soya
lentilha (f)	ясмиқ	yasmiq
fava (f)	дуккакли ўсимликлар	dukkakli o'simliklar

233. Vegetais. Verduras

legumes (m pl)	сабзовотлар	sabzovotlar
verduras (f pl)	кўкат	ko'kat
tomate (m)	помидор	pomidor
pepino (m)	бодринг	bodring
cenoura (f)	сабзи	sabzi
batata (f)	картошка	kartoshka
cebola (f)	пиёз	piyoz
alho (m)	саримсоқ	sarimsoq
couve (f)	карам	karam
couve-flor (f)	гулкарам	gulkaram
couve-de-bruxelas (f)	брюссел карами	bryussel karami
brócolos (m pl)	брокколи карами	brokkoli karami
beterraba (f)	лавлаги	lavlagi
beringela (f)	бақлажон	baqlajon
curgete (f)	қовоқча	qovoqcha
abóbora (f)	ошқовоқ	oshqovoq
nabo (m)	шолғом	sholg'om
salsa (f)	петрушка	petrushka
funcho, endro (m)	укроп	ukrop
alface (f)	салат	salat
aipo (m)	селдерей	selderey
espargo (m)	сарсабил	sarsabil
espinafre (m)	исмалоқ	ismaloq
ervilha (f)	нўхат	no'xat
fava (f)	дуккакли ўсимликлар	dukkakli o'simliklar
milho (m)	маккажўхори	makkajo'xori
feijão (m)	ловия	loviya
pimentão (m)	қалампир	qalampir
rabanete (m)	редиска	rediska
alcachofra (f)	артишок	artishok

GEOGRAFIA REGIONAL

Países. Nacionalidades

234. Europa Ocidental

Europa (f)	Йевропа	Yevropa
União (f) Europeia	Йевропа Иттифоқи	Yevropa Ittifoqi
europeu (m)	йевропалик	yevropalik
europeu	йевропага оид	yevropaga oid
Áustria (f)	Австрия	Avstriya
austríaco (m)	австриялик	avstriyalik
austríaca (f)	австриялик аёл	avstriyalik ayol
austríaco	австрияликларга оид	avstriyaliklarga oid
Grã-Bretanha (f)	Буюк Британия	Buyuk Britaniya
Inglaterra (f)	Англия	Angliya
inglês (m)	инглиз	ingliz
inglesa (f)	инглиз аёл	ingliz ayol
inglês	инглизларга оид	inglizlarga oid
Bélgica (f)	Белгия	Belgiya
belga (m)	белгиялик	belgiyalik
belga (f)	белгиялик аёл	belgiyalik ayol
belga	белгияликларга оид	belgiyaliklarga oid
Alemanha (f)	Германия	Germaniya
alemão (m)	немис	nemis
alemã (f)	немис аёл	nemis ayol
alemão	немисларга оид	nemislarga oid
Países (m pl) Baixos	Нидерландия	Niderlandiya
Holanda (f)	Голландия	Gollandiya
holandês (m)	голланд	golland
holandesa (f)	голланд аёл	golland ayol
holandês	голландларга оид	gollandlarga oid
Grécia (f)	Греция	Gretsiya
grego (m)	грек	grek
grega (f)	грек аёл	grek ayol
grego	грекларга оид	greklarga oid
Dinamarca (f)	Дания	Daniya
dinamarquês (m)	даниялик	daniyalik
dinamarquesa (f)	даниялик аёл	daniyalik ayol
dinamarquês	данияликларга оид	daniyaliklarga oid
Irlanda (f)	Ирландия	Irlandiya
irlandês (m)	ирландиялик	irlandiyalik

irlandesa (f)	ирландиялик аёл	irlandiyalik ayol
irlandês	ирландияликларга оид	irlandiyaliklarga oid
Islândia (f)	Исландия	Islandiya
islandês (m)	исландиялик	islandiyalik
islandesa (f)	исландиялик аёл	islandiyalik ayol
islandês	исландияликларга оид	islandiyaliklarga oid
Espanha (f)	Испания	Ispaniya
espanhol (m)	Испан	Ispan
espanhola (f)	испан аёл	ispan ayol
espanhol	испанларга оид	ispanlarga oid
Itália (f)	Италия	Italiya
italiano (m)	италян	italyan
italiana (f)	италян аёл	italyan ayol
italiano	италияликларга оид	italiyaliklarga oid
Chipre (m)	Кипр	Kipr
cipriota (m)	кипрлик	kiprlik
cipriota (f)	кипрлик аёл	kiprlik ayol
cipriota	кипрликларга оид	kiprliklarga oid
Malta (f)	Малта	Malta
maltês (m)	малталик	maltalik
maltesa (f)	малталик аёл	maltalik ayol
maltês	малталикларга оид	maltaliklarga oid
Noruega (f)	Норвегия	Norvegiya
norueguês (m)	норвег	norveg
norueguesa (f)	норвег аёл	norveg ayol
norueguês	норвегларга оид	norveglarga oid
Portugal (m)	Португалия	Portugaliya
português (m)	португал	portugal
portuguesa (f)	португал аёл	portugal ayol
português	португалларга оид	portugallarga oid
Finlândia (f)	Финляндия	Finlyandiya
finlandês (m)	финн	finn
finlandesa (f)	финн аёл	finn ayol
finlandês	финнларга оид	finnlarga oid
França (f)	Франция	Frantsiya
francês (m)	француз	frantsuz
francesa (f)	француз аёл	frantsuz ayol
francês	французларга оид	frantsuzlarga oid
Suécia (f)	Швеция	Shvetsiya
sueco (m)	швед	shved
sueca (f)	швед аёл	shved ayol
sueco	шведларга оид	shvedlarga oid
Suíça (f)	Швейцария	Shveytsariya
suíço (m)	швейцариялик	shveytsariyalik
suíça (f)	швейцариялик аёл	shveytsariyalik ayol

suíço	швейцарияликларга оид	shveytsariyaliklarga oid
Escócia (f)	Шотландия	Shotlandiya
escocês (m)	шотланд	shotland
escocesa (f)	шотланд аёл	shotland ayol
escocês	шотландларга оид	shotlandlarga oid
Vaticano (m)	Ватикан	Vatikan
Liechtenstein (m)	Лихтенштейн	Lixtenshteyn
Luxemburgo (m)	Люксембург	Lyuksemburg
Mónaco (m)	Монако	Monako

235. Europa Central e de Leste

Albânia (f)	Албания	Albaniya
albanês (m)	албан	alban
albanesa (f)	албан аёл	alban ayol
albanês	албанларга оид	albanlarga oid
Bulgária (f)	Болгария	Bolgariya
búlgaro (m)	болгар	bolgar
búlgara (f)	болгар аёл	bolgar ayol
búlgaro	болгарларга оид	bolgarlarga oid
Hungria (f)	Венгрия	Vengriya
húngaro (m)	венгр	vengr
húngara (f)	венгр аёл	vengr ayol
húngaro	венгрларга оид	vengrlarga oid
Letónia (f)	Латвия	Latviya
letão (m)	латиш	latish
letã (f)	латиш аёл	latish ayol
letão	латишларга оид	latishlarga oid
Lituânia (f)	Литва	Litva
lituano (m)	литвалик	litvalik
lituana (f)	литвалик аёл	litvalik ayol
lituano	литваликларга оид	litvaliklarga oid
Polónia (f)	Полша	Polsha
polaco (m)	поляк	polyak
polaca (f)	поляк аёл	polyak ayol
polaco	полякларга оид	polyaklarga oid
Roménia (f)	Руминия	Ruminiya
romeno (m)	румин	rumin
romena (f)	румин аёл	rumin ayol
romeno	руминларга оид	ruminlarga oid
Sérvia (f)	Сербия	Serbiya
sérvio (m)	серб	serb
sérvia (f)	серб аёл	serb ayol
sérvio	сербларга оид	serblarga oid
Eslováquia (f)	Словакия	Slovakiya
eslovaco (m)	словак	slovak

eslovaca (f) словак аёл slovak ayol
eslovaco словакларга оид slovaklarga oid

Croácia (f) Хорватия Xorvatiya
croata (m) хорват xorvat
croata (f) хорват аёл xorvat ayol
croata хорватларга оид xorvatlarga oid

República (f) Checa Чехия Chexiya
checo (m) чех chex
checa (f) чех аёл chex ayol
checo чехларга оид chexlarga oid

Estónia (f) Естония Estoniya
estónio (m) естон eston
estónia (f) естон аёл eston ayol
estónio естонларга оид estonlarga oid

Bósnia e Herzegovina (f) Босния ва Герцеговина Bosniya va Gertsegovina
Macedónia (f) Македония Makedoniya
Eslovénia (f) Словения Sloveniya
Montenegro (m) Черногория Chernogoriya

236. Países da ex-URSS

Azerbaijão (m) Озарбайжон Ozarbayjon
azeri (m) озарбайжон ozarbayjon
azeri (f) озарбайжон аёл ozarbayjon ayol
azeri, azerbaijano озарбайжонларга оид ozarbayjonlarga oid

Arménia (f) Арманистон Armaniston
arménio (m) арман arman
arménia (f) арман аёл arman ayol
arménio арманларга оид armanlarga oid

Bielorrússia (f) Беларус Belarus
bielorrusso (m) белорус belorus
bielorrussa (f) белорус аёл belorus ayol
bielorrusso белорусларга оид beloruslarga oid

Geórgia (f) Грузия Gruziya
georgiano (m) грузин gruzin
georgiana (f) грузин аёл gruzin ayol
georgiano грузинларга оид gruzinlarga oid

Cazaquistão (m) Қозоғистон Qozog'iston
cazaque (m) қозоқ qozoq
cazaque (f) қозоқ аёл qozoq ayol
cazaque қозоқларга оид qozoqlarga oid

Quirguistão (m) Қирғизистон Qirg'iziston
quirguiz (m) кирғиз kirg'iz
quirguiz (f) кирғиз аёл kirg'iz ayol
quirguiz кирғизларга оид kirg'izlarga oid

Moldávia (f)	Молдова	Moldova
moldavo (m)	молдаван	moldavan
moldava (f)	молдаван аёл	moldavan ayol
moldavo	молдаванларга оид	moldavanlarga oid
Rússia (f)	Россия	Rossiya
russo (m)	рус	rus
russa (f)	рус аёл	rus ayol
russo	русларга оид	ruslarga oid
Tajiquistão (m)	Тожикистон	Tojikiston
tajique (m)	тожик	tojik
tajique (f)	тожик аёл	tojik ayol
tajique	тожикларга оид	tojiklarga oid
Turquemenistão (m)	Туркманистон	Turkmaniston
turcomeno (m)	туркман	turkman
turcomena (f)	туркман аёл	turkman ayol
turcomeno	туркманларга оид	turkmanlarga oid
Uzbequistão (f)	ўзбекистон	o'zbekiston
uzbeque (m)	ўзбек	o'zbek
uzbeque (f)	ўзбек аёл	o'zbek ayol
uzbeque	ўзбекларга оид	o'zbeklarga oid
Ucrânia (f)	Украина	Ukraina
ucraniano (m)	украин	ukrain
ucraniana (f)	украин аёл	ukrain ayol
ucraniano	украинларга оид	ukrainlarga oid

237. Asia

Ásia (f)	Осиё	Osiyo
asiático	осиёга оид	osiyoga oid
Vietname (m)	Ветнам	Vetnam
vietnamita (m)	ветнамлик	vetnamlik
vietnamita (f)	ветнамлик аёл	vetnamlik ayol
vietnamita	ветнамликларга оид	vetnamliklarga oid
Índia (f)	Ҳиндистон	Hindiston
indiano (m)	ҳинд	hind
indiana (f)	ҳинд аёл	hind ayol
indiano	ҳиндларга оид	hindlarga oid
Israel (m)	Исроил	Isroil
israelita (m)	исроиллик	isroillik
israelita (f)	исроиллик аёл	isroillik ayol
israelita	исроилликларга оид	isroilliklarga oid
judeu (m)	яхудий	yahudiy
judia (f)	яхудий аёл	yahudiy ayol
judeu	яхудийларга оид	yahudiylarga oid
China (f)	Хитой	Xitoy

chinês (m)	хитой	xitoy
chinesa (f)	хитой аёл	xitoy ayol
chinês	хитойларга оид	xitoylarga oid

coreano (m)	корейс	koreys
coreana (f)	корейс аёл	koreys ayol
coreano	корейсларга оид	koreyslarga oid

Líbano (m)	Ливан	Livan
libanês (m)	ливанлик	livanlik
libanesa (f)	ливанлик аёл	livanlik ayol
libanês	ливанликларга оид	livanliklarga oid

Mongólia (f)	Мўғулистон	Mo'g'uliston
mongol (m)	мўғул	mo'g'ul
mongol (f)	мўғул аёл	mo'g'ul ayol
mongol	мўғуллларга оид	mo'g'ulllarga oid

Malásia (f)	Малайзия	Malayziya
malaio (m)	малайялик	malayyalik
malaia (f)	малайялик аёл	malayyalik ayol
malaio	малайяликларга оид	malayyaliklarga oid

Paquistão (m)	Покистон	Pokiston
paquistanês (m)	покистонлик	pokistonlik
paquistanesa (f)	покистонлик аёл	pokistonlik ayol
paquistanês	покистонликларга оид	pokistonliklarga oid

Arábia (f) Saudita	Саудия арабистони	Saudiya arabistoni
árabe (m)	араб	arab
árabe (f)	араб аёл	arab ayol
árabe	арабларга оид	arablarga oid

Tailândia (f)	Таиланд	Tailand
tailandês (m)	таиландлик	tailandlik
tailandesa (f)	таиландлик аёл	tailandlik ayol
tailandês	таиландликларга оид	tailandliklarga oid

Taiwan (m)	Тайван	Tayvan
taiwanês (m)	тайванлик	tayvanlik
taiwanesa (f)	тайванлик аёл	tayvanlik ayol
taiwanês	тайванликларга оид	tayvanliklarga oid

Turquia (f)	Туркия	Turkiya
turco (m)	турк	turk
turca (f)	турк аёл	turk ayol
turco	туркларга оид	turklarga oid

Japão (m)	Япония	Yaponiya
japonês (m)	япон	yapon
japonesa (f)	япон аёл	yapon ayol
japonês	японларга оид	yaponlarga oid

Afeganistão (m)	Афғонистон	Afg'oniston
Bangladesh (m)	Бангладеш	Bangladesh
Indonésia (f)	Индонезия	Indoneziya

Jordânia (f)	Иордания	Iordaniya
Iraque (m)	Ироқ	Iroq
Irão (m)	Ерон	Eron
Camboja (f)	Камбоджа	Kambodja
Kuwait (m)	Қувайт	Quvayt

Laos (m)	Лаос	Laos
Myanmar (m), Birmânia (f)	Мянма	Myanma
Nepal (m)	Непал	Nepal
Emirados Árabes Unidos	Бирлашган Араб Амирликлари	Birlashgan Arab Amirliklari

Síria (f)	Сурия	Suriya
Palestina (f)	Фаластин автономияси	Falastin avtonomiyasi
Coreia do Sul (f)	Жанубий Корея	Janubiy Koreya
Coreia do Norte (f)	Шимолий корея	Shimoliy koreya

238. América do Norte

Estados Unidos da América	Америка Қўшма Штатлари	Amerika Qo'shma Shtatlari
americano (m)	америкалик	amerikalik
americana (f)	америкалик аёл	amerikalik ayol
americano	америкаликларга оид	amerikaliklarga oid

Canadá (m)	Канада	Kanada
canadiano (m)	канадалик	kanadalik
canadiana (f)	канадалик аёл	kanadalik ayol
canadiano	канадаликларга оид	kanadaliklarga oid

México (m)	Мексика	Meksika
mexicano (m)	мексикалик	meksikalik
mexicana (f)	мексикалик аёл	meksikalik ayol
mexicano	мексикаликларга оид	meksikaliklarga oid

239. América Central do Sul

Argentina (f)	Аргентина	Argentina
argentino (m)	аргентиналик	argentinalik
argentina (f)	аргентиналик аёл	argentinalik ayol
argentino	аргентиналикларга оид	argentinaliklarga oid

Brasil (m)	Бразилия	Braziliya
brasileiro (m)	бразилиялик	braziliyalik
brasileira (f)	бразилиялик аёл	braziliyalik ayol
brasileiro	бразилияликларга оид	braziliyaliklarga oid

Colômbia (f)	Колумбия	Kolumbiya
colombiano (m)	колумбиялик	kolumbiyalik
colombiana (f)	колумбиялик аёл	kolumbiyalik ayol
colombiano	колумбияликларга оид	kolumbiyaliklarga oid
Cuba (f)	Куба	Kuba
cubano (m)	кубалик	kubalik

| cubana (f) | кубалик аёл | kubalik ayol |
| cubano | кубаликларга оид | kubaliklarga oid |

Chile (m)	Чили	Chili
chileno (m)	чилилик	chililik
chilena (f)	чилилик аёл	chililik ayol
chileno	чилиликларга оид	chililiklarga oid

Bolívia (f)	Боливия	Boliviya
Venezuela (f)	Венесуела	Venesuela
Paraguai (m)	Парагвай	Paragvay
Peru (m)	Перу	Peru
Suriname (m)	Суринам	Surinam
Uruguai (m)	Уругвай	Urugvay
Equador (m)	Еквадор	Ekvador

Bahamas (f pl)	Багам ороллари	Bagam orollari
Haiti (m)	Гаити	Gaiti
República (f) Dominicana	Доминикана республикаси	Dominikana respublikasi
Panamá (m)	Панама	Panama
Jamaica (f)	Жамайка	Jamayka

240. Africa

Egito (m)	Миср	Misr
egípcio (m)	мисрлик	misrlik
egípcia (f)	мисрлик аёл	misrlik ayol
egípcio	мисрликларга оид	misrliklarga oid

Marrocos	Марокаш	Marokash
marroquino (m)	марокашлик	marokashlik
marroquina (f)	марокашлик аёл	marokashlik ayol
marroquino	марокашликларга оид	marokashliklarga oid

Tunísia (f)	Тунис	Tunis
tunisino (m)	тунислик	tunislik
tunisina (f)	тунислик аёл	tunislik ayol
tunisino	тунисликларга оид	tunisliklarga oid

Gana (f)	Гана	Gana
Zanzibar (m)	Занзибар	Zanzibar
Quénia (f)	Кения	Keniya
Líbia (f)	Ливия	Liviya
Madagáscar (m)	Мадагаскар	Madagaskar

Namíbia (f)	Намибия	Namibiya
Senegal (m)	Сенегал	Senegal
Tanzânia (f)	Танзания	Tanzaniya
África do Sul (f)	Жанубий Африка Республикаси	Janubiy Afrika Respublikasi

africano (m)	африкалик	afrikalik
africana (f)	африкалик аёл	afrikalik ayol
africano	африкаликларга оид	afrikaliklarga oid

241. Austrália. Oceania

Austrália (f)	Австралия	Avstraliya
australiano (m)	австралиялик	avstraliyalik
australiana (f)	австралиялик аёл	avstraliyalik ayol
australiano	австралияликларга оид	avstraliyaliklarga oid
Nova Zelândia (f)	Янги Зеландия	Yangi Zelandiya
neozelandês (m)	янги зеландиялик	yangi zelandiyalik
neozelandesa (f)	янги зеландиялик аёл	yangi zelandiyalik ayol
neozelandês	янги зеландияликларга оид	yangi zelandiyaliklarga oid
Tasmânia (f)	Тасмания	Tasmaniya
Polinésia Francesa (f)	Француз Полинезияси	Frantsuz Polineziyasi

242. Cidades

Amesterdão	Амстердам	Amsterdam
Ancara	Анқара	Anqara
Atenas	Афина	Afina
Bagdade	Бағдод	Bag'dod
Banguecoque	Бангкок	Bangkok
Barcelona	Барселона	Barselona
Beirute	Байрут	Bayrut
Berlim	Берлин	Berlin
Bombaim	Бомбей	Bombey
Bona	Бонн	Bonn
Bordéus	Бордо	Bordo
Bratislava	Братислава	Bratislava
Bruxelas	Брюссел	Bryussel
Bucareste	Бухарест	Buxarest
Budapeste	Будапешт	Budapesht
Cairo	Коҳира	Kohira
Calcutá	Калкутта	Kalkutta
Chicago	Чикаго	Chikago
Cidade do México	Мехико	Mexiko
Copenhaga	Копенгаген	Kopengagen
Dar es Salaam	Дар ес Салаам	Dar es Salaam
Deli	Деҳли	Dehli
Dubai	Дубай	Dubay
Dublin, Dublim	Дублин	Dublin
Düsseldorf	Дюсселдорф	Dyusseldorf
Estocolmo	Стокголм	Stokgolm
Florença	Флоренция	Florentsiya
Frankfurt	Франкфурт	Frankfurt
Genebra	Женева	Jeneva
Haia	Гаага	Gaaga
Hamburgo	Гамбург	Gamburg

Hanói	Ханой	Xanoy
Havana	Гавана	Gavana
Helsínquia	Хелсинки	Xelsinki
Hiroshima	Хиросима	Xirosima
Hong Kong	Гонконг	Gonkong
Istambul	Истанбул	Istanbul
Jerusalém	Куддус	Quddus
Kiev	Киев	Kiev
Kuala Lumpur	Куала Лумпур	Kuala Lumpur
Lisboa	Лиссабон	Lissabon
Londres	Лондон	London
Los Angeles	Лос Анжелес	Los Anjeles
Lion	Лион	Lion
Madrid	Мадрид	Madrid
Marselha	Марсел	Marsel
Miami	Майями	Mayyami
Montreal	Монреал	Monreal
Moscovo	Москва	Moskva
Munique	Мюнхен	Myunxen
Nairóbi	Найроби	Nayrobi
Nápoles	Неапол	Neapol
Nice	Ницца	Nitstsa
Nova York	Ню-Ёрк	Nyu-York
Oslo	Осло	Oslo
Ottawa	Оттава	Ottava
Paris	Париж	Parij
Pequim	Пекин	Pekin
Praga	Прага	Praga
Rio de Janeiro	Рио-де-Жанейро	Rio-de-Janeyro
Roma	Рим	Rim
São Petersburgo	Санкт-Петербург	Sankt-Peterburg
Seul	Сеул	Seul
Singapura	Сингапур	Singapur
Sydney	Сидней	Sidney
Taipé	Тайпей	Taypey
Tóquio	Токио	Tokio
Toronto	Торонто	Toronto
Varsóvia	Варшава	Varshava
Veneza	Венеция	Venetsiya
Viena	Вена	Vena
Washington	Вашингтон	Vashington
Xangai	Шанхай	Shanxay

243. Política. Governo. Parte 1

política (f)	сиёсат	siyosat
político	сиёсий	siyosiy

político (m)	сиёсатчи	siyosatchi
estado (m)	давлат	davlat
cidadão (m)	фуқаро	fuqaro
cidadania (f)	фуқаролик	fuqarolik

| brasão (m) de armas | миллий герб | milliy gerb |
| hino (m) nacional | миллий мадхия | milliy madhiya |

governo (m)	хукумат	hukumat
Chefe (m) de Estado	мамлакат рахбари	mamlakat rahbari
parlamento (m)	парламент	parlament
partido (m)	партия	partiya

| capitalismo (m) | капитализм | kapitalizm |
| capitalista | капиталистик | kapitalistik |

| socialismo (m) | социализм | sotsializm |
| socialista | социалистик | sotsialistik |

comunismo (m)	коммунизм	kommunizm
comunista	коммунистик	kommunistik
comunista (m)	коммунист	kommunist

democracia (f)	демократия	demokratiya
democrata (m)	демократ	demokrat
democrático	демократик	demokratik
Partido (m) Democrático	демократик партия	demokratik partiya

| liberal (m) | либерал | liberal |
| liberal | либерал | liberal |

| conservador (m) | консерватор | konservator |
| conservador | консерватив | konservativ |

república (f)	республика	respublika
republicano (m)	республикачи	respublikachi
Partido (m) Republicano	республикачилар партияси	respublikachilar partiyasi

eleições (f pl)	сайловлар	saylovlar
eleger (vt)	сайламоқ	saylamoq
eleitor (m)	сайловчи	saylovchi
campanha (f) eleitoral	сайлов кампанияси	saylov kampaniyasi

votação (f)	овоз бериш	ovoz berish
votar (vi)	овоз бермоқ	ovoz bermoq
direito (m) de voto	овоз бериш хуқуқи	ovoz berish huquqi

candidato (m)	номзод	nomzod
candidatar-se (vi)	ўз номзодини қўймоқ	o'z nomzodini qo'ymoq
campanha (f)	кампания	kampaniya

da oposição	мухолиф	muxolif
oposição (f)	мухолафат	muxolafat
visita (f)	ташриф	tashrif
visita (f) oficial	расмий ташриф	rasmiy tashrif

internacional	халқаро	xalqaro
negociações (f pl)	музокаралар	muzokoralar
negociar (vi)	музокаралар олиб бориш	muzokoralar olib borish

244. Política. Governo. Parte 2

sociedade (f)	жамият	jamiyat
constituição (f)	конституция	konstitutsiya
poder (ir para o ~)	ҳокимият	hokimiyat
corrupção (f)	коррупция	korruptsiya

| lei (f) | қонун | qonun |
| legal | қонуний | qonuniy |

| justiça (f) | адолат | adolat |
| justo | адолатли | adolatli |

comité (m)	қўмита	qo'mita
projeto-lei (m)	қонун лойиҳаси	qonun loyihasi
orçamento (m)	бюджет	byudjet
política (f)	сиёсат	siyosat
reforma (f)	ислоҳот	islohot
radical	радикал	radikal

força (f)	куч	kuch
poderoso	кучли	kuchli
partidário (m)	тарафдор	tarafdor
influência (f)	таъсир	ta'sir

regime (m)	тузум	tuzum
conflito (m)	низо	nizo
conspiração (f)	фитна	fitna
provocação (f)	иғво	ig'vo

derrubar (vt)	ағдармоқ	ag'darmoq
derrube (m), queda (f)	ағдариш	ag'darish
revolução (f)	инқилоб	inqilob

| golpe (m) de Estado | тўнтариш | to'ntarish |
| golpe (m) militar | ҳарбий тўнтариш | harbiy to'ntarish |

crise (f)	инқироз	inqiroz
recessão (f) económica	иқтисодий инқироз	iqtisodiy inqiroz
manifestante (m)	намойишчи	namoyishchi
manifestação (f)	намойиш	namoyish
lei (f) marcial	ҳарбий ҳолат	harbiy holat
base (f) militar	ҳарбий база	harbiy baza

| estabilidade (f) | барқарорлик | barqarorlik |
| estável | барқарор | barqaror |

exploração (f)	эксплуатация	ekspluatatsiya
explorar (vt)	эксплуатация қилмоқ	ekspluatatsiya qilmoq
racismo (m)	ирқчилик	irqchilik

racista (m)	ирқчи	irqchi
fascismo (m)	фашизм	fashizm
fascista (m)	фашист	fashist

245. Países. Diversos

estrangeiro (m)	чет еллик	chet ellik
estrangeiro	чет ел	chet el
no estrangeiro	чет елларда	chet ellarda
emigrante (m)	муҳожир	muhojir
emigração (f)	муҳожирлик	muhojirlik
emigrar (vi)	муҳожирликка кетмоқ	muhojirlikka ketmoq
Ocidente (m)	ғарб	g'arb
Oriente (m)	Шарқ	Sharq
Extremo Oriente (m)	Узоқ Шарқ	Uzoq Sharq
civilização (f)	сивилизация	sivilizatsiya
humanidade (f)	инсоният	insoniyat
mundo (m)	олам	olam
paz (f)	тинчлик	tinchlik
mundial	умумжаҳон	umumjahon
pátria (f)	ватан	vatan
povo (m)	халқ	xalq
população (f)	аҳоли	aholi
gente (f)	одамлар	odamlar
nação (f)	миллат	millat
geração (f)	авлод	avlod
território (m)	майдон	maydon
região (f)	худуд	hudud
estado (m)	штат	shtat
tradição (f)	анъана	an'ana
costume (m)	урф-одат	urf-odat
ecologia (f)	екология	ekologiya
índio (m)	ҳинду	hindu
cigano (m)	лўли	lo'li
cigana (f)	лўли аёл	lo'li ayol
cigano	лўлиларга оид	lo'lilarga oid
império (m)	империя	imperiya
colónia (f)	мустамлака	mustamlaka
escravidão (f)	қуллик	qullik
invasão (f)	бостириб келиш	bostirib kelish
fome (f)	очлик	ochlik

246. Grupos religiosos mais importantes. Confissões

religião (f)	дин	din
religioso	диний	diniy

crença (f)	еътиқод	e'tiqod
crer (vt)	еътиқод қилмоқ	e'tiqod qilmoq
crente (m)	диндор	dindor
ateísmo (m)	атеизм	ateizm
ateu (m)	атеист	ateist
cristianismo (m)	Христиан дини	Xristian dini
cristão (m)	христиан	xristian
cristão	хистианларга оид	xistianlarga oid
catolicismo (m)	Католицизм	Katolitsizm
católico (m)	католик	katolik
católico	католикларга оид	katoliklarga oid
protestantismo (m)	Протестантлик	Protestantlik
Igreja (f) Protestante	Протестантлар черкови	Protestantlar cherkovi
protestante (m)	протестант	protestant
ortodoxia (f)	Православ	Pravoslav
Igreja (f) Ortodoxa	Православ черкови	Pravoslav cherkovi
ortodoxo (m)	православиега оид	pravoslaviega oid
presbiterianismo (m)	Пресвитерианлик	Presviterianlik
Igreja (f) Presbiteriana	Пресвитерианлар черкови	Presviterianlar cherkovi
presbiteriano (m)	пресвитериан	presviterian
Igreja (f) Luterana	Лютеран черкови	Lyuteran cherkovi
luterano (m)	лютеран	lyuteran
Igreja (f) Batista	Баптизм	Baptizm
batista (m)	баптист	baptist
Igreja (f) Anglicana	Англикан черкови	Anglikan cherkovi
anglicano (m)	англикан	anglikan
mormonismo (m)	Мормонлик	Mormonlik
mórmon (m)	мормон	mormon
Judaísmo (m)	Яхудо дини	Yahudo dini
judeu (m)	яхудий	yahudiy
budismo (m)	Буддизм	Buddizm
budista (m)	буддист	buddist
hinduísmo (m)	Ҳиндуизм	Hinduizm
hindu (m)	ҳиндуий	hinduiy
Islão (m)	Ислом	Islom
muçulmano (m)	мусулмон	musulmon
muçulmano	мусулмонларга оид	musulmonlarga oid
Xiismo (m)	Шиалик	Shialik
xiita (m)	шиа	shia
sunismo (m)	Суннийлик	Sunniylik
sunita (m)	сунний	sunniy

247. Religiões. Padres

padre (m)	руҳоний	ruhoniy
Papa (m)	Рим Папаси	Rim Papasi
monge (m)	роҳиб	rohib
freira (f)	роҳиба	rohiba
pastor (m)	пастор	pastor
abade (m)	аббат	abbat
vigário (m)	викарий	vikariy
bispo (m)	епископ	episkop
cardeal (m)	кардинал	kardinal
pregador (m)	ваъзхон	va'zxon
sermão (m)	ваъз	va'z
paroquianos (pl)	қавм	qavm
crente (m)	диндор	dindor
ateu (m)	атеист	ateist

248. Fé. Cristianismo. Islão

Adão	Одам Ато	Odam Ato
Eva	Момо Ҳаво	Momo Havo
Deus (m)	Худо	Xudo
Senhor (m)	Парвардигор	Parvardigor
Todo Poderoso (m)	Қудратли	Qudratli
pecado (m)	гуноҳ	gunoh
pecar (vi)	гуноҳ қилмоқ	gunoh qilmoq
pecador (m)	гуноҳкор	gunohkor
pecadora (f)	гуноҳкор аёл	gunohkor ayol
inferno (m)	дўзах	do'zax
paraíso (m)	жаннат	jannat
Jesus	Исо	Iso
Jesus Cristo	Исо Масиҳ	Iso Masih
Espírito (m) Santo	Муқаддас Руҳ	Muqaddas Ruh
Salvador (m)	Халоскор	Xaloskor
Virgem Maria (f)	Биби Марям	Bibi Maryam
Diabo (m)	Иблис	Iblis
diabólico	иблисона	iblisona
Satanás (m)	Шайтон	Shayton
satânico	шайтонга оид	shaytonga oid
anjo (m)	фаришта	farishta
anjo (m) da guarda	қўриқловчи фаришта	qo'riqlovchi farishta
angélico	фаришталарга оид	farishtalarga oid

apóstolo (m)	ҳаворий	havoriy
arcanjo (m)	фаришталарнинг енг каттаси	farishtalarning eng kattasi
anticristo (m)	дажжол	dajjol
Igreja (f)	Черков	Cherkov
Bíblia (f)	библия	bibliya
bíblico	библияга оид	bibliyaga oid
Velho Testamento (m)	Таврот	Tavrot
Novo Testamento (m)	Инжил	Injil
Evangelho (m)	Инжил	Injil
Sagradas Escrituras (f pl)	Муқаддас Китоб	Muqaddas Kitob
Céu (m)	Жаннат	Jannat
mandamento (m)	муқаддас бурч	muqaddas burch
profeta (m)	пайғамбар	payg'ambar
profecia (f)	пайғамбарлик	payg'ambarlik
Alá	Аллоҳ	Alloh
Maomé	Муҳаммад	Muhammad
Corão, Alcorão (m)	Қуръон	Qur'on
mesquita (f)	мачит	machit
mulá (m)	мулла	mulla
oração (f)	ибодат	ibodat
rezar, orar (vi)	ибодат қилмоқ	ibodat qilmoq
peregrinação (f)	зиёрат	ziyorat
peregrino (m)	зиёратчи	ziyoratchi
Meca (f)	Макка	Makka
igreja (f)	черков	cherkov
templo (m)	ибодатхона	ibodatxona
catedral (f)	бош черков	bosh cherkov
gótico	готик	gotik
sinagoga (f)	синагога	sinagoga
mesquita (f)	мачит	machit
capela (f)	бутхона	butxona
abadia (f)	аббатлик	abbatlik
convento (m)	монастир	monastir
mosteiro (m)	монастир	monastir
sino (m)	қўнғироқ	qo'ng'iroq
campanário (m)	қўнғироқхона	qo'ng'iroqxona
repicar (vi)	жаранглатмоқ	jaranglatmoq
cruz (f)	хоч	xoch
cúpula (f)	гумбаз	gumbaz
ícone (m)	бут	but
alma (f)	жон	jon
destino (m)	тақдир, қисмат	taqdir, qismat
mal (m)	ёвузлик	yovuzlik
bem (m)	эзгулик	ezgulik

vampiro (m)	қонхўр	qonxo'r
bruxa (f)	ялмоғиз	yalmog'iz
demónio (m)	иблис	iblis
espírito (m)	руҳ	ruh
redenção (f)	гуноҳини ювиш	gunohini yuvish
redimir (vt)	гуноҳини ювмоқ	gunohini yuvmoq
missa (f)	ибодат	ibodat
celebrar a missa	ибодат қилмоқ	ibodat qilmoq
confissão (f)	тавба	tavba
confessar-se (vr)	тавба қилмоқ	tavba qilmoq
santo (m)	авлиё	avliyo
sagrado	муқаддас	muqaddas
água (f) benta	муқаддас сув	muqaddas suv
ritual (m)	маросим	marosim
ritual	маросимга оид	marosimga oid
sacrifício (m)	қурбонлик	qurbonlik
superstição (f)	хурофот	xurofot
supersticioso	хурофий	xurofiy
vida (f) depois da morte	нариги дунёдаги ҳаёт	narigi dunyodagi hayot
vida (f) eterna	мангу ҳаёт	mangu hayot

TEMAS DIVERSOS

249. Várias palavras úteis

ajuda (f)	ёрдам	yordam
barreira (f)	тўсиқ	to'siq
base (f)	асос	asos
categoria (f)	тоифа	toifa
causa (f)	сабаб	sabab
coincidência (f)	бир хиллик	bir xillik
coisa (f)	нарса	narsa
começo (m)	бошланиши	boshlanishi
cómodo (ex. poltrona ~a)	қулай	qulay
comparação (f)	таққослаш	taqqoslash
compensação (f)	компенсация	kompensatsiya
crescimento (m)	ўсиш	o'sish
desenvolvimento (m)	ривожланиш	rivojlanish
diferença (f)	тафовут	tafovut
efeito (m)	самара	samara
elemento (m)	унсур	unsur
equilíbrio (m)	мувозанат	muvozanat
erro (m)	хато	xato
esforço (m)	куч бериш	kuch berish
estilo (m)	услуб	uslub
exemplo (m)	мисол	misol
facto (m)	далил	dalil
fim (m)	интихо	intixo
forma (f)	шакл	shakl
frequente	тез такрорланувчи	tez takrorlanuvchi
fundo (ex. ~ verde)	асосий ранг	asosiy rang
género (tipo)	тур	tur
grau (m)	даража	daraja
ideal (m)	идеал	ideal
labirinto (m)	лабиринт	labirint
modo (m)	усул	usul
momento (m)	лаҳза	lahza
objeto (m)	объект	ob'ekt
obstáculo (m)	тўсиқ	to'siq
original (m)	оригинал	original
padrão	стандарт	standart
padrão (m)	стандарт	standart
paragem (pausa)	тўхташ	to'xtash
parte (f)	қисм	qism

partícula (f)	заррача	zarracha
pausa (f)	тўхтам	to'xtam
posição (f)	позиция	pozitsiya
princípio (m)	тамойил	tamoyil

problema (m)	муаммо	muammo
processo (m)	жараён	jarayon
progresso (m)	тараққиёт	taraqqiyot
propriedade (f)	хосса	hossa

reação (f)	реакция	reaktsiya
risco (m)	таваккал	tavakkal
ritmo (m)	суръат	sur'at
segredo (m)	сир	sir
série (f)	серия	seriya

sistema (m)	тизим	tizim
situação (f)	вазият	vaziyat
solução (f)	ечим	echim
tabela (f)	жадвал	jadval
termo (ex. ~ técnico)	атама	atama

tipo (m)	тур	tur
urgente	шошилинч	shoshilinch
urgentemente	тезда	tezda
utilidade (f)	фойда	foyda

variante (f)	вариант	variant
variedade (f)	танлов	tanlov
verdade (f)	ҳақиқат	haqiqat
vez (f)	навбат	navbat
zona (f)	зона	zona

250. Modificadores. Adjetivos. Parte 1

aberto	очиқ	ochiq
afiado	ўткир	o'tkir
agradável	ёқимли	yoqimli
agradecido	миннатдор	minnatdor
alegre	қувноқ	quvnoq

alto (ex. voz ~a)	баланд	baland
amargo	аччиқ	achchiq
amplo	кенг	keng
antigo	қадимги	qadimgi
apertado (sapatos ~s)	тор	tor

apropriado	яроқли	yaroqli
arriscado	хатарли	xatarli
artificial	сунъий	sun'iy
azedo	нордон	nordon

| baixo (voz ~a) | тинч | tinch |
| barato | арзон | arzon |

| belo | гӯзал, жуда чиройли | go'zal, juda chiroyli |
| bom | яхши | yaxshi |

bondoso	меҳрибон	mehribon
bonito	чиройли	chiroyli
bronzeado	офтобда қорайган	oftobda qoraygan
burro, estúpido	тентак	tentak
calmo	тинч	tinch

cansado	чарчаган	charchagan
cansativo	толиққан	toliqqan
carinhoso	ғамхӯр	g'amxo'r
caro	қиммат	qimmat
cego	кӯр	ko'r

central	марказий	markaziy
cerrado (ex. nevoeiro ~)	қуюқ	quyuq
cheio (ex. copo ~)	тӯла	to'la
civil	фуқаролик	fuqarolik

clandestino	яширин	yashirin
claro	оч	och
claro (explicação ~a)	тушунарли	tushunarli
compatível	бирга бӯла оладиган	birga bo'la oladigan

comum, normal	оддий	oddiy
congelado	музлатилган	muzlatilgan
conjunto	биргаликда бӯладиган	birgalikda bo'ladigan
considerável	аҳамиятли	ahamiyatli
contente	мамнун	mamnun

contínuo	давомли	davomli
contrário (ex. o efeito ~)	қарама-қарши	qarama-qarshi
correto (resposta ~a)	тӯғри	to'g'ri
cru (não cozinhado)	хом	xom
curto	қисқа	qisqa

de curta duração	қисқа муддатли	qisqa muddatli
de sol, ensolarado	қуёшли	quyoshli
de trás	орқадаги	orqadagi
denso (fumo, etc.)	қуюқ	quyuq
desanuviado	мусаффо	musaffo

descuidado	еътиборсиз	e'tiborsiz
diferente	ҳар хил	har xil
difícil	қийин	qiyin
difícil, complexo	мураккаб	murakkab
direito	ӯнг	o'ng

distante	узоқ	uzoq
diverso	турли	turli
doce (açucarado)	ширин	shirin
doce (água)	чучук	chuchuk
doente	касал	kasal
duro (material ~)	қаттиқ	qattiq
educado	боадаб	boadab

encantador	илтифотли	iltifotli
enigmático	сирли	sirli
enorme	улкан	ulkan
escuro (quarto ~)	коронғи	qorong'i
especial	махсус	maxsus
esquerdo	чап	chap
estrangeiro	чет ел	chet el
estreito	тор	tor
exato	аниқ	aniq
excelente	аъло, жуда яхши	a'lo, juda yaxshi
excessivo	ҳаддан ташқари	haddan tashqari
externo	ташқи	tashqi
fácil	осон	oson
faminto	оч	och
fechado	ёпиқ	yopiq
feliz	бахтли	baxtli
fértil (terreno ~)	ҳосилдор	hosildor
forte (pessoa ~)	кучли	kuchli
fraco (luz ~a)	хира	xira
frágil	мўрт	mo'rt
fresco	салқин	salqin
fresco (pão ~)	янги	yangi
frio	совуқ	sovuq
gordo	ёғли	yog'li
gostoso	мазали	mazali
grande	катта	katta
gratuito, grátis	бепул	bepul
grosso (camada ~a)	қалин	qalin
hostil	адоватли	adovatli
húmido	нам	nam

251. Modificadores. Adjetivos. Parte 2

igual	бир хил	bir xil
imóvel	кўзғалмас	ko'zg'almas
importante	муҳим	muhim
impossível	имконсиз	imkonsiz
incompreensível	тушунарсиз	tushunarsiz
indigente	гадой	gadoy
indispensável	зарур	zarur
inexperiente	тажрибасиз	tajribasiz
infantil	болаларга хос	bolalarga xos
ininterrupto	узлуксиз	uzluksiz
insignificante	арзимас	arzimas
inteiro (completo)	бутун, тўлиқ	butun, to'liq
inteligente	ақлли	aqlli

interno	ички	ichki
jovem	ёш	yosh
largo (caminho ~)	кенг	keng
legal	қонуний	qonuniy
leve	енгил	engil
limitado	чекланган	cheklangan
limpo	тоза	toza
líquido	суюқ	suyuq
liso	силлиқ	silliq
liso (superfície ~a)	текис	tekis
livre	еркин	erkin
longo (ex. cabelos ~s)	узоқ	uzoq
maduro (ex. fruto ~)	пишган	pishgan
magro	ориқ	oriq
magro (pessoa)	ориқ	oriq
mais próximo	енг яқин	eng yaqin
mais recente	ўтган	o'tgan
mate, baço	жилосиз	jilosiz
mau	ёмон	yomon
meticuloso	батартиб	batartib
míope	узоқни кўролмайдиган	uzoqni ko'rolmaydigan
mole	юмшоқ	yumshoq
molhado	хўл	xo'l
moreno	қорача	qoracha
morto	ўлик	o'lik
não difícil	осон	oson
não é clara	равшан емас	ravshan emas
não muito grande	унча катта бўлмаган	uncha katta bo'lmagan
natal (país ~)	жонажон	jonajon
necessário	керакли	kerakli
negativo	салбий	salbiy
nervoso	асабий	asabiy
normal	нормал	normal
novo	янги	yangi
o mais importante	енг муҳим	eng muhim
obrigatório	мажбурий	majburiy
original	оригинал	original
passado	ўтиб кетган	o'tib ketgan
pequeno	кичкина, кичик	kichkina, kichik
perigoso	хавфли	xavfli
permanente	доимий	doimiy
perto	яқиндаги	yaqindagi
pesado	оғир	og'ir
pessoal	шахсий	shaxsiy
plano (ex. ecrã ~ a)	ясси	yassi
pobre	камбағал	kambag'al
pontual	ишни вақтида бажарувчи	ishni vaqtida bajaruvchi

possível	мумкин	mumkin
pouco fundo	саёз	sayoz
presente (ex. momento ~)	ҳозирги	hozirgi

prévio	аввалги	avvalgi
primeiro (principal)	асосий ранг	asosiy rang
principal	бош	bosh
privado	хусусий	xususiy

provável	эҳтимол	ehtimol
próximo	яқин жойдаги	yaqin joydagi
público	ижтимоий	ijtimoiy
quente (cálido)	иссиқ	issiq

quente (morno)	илиқ	iliq
rápido	тез	tez
raro	сийрак	siyrak
remoto, longínquo	узоқдаги	uzoqdagi
reto	тўғри	to'g'ri

salgado	тузли	tuzli
satisfeito	қониқарли	qoniqarli
seco	қуруқ	quruq
seguinte	кейинги	keyingi
seguro	хавфсиз	xavfsiz

similar	ўхшаш	o'xshash
simples	оддий	oddiy
soberbo	аъло даражадаги	a'lo darajadagi
sólido	пишиқ	pishiq
sombrio	қоронғи	qorong'i

sujo	ифлос	iflos
superior	олий	oliy
suplementar	қўшимча	qo'shimcha
terno, afetuoso	мулойим	muloyim

tranquilo	ювош	yuvosh
transparente	шаффоф	shaffof
triste (pessoa)	маъюс	ma'yus
triste (um ar ~)	қайғули	qayg'uli
último	охирги	oxirgi

único	ноёб	noyob
usado	тутилган	tutilgan
vazio (meio ~)	бўш	bo'sh
velho	ески	eski
vizinho	қўшни	qo'shni

500 VERBOS PRINCIPAIS

252. Verbos A-B

aborrecer-se (vr)	зерикмоқ	zerikmoq
abraçar (vt)	қучоқламоқ	quchoqlamoq
abrir (~ a janela)	очмоқ	ochmoq
acalmar (vt)	тинчлантирмоқ	tinchlantirmoq
acariciar (vt)	силамоқ	silamoq
acenar (vt)	силкитмоқ	silkitmoq
acender (~ uma fogueira)	ёндирмоқ	yondirmoq
achar (vt)	ўйламоқ	o'ylamoq
acompanhar (vt)	кузатмоқ	kuzatmoq
aconselhar (vt)	маслаҳат бермоқ	maslahat bermoq
acordar (despertar)	уйғотмоқ	uyg'otmoq
acrescentar (vt)	қўшмоқ	qo'shmoq
acusar (vt)	айбламоқ	ayblamoq
adestrar (vt)	ҳайвонларни ўргатмоқ	hayvonlarni o'rgatmoq
adivinhar (vt)	топмоқ	topmoq
admirar (vt)	қойил қолмоқ	qoyil qolmoq
advertir (vt)	огоҳлантирмоқ	ogohlantirmoq
afirmar (vt)	талаб қилмоқ	talab qilmoq
afogar-se (pessoa)	чўкмоқ	cho'kmoq
afugentar (vt)	ҳайдаб юбормоқ	haydab yubormoq
agir (vi)	ҳаракат қилмоқ	harakat qilmoq
agitar, sacudir (objeto)	силкитмоқ	silkitmoq
agradecer (vt)	ташаккур билдирмоқ	tashakkur bildirmoq
ajudar (vt)	ёрдамлашмоқ	yordamlashmoq
alcançar (objetivos)	еришмоқ	erishmoq
alimentar (dar comida)	овқат бермоқ	ovqat bermoq
almoçar (vi)	тушлик қилмоқ	tushlik qilmoq
alugar (~ o barco, etc.)	ёлламоқ	yollamoq
alugar (~ um apartamento)	ижарага олмоқ	ijaraga olmoq
amar (pessoa)	севмоқ	sevmoq
amarrar (vt)	боғламоқ	bog'lamoq
ameaçar (vt)	пўписа қилмоқ	po'pisa qilmoq
amputar (vt)	кесиб ташламоқ	kesib tashlamoq
anotar (escrever)	белги қўймоқ	belgi qo'ymoq
anular, cancelar (vt)	бекор қилмоқ	bekor qilmoq
apagar (com apagador, etc.)	ўчирмоқ	o'chirmoq
apagar (um incêndio)	ўчирмоқ	o'chirmoq
apaixonar-se de ...	севиб қолмоқ	sevib qolmoq

aparecer (vi)	кўринмоқ	ko'rinmoq
aplaudir (vi)	қарсак чалмоқ	qarsak chalmoq
apoiar (vt)	қувватламоқ	quvvatlamoq
apontar para …	нишонга олмоқ	nishonga olmoq
apresentar (alguém a alguém)	таништирмоқ	tanishtirmoq
apresentar (Gostaria de ~)	таништирмоқ	tanishtirmoq
apressar (vt)	шошилтирмоқ	shoshiltirmoq
apressar-se (vr)	шошилмоқ	shoshilmoq
aproximar-se (vr)	яқинлашмоқ	yaqinlashmoq
aquecer (vt)	иситмоқ	isitmoq
arrancar (vt)	узиб олмоқ	uzib olmoq
arranhar (gato, etc.)	тимдаламоқ	timdalamoq
arrepender-se (vr)	афсусланмоқ	afsuslanmoq
arriscar (vt)	таваккал қилмоқ	tavakkal qilmoq
arrumar, limpar (vt)	йиғиштирмоқ	yig'ishtirmoq
aspirar a …	интилмоқ	intilmoq
assinar (vt)	имзоламоқ	imzolamoq
assistir (vt)	ассистентлик қилмоқ	assistentlik qilmoq
atacar (vt)	ҳужум қилмоқ	hujum qilmoq
atar (vt)	боғлаб қўймоқ	bog'lab qo'ymoq
atirar (vi)	отмоқ	otmoq
atracar (vi)	келиб тўхтамоқ	kelib to'xtamoq
aumentar (vi)	катталашмоқ	kattalashmoq
aumentar (vt)	катталаштирмоқ	kattalashtirmoq
avançar (sb. trabalhos, etc.)	мартабасини кўтармоқ	martabasini ko'tarmoq
avistar (vt)	кўрмоқ	ko'rmoq
baixar (guindaste)	туширмоқ	tushirmoq
barbear-se (vr)	соқол олмоқ	soqol olmoq
basear-se em …	асосланмоқ	asoslanmoq
bastar (vi)	етарли бўлмоқ	etarli bo'lmoq
bater (espancar)	урмоқ	urmoq
bater (vi)	тақиллатмоқ	taqillatmoq
bater-se (vr)	муштлашмоқ	mushtlashmoq
beber, tomar (vt)	ичмоқ	ichmoq
brilhar (vi)	нур сочиб турмоқ	nur sochib turmoq
brincar, jogar (crianças)	ўйнамоқ	o'ynamoq
buscar (vt)	изламоқ	izlamoq

253. Verbos C-D

caçar (vi)	ов қилмоқ	ov qilmoq
calar-se (parar de falar)	жимиб қолмоқ	jimib qolmoq
calcular (vt)	ҳисобламоқ	hisoblamoq
carregar (o caminhão)	юкламоқ	yuklamoq
carregar (uma arma)	ўқламоқ	o'qlamoq

casar-se (vr)	уйланмоқ	uylanmoq
causar (vt)	сабабчи бўлмоқ	sababchi bo'lmoq
cavar (vt)	қазимоқ	qazimoq

ceder (não resistir)	баҳридан ўтмоқ	bahridan o'tmoq
cegar, ofuscar (vt)	қамаштирмоқ	qamashtirmoq
censurar (vt)	гина қилмоқ	gina qilmoq
cessar (vt)	тўхтатмоқ	to'xtatmoq

chamar (~ por socorro)	чақирмоқ	chaqirmoq
chamar (dizer em voz alta o nome)	чақирмоқ	chaqirmoq
chegar (a algum lugar)	етиб бормоқ	etib bormoq
chegar (sb. comboio, etc.)	етиб келмоқ	etib kelmoq

cheirar (tem o cheiro)	ҳид чиқармоқ	hid chiqarmoq
cheirar (uma flor)	ҳидламоқ	hidlamoq
chorar (vi)	йиғламоқ	yig'lamoq
citar (vt)	ситата келтирмоқ	sitata keltirmoq

colher (flores)	узмоқ	uzmoq
colocar (vt)	қўймоқ	qo'ymoq
combater (vi, vt)	жанг қилмоқ	jang qilmoq
começar (vt)	бошламоқ	boshlamoq

comer (vt)	емоқ	emoq
comparar (vt)	солиштирмоқ	solishtirmoq
compensar (vt)	ўрнини тўлдирмоқ	o'rnini to'ldirmoq
competir (vi)	рақобат қилмоқ	raqobat qilmoq

complicar (vt)	қийинлаштирмоқ	qiyinlashtirmoq
compor (vt)	ёзмоқ	yozmoq
comportar-se (vr)	ўзини тутмоқ	o'zini tutmoq
comprar (vt)	харид қилмоқ	xarid qilmoq

compreender (vt)	тушунмоқ	tushunmoq
comprometer (vt)	обрўсизлантирмоқ	obro'sizlantirmoq
concentrar-se (vr)	жалб етилмоқ	jalb etilmoq
concordar (dizer "sim")	рози бўлмоқ	rozi bo'lmoq

condecorar (dar medalha)	тақдирламоқ	taqdirlamoq
conduzir (~ o carro)	машина бошқармоқ	mashina boshqarmoq
confessar-se (criminoso)	иқрор бўлмоқ	iqror bo'lmoq
confiar (vt)	ишонмоқ	ishonmoq

confundir (equivocar-se)	адаштирмоқ	adashtirmoq
conhecer (vt)	танимоқ	tanimoq
conhecer-se (vr)	танишмоқ	tanishmoq
consertar (vt)	тартибга келтирмоқ	tartibga keltirmoq

consultar ...	маслаҳатлашмоқ	maslahatlashmoq
contagiar-se com ...	юқтириб олмоқ	yuqtirib olmoq
contar (vt)	сўзлаб бермоқ	so'zlab bermoq
contar com ...	... га умид боғламоқ	... ga umid bog'lamoq
continuar (vt)	давом еттирмоқ	davom ettirmoq
contratar (vt)	ёлламоқ	yollamoq

controlar (vt)	назорат қилмоқ	nazorat qilmoq
convencer (vt)	ишонтирмоқ	ishontirmoq
convidar (vt)	таклиф қилмоқ	taklif qilmoq
cooperar (vi)	ҳамкорлик қилмоқ	hamkorlik qilmoq
coordenar (vt)	мувофиқлаштирмоқ	muvofiqlashtirmoq
corar (vi)	қизармоқ	qizarmoq
correr (vi)	югурмоқ	yugurmoq
corrigir (vt)	тўғриламоқ	to'g'rilamoq
cortar (com um machado)	чопиб ташламоқ	chopib tashlamoq
cortar (vt)	кесиб олмоқ	kesib olmoq
cozinhar (vt)	тайёрламоқ	tayyorlamoq
crer (pensar)	ишонмоқ	ishonmoq
criar (vt)	яратмоқ	yaratmoq
cultivar (vt)	ўстирмоқ	o'stirmoq
cuspir (vi)	туфламоқ	tuflamoq
custar (vt)	қийматга ега бўлмоқ	qiymatga ega bo'lmoq
dar (vt)	бермоқ	bermoq
dar banho, lavar (vt)	чўмилтирмоқ	cho'miltirmoq
datar (vi)	сана билан белгиланмоқ	sana bilan belgilanmoq
decidir (vt)	ҳал қилмоқ	hal qilmoq
decorar (enfeitar)	безамоқ	bezamoq
dedicar (vt)	бағишламоқ	bag'ishlamoq
defender (vt)	ҳимоя қилмоқ	himoya qilmoq
defender-se (vr)	ҳимояланмоқ	himoyalanmoq
deixar (~ a mulher)	ташлаб кетмоқ	tashlab ketmoq
deixar (esquecer)	қолдирмоқ	qoldirmoq
deixar (permitir)	ижозат бермоқ	ijozat bermoq
deixar cair (vt)	туширмоқ	tushirmoq
denominar (vt)	атамоқ	atamoq
denunciar (vt)	чақимчилик қилмоқ	chaqimchilik qilmoq
depender de ... (vi)	боғлиқ бўлмоқ	bog'liq bo'lmoq
derramar (vt)	тўкиб юбормоқ	to'kib yubormoq
derramar-se (vr)	тўкилмоқ	to'kilmoq
desaparecer (vi)	ғойиб бўлмоқ	g'oyib bo'lmoq
desatar (vt)	ечиб олмоқ	echib olmoq
desatracar (vi)	жўнамоқ	jo'namoq
descansar (um pouco)	дам олмоқ	dam olmoq
descer (para baixo)	тушмоқ	tushmoq
descobrir (novas terras)	кашф қилмоқ	kashf qilmoq
descolar (avião)	учиб чиқмоқ	uchib chiqmoq
desculpar (vt)	кечирмоқ	kechirmoq
desculpar-se (vr)	кечирим сўрамоқ	kechirim so'ramoq
desejar (vt)	истамоқ	istamoq
desempenhar (vt)	ўйнамоқ	o'ynamoq
desligar (vt)	ўчирмоқ	o'chirmoq
desprezar (vt)	нафратланмоқ	nafratlanmoq

destruir (documentos, etc.)	қириб ташламоқ	qirib tashlamoq
dever (vi)	қарздор бўлмоқ	qarzdor bo'lmoq
devolver (vt)	орқага қайтармоқ	orqaga qaytarmoq
direcionar (vt)	йўналтирмоқ	yo'naltirmoq
dirigir (~ uma empresa)	бошқармоқ	boshqarmoq
dirigir-se (a um auditório, etc.)	мурожаат қилмоқ	murojaat qilmoq
discutir (notícias, etc.)	муҳокама қилмоқ	muhokama qilmoq
distribuir (folhetos, etc.)	тарқатмоқ	tarqatmoq
distribuir (vt)	тарқатмоқ	tarqatmoq
divertir (vt)	кўнглини очмоқ	ko'nglini ochmoq
divertir-se (vr)	қувнамоқ	quvnamoq
dividir (mat.)	бўлмоқ	bo'lmoq
dizer (vt)	айтмоқ	aytmoq
dobrar (vt)	икки марта орттирмоқ	ikki marta orttirmoq
duvidar (vt)	иккиланмоқ	ikkilanmoq

254. Verbos E-J

elaborar (uma lista)	тузмоқ	tuzmoq
elevar-se acima de ...	юксалиб турмоқ	yuksalib turmoq
eliminar (um obstáculo)	олиб ташламоқ	olib tashlamoq
embrulhar (com papel)	ўрамоқ	o'ramoq
emergir (submarino)	сузиб чиқмоқ	suzib chiqmoq
emitir (vt)	тарқатмоқ	tarqatmoq
empreender (vt)	бошламоқ	boshlamoq
empurrar (vt)	итармоқ	itarmoq
encabeçar (vt)	бош бўлмоқ	bosh bo'lmoq
encher (~ a garrafa, etc.)	тўлдирмоқ	to'ldirmoq
encontrar (achar)	топмоқ	topmoq
enganar (vt)	алдамоқ	aldamoq
ensinar (vt)	ўргатмоқ	o'rgatmoq
entrar (na sala, etc.)	кирмоқ	kirmoq
enviar (uma carta)	жўнатмоқ	jo'natmoq
equipar (vt)	жиҳозламоқ	jihozlamoq
errar (vi)	адашмоқ	adashmoq
escolher (vt)	танламоқ	tanlamoq
esconder (vt)	беркитмоқ	berkitmoq
escrever (vt)	ёзмоқ	yozmoq
escutar (vt)	эшитмоқ	eshitmoq
escutar atrás da porta	яширинча эшитиб олмоқ	yashirincha eshitib olmoq
esmagar (um inseto, etc.)	эзмоқ	ezmoq
esperar (contar com)	умид қилмоқ	umid qilmoq
esperar (o autocarro, etc.)	кутмоқ	kutmoq
esperar (ter esperança)	умид қилмоқ	umid qilmoq

espreitar (vi)	яширинча кўриб олмоқ	yashirincha ko'rib olmoq
estar	ётмоқ	yotmoq
estar convencido	ишонмоқ	ishonmoq
estar deitado	ётмоқ	yotmoq
estar perplexo	ҳайрон бўлиб қолмоқ	hayron bo'lib qolmoq
estar sentado	ўтирмоқ	o'tirmoq
estremecer (vi)	сесканмоқ	seskanmoq
estudar (vt)	ўрганмоқ	o'rganmoq
evitar (vt)	ўзини четга олмоқ	o'zini chetga olmoq
examinar (vt)	кўриб чиқмоқ	ko'rib chiqmoq
exigir (vt)	талаб қилмоқ	talab qilmoq
existir (vi)	мавжуд бўлмоқ	mavjud bo'lmoq
explicar (vt)	тушунтирмоқ	tushuntirmoq
expressar (vt)	ифодаламоқ	ifodalamoq
expulsar (vt)	чиқармоқ	chiqarmoq
facilitar (vt)	енгиллаштирмоқ	engillashtirmoq
falar com ...	... билан гаплашмоқ	... bilan gaplashmoq
faltar a ...	қолдирмоқ	qoldirmoq
fascinar (vt)	мафтун қилмоқ	maftun qilmoq
fatigar (vt)	чарчатмоқ	charchatmoq
fazer (vt)	қилмоқ	qilmoq
fazer lembrar	еслатмоқ	eslatmoq
fazer piadas	ҳазиллашмоқ	hazillashmoq
fazer uma tentativa	уриниб кўрмоқ	urinib ko'rmoq
fechar (vt)	ёпмоқ	yopmoq
felicitar (dar os parabéns)	табрикламоқ	tabriklamoq
ficar cansado	чарчамоқ	charchamoq
ficar em silêncio	индамай турмоқ	indamay turmoq
ficar pensativo	ўйланмоқ	o'ylanmoq
forçar (vt)	мажбурламоқ	majburlamoq
formar (vt)	ташкил қилмоқ	tashkil qilmoq
fotografar (vt)	фотосурат олмоқ	fotosurat olmoq
gabar-se (vr)	мақтанмоқ	maqtanmoq
garantir (vt)	кафолатламоқ	kafolatlamoq
gostar (apreciar)	ёқмоқ	yoqmoq
gostar (vt)	яхши кўрмоқ	yaxshi ko'rmoq
gritar (vi)	бақирмоқ	baqirmoq
guardar (cartas, etc.)	сақламоқ	saqlamoq
guardar (no armário, etc.)	беркитмоқ	berkitmoq
guerrear (vt)	урушмоқ	urushmoq
herdar (vt)	мерос қилиб олмоқ	meros qilib olmoq
iluminar (vt)	ёритмоқ	yoritmoq
imaginar (vt)	тасаввур қилмоқ	tasavvur qilmoq
imitar (vt)	тақлид қилмоқ	taqlid qilmoq
implorar (vt)	илтимос қилмоқ	iltimos qilmoq
importar (vt)	импорт қилмоқ	import qilmoq

indicar (orientar)	кўрсатмоқ	ko'rsatmoq
indignar-se (vr)	ғазабланмоқ	g'azablanmoq
infetar, contagiar (vt)	юқтирмоқ	yuqtirmoq
influenciar (vt)	таъсир етмоқ	ta'sir etmoq
informar (fazer saber)	хабар қилмоқ	xabar qilmoq
informar (vt)	хабардор қилмоқ	xabardor qilmoq
informar-se (~ sobre)	билмоқ	bilmoq
inscrever (na lista)	қўшиб қўймоқ	qo'shib qo'ymoq
inserir (vt)	ичига ўрнатмоқ	ichiga o'rnatmoq
insinuar (vt)	ишора қилмоқ	ishora qilmoq
insistir (vi)	қаттиқ туриб маʼқулламоқ	qattiq turib ma'qullamoq
inspirar (vt)	руҳлантирмоқ	ruhlantirmoq
instruir (vt)	йўриқнома бермоқ	yo'riqnoma bermoq
insultar (vt)	ҳақоратламоқ	haqoratlamoq
interessar (vt)	қизиқтирмоқ	qiziqtirmoq
interessar-se (vr)	қизиқмоқ	qiziqmoq
intervir (vi)	аралашмоқ	aralashmoq
invejar (vt)	ҳавас қилмоқ	havas qilmoq
inventar (vt)	ихтиро қилмоқ	ixtiro qilmoq
ir (a pé)	юрмоқ	yurmoq
ir (de carro, etc.)	кетмоқ	ketmoq
ir nadar	чўмилмоқ	cho'milmoq
ir para a cama	ухлашга ётмоқ	uxlashga yotmoq
irritar (vt)	ғазаблантирмоқ	g'azablantirmoq
irritar-se (vr)	ғазабланмоқ	g'azablanmoq
isolar (vt)	яккаламоқ	yakkalamoq
jantar (vi)	кечки овқатни емоқ	kechki ovqatni emoq
jogar, atirar (vt)	отмоқ	otmoq
juntar, unir (vt)	бирлаштирмоқ	birlashtirmoq
juntar-se a ...	қўшилмоқ	qo'shilmoq

255. Verbos L-P

lançar (novo projeto)	бошламоқ	boshlamoq
lavar (vt)	ювмоқ	yuvmoq
lavar a roupa	кир ювмоқ	kir yuvmoq
lavar-se (vr)	ювинмоқ	yuvinmoq
lembrar (vt)	ёдда тутмоқ	yodda tutmoq
ler (vt)	ўқимоқ	o'qimoq
levantar-se (vr)	турмоқ	turmoq
levar (ex. leva isso daqui)	олиб кетмоқ	olib ketmoq
libertar (cidade, etc.)	қайтариб олмоқ	qaytarib olmoq
ligar (o radio, etc.)	ёқмоқ	yoqmoq
limitar (vt)	чекламоқ	cheklamoq
limpar (eliminar sujeira)	тозаламоқ	tozalamoq

limpar (vt)	тозаламоқ	tozalamoq
lisonjear (vt)	хушомад қилмоқ	xushomad qilmoq
livrar-se de ...	қутулмоқ	qutulmoq
lutar (combater)	урушмоқ	urushmoq
lutar (desp.)	курашмоқ	kurashmoq
marcar (com lápis, etc.)	белгиламоқ	belgilamoq
matar (vt)	ўлдирмоқ	o'ldirmoq
memorizar (vt)	еслаб қолмоқ	eslab qolmoq
mencionar (vt)	еслатиб ўтмоқ	eslatib o'tmoq
mentir (vi)	алдамоқ	aldamoq
merecer (vt)	лойиқ бўлмоқ	loyiq bo'lmoq
mergulhar (vi)	шўнғимоқ	sho'ng'imoq
misturar (combinar)	аралаштирмоқ	aralashtirmoq
morar (vt)	яшамоқ	yashamoq
mostrar (vt)	кўрсатмоқ	ko'rsatmoq
mover (arredar)	суриб қўймоқ	surib qo'ymoq
mudar (modificar)	ўзгартирмоқ	o'zgartirmoq
multiplicar (vt)	кўпайтирмоқ	ko'paytirmoq
nadar (vi)	сузмоқ	suzmoq
negar (vt)	инкор қилмоқ	inkor qilmoq
negociar (vi)	музокоралар олиб бориш	muzokoralar olib borish
nomear (função)	тайинламоқ	tayinlamoq
obedecer (vt)	итоат қилмоқ	itoat qilmoq
objetar (vt)	еътироз билдирмоқ	e'tiroz bildirmoq
observar (vt)	кузатмоқ	kuzatmoq
ofender (vt)	хафа қилмоқ	xafa qilmoq
olhar (vt)	қарамоқ	qaramoq
omitir (vt)	қолдириб кетмоқ	qoldirib ketmoq
ordenar (mil.)	буюрмоқ	buyurmoq
organizar (evento, etc.)	уюштирмоқ	uyushtirmoq
ousar (vt)	журъат қилмоқ	jur'at qilmoq
ouvir (vt)	ешитмоқ	eshitmoq
pagar (vt)	тўламоқ	to'lamoq
parar (para descansar)	тўхтамоқ	to'xtamoq
parecer-se (vr)	ўхшамоқ	o'xshamoq
participar (vi)	иштирок етмоқ	ishtirok etmoq
partir (~ para o estrangeiro)	кетиб қолмоқ	ketib qolmoq
passar (vt)	ўтиб кетмоқ	o'tib ketmoq
passar a ferro	дазmolламоқ	dazmollamoq
pecar (vi)	гуноҳ қилмоқ	gunoh qilmoq
pedir (comida)	буюртма бермоқ	buyurtma bermoq
pedir (um favor, etc.)	сўрамоқ	so'ramoq
pegar (tomar com a mão)	тутмоқ	tutmoq
pegar (tomar)	олмоқ	olmoq
pendurar (cortinas, etc.)	осмоқ	osmoq
penetrar (vt)	кириб олмоқ	kirib olmoq

pensar (vt)	ўйламоқ	o'ylamoq
pentear-se (vr)	соч тарамоқ	soch taramoq
perceber (ver)	кўриб қолмоқ	ko'rib qolmoq
perder (o guarda-chuva, etc.)	йўқотмоқ	yo'qotmoq
perdoar (vt)	кечирмоқ	kechirmoq
permitir (vt)	рухсат бермоқ	ruxsat bermoq
pertencer a ...	тегишли бўлмоқ	tegishli bo'lmoq
perturbar (vt)	безовта қилмоқ	bezovta qilmoq
pesar (ter o peso)	оғирликка эга бўлмоқ	og'irlikka ega bo'lmoq
pescar (vt)	балиқ тутмоқ	baliq tutmoq
planear (vt)	режаламоқ	rejalamoq
poder (vi)	уддаламоқ	uddalamoq
pôr (posicionar)	жойлаштирмоқ	joylashtirmoq
possuir (vt)	эга бўлмоқ	ega bo'lmoq
predominar (vi, vt)	ортиқ бўлмоқ	ortiq bo'lmoq
preferir (vt)	афзал кўрмоқ	afzal ko'rmoq
preocupar (vt)	хавотир қилмоқ	xavotir qilmoq
preocupar-se (vr)	хавотирланмоқ	xavotirlanmoq
preocupar-se (vr)	хавотир бўлмоқ	xavotir bo'lmoq
preparar (vt)	тайёрламоқ	tayyorlamoq
preservar (ex. ~ a paz)	сақламоқ	saqlamoq
prever (vt)	олдиндан кўрмоқ	oldindan ko'rmoq
privar (vt)	маҳрум қилмоқ	mahrum qilmoq
proibir (vt)	тақиқламоқ	taqiqlamoq
projetar, criar (vt)	лойиҳалаштирмоқ	loyihalashtirmoq
prometer (vt)	ваъда бермоқ	va'da bermoq
pronunciar (vt)	айтмоқ	aytmoq
propor (vt)	таклиф қилмоқ	taklif qilmoq
proteger (a natureza)	қўриқламоқ	qo'riqlamoq
protestar (vi)	норозилик билдирмоқ	norozilik bildirmoq
provar (~ a teoria, etc.)	исботламоқ	isbotlamoq
provocar (vt)	иғво қилмоқ	ig'vo qilmoq
publicitar (vt)	реклама қилмоқ	reklama qilmoq
punir, castigar (vt)	жазоламоқ	jazolamoq
puxar (vt)	тортмоқ	tortmoq

256. Verbos Q-Z

quebrar (vt)	синдирмоқ	sindirmoq
queimar (vt)	ёндирмоқ	yondirmoq
queixar-se (vr)	шикоят қилмоқ	shikoyat qilmoq
querer (desejar)	истамоқ	istamoq
rachar-se (vr)	ёрилмоқ	yorilmoq
realizar (vt)	амалга оширмоқ	amalga oshirmoq
recomendar (vt)	тавсия қилмоқ	tavsiya qilmoq

reconhecer (identificar)	танимоқ	tanimoq
reconhecer (o erro)	иқрор бўлмоқ	iqror bo'lmoq
recordar, lembrar (vt)	ёдга олмоқ	yodga olmoq
recuperar-se (vr)	соғаймоқ	sog'aymoq
recusar (vt)	рад етмоқ	rad etmoq
reduzir (vt)	камайтирмоқ	kamaytirmoq
refazer (vt)	қайтадан қилмоқ	qaytadan qilmoq
reforçar (vt)	мустаҳкамламоқ	mustahkamlamoq
refrear (vt)	ушлаб қолмоқ	ushlab qolmoq
regar (plantas)	суғормоқ	sug'ormoq
remover (~ uma mancha)	йўқ қилмоқ	yo'q qilmoq
reparar (vt)	тузатмоқ	tuzatmoq
repetir (dizer outra vez)	қайтармоқ	qaytarmoq
reportar (vt)	маъруза қилмоқ	ma'ruza qilmoq
repreender (vt)	уришиб бермоқ	urishib bermoq
reservar (~ um quarto)	банд қилиб қўймоқ	band qilib qo'ymoq
resolver (o conflito)	келиштирмоқ	kelishtirmoq
resolver (um problema)	ечмоқ	echmoq
respirar (vi)	нафас олмоқ	nafas olmoq
responder (vt)	жавоб бермоқ	javob bermoq
rezar, orar (vi)	ибодат қилмоқ	ibodat qilmoq
rir (vi)	кулмоқ	kulmoq
romper-se (corda, etc.)	узилмоқ	uzilmoq
roubar (vt)	ўғирламоқ	o'g'irlamoq
saber (vt)	билмоқ	bilmoq
sair (~ de casa)	чиқмоқ	chiqmoq
sair (livro)	чиқмоқ	chiqmoq
salvar (vt)	қутқармоқ	qutqarmoq
satisfazer (vt)	қониқтирмоқ	qoniqtirmoq
saudar (vt)	салом бермоқ	salom bermoq
secar (vt)	қуритмоқ	quritmoq
seguir ...	орқасидан бормоқ	orqasidan bormoq
selecionar (vt)	танлаб олмоқ	tanlab olmoq
semear (vt)	екмоқ	ekmoq
sentar-se (vr)	ўтирмоқ	o'tirmoq
sentenciar (vt)	ҳукм қилмоқ	hukm qilmoq
sentir (~ perigo)	сезмоқ	sezmoq
ser diferente	фарқланмоқ	farqlanmoq
ser indispensável	зарур бўлмоқ	zarur bo'lmoq
ser necessário	керак бўлмоқ	kerak bo'lmoq
ser preservado	сақланмоқ	saqlanmoq
ser, estar	бўлмоқ	bo'lmoq
servir (restaurant, etc.)	хизмат кўрсатмоқ	xizmat ko'rsatmoq
servir (roupa)	лойиқ келмоқ	loyiq kelmoq
significar (palavra, etc.)	англатмоқ	anglatmoq
significar (vt)	билдирмоқ	bildirmoq

simplificar (vt)	соддалаштирмоқ	soddalashtirmoq
sobrestimar (vt)	қайтадан баҳоламоқ	qaytadan baholamoq
sofrer (vt)	азобланмоқ	azoblanmoq
sonhar (vi)	туш кўрмоқ	tush ko'rmoq
sonhar (vt)	орзу қилмоқ	orzu qilmoq
soprar (vi)	пуфламоқ	puflamoq
sorrir (vi)	жилмаймоқ	jilmaymoq
subestimar (vt)	кам баҳо бермоқ	kam baho bermoq
sublinhar (vt)	таъкидламоқ	ta'kidlamoq
sujar-se (vr)	ифлосланмоқ	ifloslanmoq
supor (vt)	фараз қилмоқ	faraz qilmoq
suportar (as dores)	чидамоқ	chidamoq
surpreender (vt)	ажаблантирмоқ	ajablantirmoq
surpreender-se (vr)	ажабланмоқ	ajablanmoq
suspeitar (vt)	шубҳаланмоқ	shubhalanmoq
suspirar (vi)	хўрсинмоқ	xo'rsinmoq
tentar (vt)	уринмоқ	urinmoq
ter (vt)	эга бўлмоқ	ega bo'lmoq
ter medo	қўрқмоқ	qo'rqmoq
terminar (vt)	тугатмоқ	tugatmoq
tirar (vt)	олиб ташламоқ	olib tashlamoq
tirar cópias	кўпайтирмоқ	ko'paytirmoq
tirar uma conclusão	хулоса қилмоқ	xulosa qilmoq
tocar (com as mãos)	тегмоқ	tegmoq
tomar emprestado	қарз олмоқ	qarz olmoq
tomar nota	ёзиб олмоқ	yozib olmoq
tomar o pequeno-almoço	нонушта қилмоқ	nonushta qilmoq
tornar-se (ex. ~ conhecido)	бўлмоқ	bo'lmoq
trabalhar (vi)	ишламоқ	ishlamoq
traduzir (vt)	таржима қилмоқ	tarjima qilmoq
transformar (vt)	ўзгартирмоқ	o'zgartirmoq
tratar (a doença)	даволамоқ	davolamoq
trazer (vt)	олиб келмоқ	olib kelmoq
treinar (pessoa)	машқ қилдирмоқ	mashq qildirmoq
treinar-se (vr)	машқ қилмоқ	mashq qilmoq
tremer (de frio)	титрамоқ	titramoq
trocar (vt)	алмашмоқ	almashmoq
trocar, mudar (vt)	алмашмоқ	almashmoq
usar (uma palavra, etc.)	ишлатмоқ	ishlatmoq
utilizar (vt)	фойдаланмоқ	foydalanmoq
vacinar (vt)	емламоқ	emlamoq
vender (vt)	сотмоқ	sotmoq
verter (encher)	қуймоқ	quymoq
vingar (vt)	қасос олмоқ	qasos olmoq
virar (ex. ~ à direita)	бурмоқ	burmoq
virar (pedra, etc.)	ўгириб қўймоқ	o'girib qo'ymoq
virar as costas	юз ўгирмоқ	yuz o'girmoq

viver (vi)	яшамоқ	yashamoq
voar (vi)	учмоқ	uchmoq
voltar (vi)	қайтмоқ	qaytmoq
votar (vi)	овоз бермоқ	ovoz bermoq
zangar (vt)	жаҳлни чиқармоқ	jahlni chiqarmoq
zangar-se com ...	жаҳли чиқмоқ	jahli chiqmoq
zombar (vt)	масхара қилмоқ	masxara qilmoq

* 9 7 8 1 7 8 4 0 0 8 6 5 9 *